2019中国年度随笔

徐南铁 主编

漓江出版社

目 录

contents

人 生

情 怀

言说

世事

?人生

【主编者言】作者与描述对象的交往似乎若即若离，因而有机会近距离观察，却又不至于陷入磁场而失去自己的思考。简要的评点客观而深刻，为他们的人生和创作画龙点睛。

你的灵魂，你的外貌

丁　帆

题目的名字取之于《雨花》的老主编叶至诚在《假如我是一个作家》中的一句话："你的灵魂你的外貌出现在读者面前……然后，就真正地有了百花'。"以此来描摹江苏"探求者"四杰的魂灵应该是不错的选题。

20世纪50年代，江苏的一批青年作家就很不安分，不仅想从文学作品创作上搞一点与众不同的新花样来，而且还想从文学理论上提出新的概念与口号，以展示出江苏作家雄厚的实力，于是乎，一群不知天高地厚的年轻"探求者"们自发地亮出了自以为漂亮的底牌。的确，这个主张一俟亮相，得到了不少好评，甚至后来许多人在半个多世纪以后还时常提起这个事件，有人还以此来做研究生的毕业论文。但是，今天我在这里并非是探讨"探求者"的文学理论主张，以及它在文学史上的地位和意义，更非是作甚翻案文章，只是想写这四个已经去世的"探求者"在我脑海中的片段影像，尽管我是迄今为止在江苏作协里担任理事时间最长的"五朝元老"，但是与"探求者"们交往并不深，有的虽然每一次作协开会都能够见面，但是绝无深交。但是，距离产生美感，往往拉开距离的观察反而会更加客观一点。当然，我也会采信与之过从甚密者的说法，比如，我时常听叶兆言绘声绘色地谈论过这四位"探求者"的一些趣闻逸事，从一个孩童少年时代的眼光去观察他们的举止言谈，一直到他用青年和中年的目光亲自送走了这四个亲如"兄弟"（多年的父子成兄弟）的长辈，显然，他的回忆与一些充满颂词的悼念回忆文章是有所不同的，而我却更相信兆言的口述版本，因为许多人物性格中最深层的东西在平时是难以捕捉到的，只有在生活中不经意间流露出来，似乎聊天中的闲言碎语更加可靠真实一些。

作为一个与“探求者”四杰保持着一段距离的晚辈、二流作家和学者，我写下的生活片段和印象，或许与别人不太一样，但是，我的意图却十分明显，就是试图从他们的侧影中看出他们在大起大落时代的种种生活行状，这或许能够成为今天文人的一面镜子。所以，我试图用素描的方式来勾勒一下我所接触和观察到的“探求者”中已经仙逝的这“四大名角”，也许我的素描在许多人眼里并不是那么传神和准确，但是，倘若有可能让人们看到他们性格的另一面，以及另一种深藏在心底里的生活方式和生存理念，也就算是我的最大愿望了。

——题记

一

人们说陆文夫是一个“带着微笑看待生活”的现实主义作家，究竟是不是这样的作家，各有各的说法。但是，他定格在我脑海里的印象是：那细长的手指夹着香烟，优雅地从嘴角和鼻孔里冒出一缕缕淡淡的青烟；那手端酒杯时，还用犀利的余光扫向全桌的观察力，让人既喜又恐。

陆文夫的身材是四个人当中最好的，眼睛十分大，若不是常常瞪起眼睛看人，让人感得一丝畏惧，他倒是一个轮廓分明的标准帅哥。看上去他是一个慢性子的人，说话时不紧不慢的，夹杂着浓重的泰兴方言，让你不觉得他是个一生中绝大部分时间都居住在苏州的作家，然而，一旦他激动起来，眼睛睁大，并斜睨着看人，细长的脖子上血脉偾张，青筋暴突，就让人陡然恐惧起来。当然，这样的时刻极少，我们更多时候看到的是一个温文尔雅的“陆苏州”。

“陆苏州”每天没有酒是不行的，即便是会议上没有安排酒，他也会拿出自备的酒来邀人同饮，实在没有陪喝，他就一个人独酌，无酒不饭，成为他一生不可或缺的嗜好。有人说他是酒圣，倒是有些言过其实了，据我多次观察，他喝得不多，且是慢酒，这一点也被叶兆言所证实。他分明是一个有节制的饮者，一俟到量，他就会戛然而止，所以，像我们这些常常在一起开会却与之没有深交的后辈作家，就没有见“陆苏州”醉过一回。

开会时无聊，我就观察他在会场上抽烟的情形：他不像有些人那样从口袋里摸出烟来，他是将烟和打火机搁在桌上，慢慢地抽出一支烟，在桌上蹾一下，点上火轻轻地吸一口。却又不像老烟枪那样猛吸一大口，半天不见吐烟出来，而是在正常的呼吸中，从嘴角的缝隙边，缓缓自然地飘出一缕缕淡淡的青烟，显然，那是一种斯文的吸烟法。尽管他的烟龄很长，烟瘾也还不小，从他不时去摸烟的频率和右手食指与中指被烟熏染的颜色来看，就可衡量他的烟瘾大小了。在一缕缕袅袅上升飘忽的烟雾中，我仿佛看见了苏州小巷深处的那一抹淡淡的阴郁和哀愁。

陆文夫之所以被人称作“陆苏州”，那是因为他的成名作就是以苏州“小巷文学”为题材的，20 世纪 50 年代因其短篇小说《小巷深处》而一炮走红，后来这篇作品就成为“探求者”的代表作。过去，我在讲课的时候，经常用它与老舍的《月牙儿》比较，得出的结论就是：二者最大的就是风格上的差异性。丝丝入扣的江南水乡氤氲飘逸着的那种绵绵不绝的意绪，浸入并游弋在你若隐若现的灵魂里，酥了骨头，松了经络，寻觅不到的是痒处在哪，愁在何处。用三个字表达：奈何天！《月牙儿》虽然是老舍最富诗意的小说作品，也充满着那种淡淡的哀愁，但是它像北方的天气一样，干燥而热烈，与小巷里的潮湿而阴郁形成了截然不同的风格特征。我并没有抬举“陆苏州”成名之作的意思，而是想说明，作品风格的形成是与作家的性格休戚相关的，所以，我一直认同布封的那一句名言“风格即人”！不疾不徐的性格是最适宜江南水乡柔情似水的人文地理环境的。

其实，陆文夫倒是地地道道的苏北泰兴人，虽然在苏州生活了大半辈子，却仍然是一口纯正的通泰方言。在“探求者”四个人当中，陆文夫的“文官”头衔最大，官至中国作家协会副主席，全国第六、七、八届人大代表，江苏省作家协会主席等，这正说明了他们这一代江苏作家在全国举足轻重的地位。尤其是在20世纪的80年代，“陆苏州”的创作出现了井喷的状态，其作品在文学界的好评如潮，《献身》《小贩世家》让不同层次的读者受益，更令人惊奇的事情是他讽刺抨击官僚主义的作品《围墙》竟然被某省当作红头文件发往各县市，也成为中国文场与官场的一件千古奇闻。其《井》与《人之窝》在文坛上也引起了很大反响。

而他的《美食家》成为中国许许多多食客的美食指南。小说以主人公资本家朱自冶四十年的“吃史”折射出时代沉浮，本来是可以进入重大题材领域的作品，作者偏偏就是要让小说沿着揶揄轻松的小路走下去，让其风格在各种各样的“吃法”当中走进“美食的天堂”。此作成为作家写美食除汪曾祺外的又一绝唱。

《美食家》使陆文夫“会吃”的名声远播文坛内外。自那以后，陆文夫每到苏州一家饭店用餐，厨师闻知陆文夫来吃饭，便有些惶惶然，大有在美食家面前班门弄斧之感，倘若做坏了一道菜，怕坏了自己的名声。“陆苏州”便成了吃遍苏州的美食鉴定者了。

“陆苏州”中年以后文场和官场均春风得意，其实，他平常的生活过得还是十分简单的。只要每天有酒，有几只小菜搭搭，他就心满意足了。晚年，他竟在苏州开了一间名叫“得月楼”的饭店，也是名声远扬，我们一干人去苏州开会，都要去品尝一番。

陆文夫对各地富有特色的民间小吃饶有兴趣，走到哪吃到哪，大有吃遍天下的感觉，“行万里路，尝百口鲜”算是文人的雅癖了。

陆文夫吃茶也十分讲究，他爱茶，当然更爱上上品的好茶，有人说“因为只有陆文夫才不致委屈了好茶”，也算是他的一桩清高文人的雅好。

烟酒茶具好，尤其讲究其中的形式之美者，在文人作家圈里不是很多，陆文夫应该算是一个吧。可是坊间传闻“陆苏州”酒量奇大无比，故有人送他个“酒仙”的雅号，用他自己应景的半醉半醒的话说就是“可以列入酒仙的行列”，但千万别当真，如果是这样，“陆苏州”就不是那个慢条斯理的陆文夫了。

陆文夫先生卒于2005年，是“探求者”四杰中最后一个去世的人，寿命最长也就不过八十。

二

高晓声是刚过七十岁就离世了，同样是1928年生人，1999年便匆匆走了，他倒是苏南常州人，但却是道道地地的一副刚从田里爬上来的老农民的形象。

四十年前，董健先生让我送一封信给正在《雨花》杂志编辑部改稿的高晓声，那时的《雨花》编辑部真的称得上是“高大上”，所在地是总统府内走廊中间段右侧的几间房子，走进里面的一个天井，只见一个其貌不扬、面庞黝黑的矮个老者穿着一件千疮百孔的白色老头衫，正在自拉的塑料绳上晾衣服，我上前问道，请问高晓声同志在哪？那老者转头看着我这个不速之客，不急不慢地问，你找他干什么？我说，南京大学的董健老师让我送一封信给他。那老者操着浓重的常州方言说，好啊，我就是高晓声！当时我十分讶异，在我心目中，高晓声应该是一个十分儒雅，且有书卷气的中年作家，即使不帅气，也不至于这般尊容啊。回头再想想，这可能正是他的朴实无华的品格吧。但是，后来发生的许许多多事情让我对这位被某些评论家说成是具有“鲁迅风”的大作家，却有了不同的深刻认识。

在“探求者”四杰中，高晓声当年被整的确是有点冤枉，因为他是不谈理论的作家，也曾经公开说过，他从来就不看评论家的文章，于是大家在私底下议论，他真的把自己当成鲁迅了，谁稀罕去评论他呢。说归说，评论还是要写的，写出来，高晓声还是每一篇都偷偷看了的。

从文学史的角度来看，我最佩服他，觉得最深刻的作品就是《李顺大造屋》和《陈奂生上城》，前者写中国农民的奴性可谓入木三分。李顺大为了造房子被公社民兵吊打一夜，他想到的竟然是自己的皮肉筋骨居然这么不经打，这种神来之笔倒是高晓声几十年来探求作品主题思想深刻性的惯用手段。陈奂生在得到吴书记的特殊照顾时，跳坐沙发、不穿鞋子钻进了雪白的被窝里的细节令人捧腹，这些细节的描写，让人想起了鲁迅笔下的阿 Q，难怪有人给他披上了“鲁迅风”的大氅。

其实，我个人更喜欢的是《钱包》《鱼钓》和《摆渡》那样的散文化的寓言体小说，这种寓言体的小说无论是从审美的角度，还是思想的蕴义来说，都是非常精妙的上品之作。《钱包》揭示人性中因贪婪而形成的盲从意识，《鱼钓》则暗示一切玩弄权术者终究会被权术所困死。由此，我得出了这样的一个结论：这个貌似农民的作家是一个很有独到见地的思想者。这在高晓声《七九小说集》的前言中已经表达得十分明晰了：“摆渡人”通过渡船把人渡到彼岸，作家“不受惑于财富，不屈从于权力”！

高晓声的思想不是用理性冷静的文字来表达，而是浸润在作品之中的，看似内敛，其实却是散发型的。只要你有一双“内在的眼睛”，你就不难发现其作品在堂奥之后，躲藏着的高晓声那张本分老实的黝黑脸庞上露出的狡黠憨笑。

这个貌似农民的作家，其实学历和经历倒是挺丰富的，1947 年高中毕业，1948 年考入上海法学院经济系，1949 年入苏南新闻专科学校，次年毕业。先后在苏南文联、江苏省文化局从事群众文化工作，在《新华日报》文艺副刊任编辑。

有人说他是起草《“探索者”文学月刊启事》的人，也有人说起草者不是他，这笔历史账是随着各个历史时期形势的变化而变化的，探究谁起草的并无什么意义了，但可以肯定的是大家都是一致赞同的，说“共同起草”似乎更准确一些。不过高晓声同年6月发表的探索小说《不幸》，倒是“探求者”的一次文学实践，所以他的定罪也成铁板钉钉的事情了，受到批判，被划成右派，遣送回乡进行劳动改造也算是从轻发落了。

看到如下的高晓声小传，我思考了良久。“1958年，高晓声回到了家乡武进县农村。这次真是‘回乡更断肠’，高晓声是独子，父母加他共三口人，前几年他为了专心搞创作，二十八岁还没有结婚，当时那种情况下，谁肯嫁给他。乡里人闲言杂语不少，说什么‘高家要灭门绝户了’。高晓声听了，真是气坏了。有个农村妇女名叫钱素贞，竟然不嫌高晓声的穷愁潦倒，也不怕高晓声头上还戴着的千斤铁帽，就毅然地和他结了婚，一起度过了二十年的艰难岁月。高晓声笔下的李顺大、陈奂生困境，是他亲身经历过的。不久前，高晓声对他的好友说：‘在1960年有三个月，我一天只吃四两糠。’但三年困难，十年浩劫，梦魇似的岁月终于过去了。高晓声全家三代同堂七口人，父母两老，高晓声和他的爱妻钱素贞，三个孩子。自从《李顺大造屋》得奖，高晓声又被选为江苏省的先进工作者，出席了江苏省的劳模大会。1978年夫妻俩双双到南京，当时方之还活着，在叶至诚家中，方之见了钱素贞，他双脚立正，深深地向钱素贞鞠了一躬，说：‘谢谢您，辛苦您了！’我想钱素贞同志是当得起这一鞠躬的。‘贫贱夫妻百事哀’，心酸往事也不必多说了。再说一点高晓声最近的心情吧！高晓声说，我现在是乐观的人，是乐观派。我乐观，有四点：一、我能活到今天，就值得乐观；二、从‘四人帮’的粉碎，我们可以看到，人类社会总是要前进的，‘四人帮’从某种意义上讲好得很，它帮助我们认识了许多问题，而且可以公开讲出来；三、我国经过这么多年折腾，极‘左’思潮没有什么理论基础了，也没有什么精神力量了；四、我们多看看人民的生活，这几年来，人民是高兴的，我们也就应该高兴了。”显然，这是对逝者的溢美之词，死者为大的中国传统道德掩盖的往往是一个人真正的性格特征，人性的两重性被千篇一律的悼词所遮蔽。

也许，如果没有二十年回乡劳动改造的经历，高晓声会在城市里过上另一种生活，而在农村，他接触到的不仅仅是农民阶级的朴实，更重要的是，在饥荒年代里，在“文革”期间，农民性格的另一面也深深地影响着他的人格成长，“人一阔就变脸”的习性不只是在他的小说人物中活灵活现地描写出来了，同时在其自身的生活中也有所流露了。

20 世纪 80 年代，坐小轿车出行是一种地位显赫的标志，许多一战成名的作家都以此为荣，无车不行，尤其是重大场合下更是需要这样的待遇，我们的高晓声同志的出行就很讲究这些派头。据说好像是一次杭州的会议，住宿的宾馆离吃饭的饭店最多只有一千米的距离，其他人都是随会务组人员一起步行前往，而高晓声先生却非要汽车接送，这不仅让办会者难堪，他们无法对其他作家交代，同时也让其他与会者愤愤不平。或许，这是中年以后，急于向社会拼命索取，讨回二十年债务的心理在作祟吧。当然，这样的作家并不止高晓声一人。

别看高晓声其貌不扬，他却是早有艳遇的作家之一，20 世纪 80 年代坊间流传的他与南方的一位女研究生的绯闻并非是空穴来风，那都是有名有姓、的的确确的真人真事，但是最后无疾而终的原因，恐怕只有少数几个人知道。从中可以看出《钱包》里人性的那一面。所以，那些自传和传记中的溢美之词是不可信的，只有看到一个作家灵魂深处的东西，才能看清楚他是在要什么。

高晓声以他创作的名声获得了桃花运，持续到他临终前的那一段酷似“生死恋”的故事曾经被许多人唾骂，也被许多人羡慕和慨叹过，无论如何，那最后的一吻，既象征着这个现实主义作家心底深处藏着的那只浪漫主义的小猫，同时，又让我们窥见到了一个饱经风霜的老人对生命的渴望与“探求”。

活到 1999 年的七十一岁的高晓声的确是一个有故事的人。

三

兆言告诉我，方之在四个人当中基本上是不喝酒的，我倒好生奇怪，一个这么有愁苦有浪漫情怀的人，竟然不喝酒，这在我欲写的《现代文人与酒和烟的关系》一书中，显然是个例外，再仔细推敲兆言的原话“方不能喝”，不能喝，却不代表不喝。随之追问，“方下放时肯定是会喝酒浇愁的”，得到的是肯定式的回答。

好在他是嗜烟者，用兆言的话语来说：“他们四个人都是抽烟的，四个人晚年都戒了。方之是临死前才戒——在我们上大学时候，他戒了，当时为了去南大讲课，复吸，再戒，没多久，就病故了。方之戒烟，最难看，难受的时候，让我父亲抽了烟，喷烟给他闻。”哈哈，这是我听说过的吸烟文人中，最有趣，也是最有性格特征的嗜烟者了。或许吸烟就是夺取他生命的病理学原因，可是如果没有烟熏下的思考，嗜烟者方之就不可能写出《内奸》的深刻性来，一个叼着烟卷的方之形象便栩栩如生地印刻在我的脑海里了。

方之是 1979 年 10 月 22 日去世的，而第四次中华全国文学艺术工作者代表大会是 1979 年 10 月 30 日在北京隆重开幕的，本来，如果不是沉疴缠身，他是应该出席这个会议的，我不知道临终前的方之有无聆听到那个被长时间的掌声打断的邓小平代表党中央在会上做的重要讲话，可以想象，那时正是方之想大干一场的时刻，就像柳青在病床上哀求医生救救他，再给他一年半载时间完成《创业史》第二部那样。可惜天妒英才，老天也没有给方之以更多的时日，把自己一肚子的素材写成比《内奸》还要精彩的篇什。

方之的青春并不是美丽的，因为理想主义和浪漫主义的青春冲动，受到了政治风暴的无情摧残。但是，写作却是一生不灭的欲望，有人说他是“一团火，一把剑”，那“火”则是创作的欲望之火，那“剑”便是直指人世间压迫人性的剑。

20世纪70年代后期，当方之从下放地淮阴老家回到南京，身体已经很不妙了，听说他给自己定了个五年的计划："我准备再做五年苦工。"他构思出了十多篇作品，等待创作的井喷时刻的到来。后来病重，住进了医院，在并不完全知晓病情的情况下，他对妻子李艾华说："告诉我，我还能活多久。能活三年，我就做三年的打算；倘使只能活一个月，我就马上出院，把最要紧的事情做完……"

死于肝癌的方之享年只有49岁，倘若那时他不花大量的时间去干另一件事情，也许，他能够留在文学史上的作品就不止一枝独秀的《内奸》了。

有人称颂方之把"他最后的精力花在南京《青春》杂志的创刊上。他知道自己的生命力快要消耗尽了，他要把手里的火炬交给后面的年轻人，他要创办一个发表青年作者作品的刊物"。是的，《青春》成为当时红遍大江南北的名刊，培养了大量的年轻作家，这功绩是被历史牢记的。但是，作为一个才华迸发的中年作家，在自己生命的最后时刻，却把宝贵的时间放在许许多多的琐事办理上，连打电报要巴金为《青春》创刊号写稿的诸如此类事情也亲力亲为。我不知道这是他本人选择的幸还是不幸，甚至是江苏文学的幸与不幸呢。

后来，看到方之妻子的回忆文章，很有感触："'探求者'是他们几个青年人一起讨论的，当时他们很公开地讨论，还去省委宣传部请示，当时找的是艾煊，艾煊说这些青年挺有积极性。他们自己也觉得没事，后来方之与陆文夫跑到上海去找巴金，巴金就没有太同意他们，当时空气已经比较紧张，我记得方之从上海回来就跟我说，原话记不得了，意思是，嘿，他怕什么，他怕，我们又怕什么，意思是我们是小青年。

"方之很坦然，觉得自己没干什么坏事，还把责任往自己身上揽，后来他去八卦洲劳动了三年。在那里改造、种地，住在农民家里，也写点东西，但写得少。三年后回来，不久又被批判，说方之为什么要写《出山》，就是因为他自己要出山，反正一到搞运动，他就是首当其冲的。

“后来，他写了《内奸》，评了个全国奖，但领奖时他已不在了，是我去北京领的奖。”

方之是“探求者”中我最不熟悉的作家，只见过一回，记忆中大概是1978年的下半年还是1979年的上半年，中文系的包忠文和裴显生先生请他来南京大学进行一次演讲，有人指着那个比较土气的人说，那人就叫方之。我立马就肃然起敬了，因为当时他的小说《内奸》在国内文坛上引起了很大的反响和震动。小说甫一发表，我就和董健先生热烈讨论了这部小说的思想内涵，预言方之将会是江苏最有后劲的作家，也会成为中国“五七战士”中最有思想穿透力的代表作家。像他这样下放到生活的底层，亲身经历了当时中国农村最艰苦生活磨难的作家，生活的积累如此丰厚，可谓欲厚积薄发之时，却招致天妒，实乃中国文坛的巨大损失。

后来，我才得知他的下放地与我当初插队的地方是邻县，我没有能够在创作欲望十分强烈的青少年时代认识他，感到十分遗憾。

再后来，他的大儿子李潮开始创作，没有博得大名就去经商了。倒是他的另一个儿子韩东则先是以一首诗歌《大雁塔》而闻名大江南北，再后来，韩东写了许多小说，同时也是著名的“断裂”事件的发起者。我想，他们的路数与其父完全不同，行事的风格和理念也相去甚远，但是，没有方之对他们从小的文学熏陶，他们是绝对不会走上文学道路的。

其实方之是一个创作欲望极强的作家，被罢黜后还念念不忘要写走在时代深处的作品，一篇《出山》就是隐喻着他本人的欲望的作品。

方之是“探求者”四杰当中走得最早的人，许多年轻作家根本就不知道这个人的名字。四十年后的今天，方之至少还以一篇《内奸》活在当代文学史中，足矣。

四

我反反复复考虑了很久，最后还是决定把叶至诚放在压轴之篇，这绝不是以“探求者”四杰在文学作品上的数量和在文坛上的名声地位来排序的。如果按齿序而论，出生于1926年的叶至诚应为首。首先，我考虑的是，作为一个为《雨花》杂志开设一年《山高水长》的专栏作者，这栏目最后一期的煞尾篇什，我以一个晚辈的身份来为《雨花》的老主编“送行”并作结，是一种本分。其次，因为叶至诚是“探求者”四杰中唯一长期居住在南京的人，除了去过“五七干校”，也没有下放过，他是省会留守者，无形中就成为一种精神和地理位置上的中心和枢纽。最后，在“探求者”四杰之中，我与叶至诚先生接触得最多，除了开会见面，平时接触也较多，尤其是当年我住在白下区小火瓦巷四十八村时，隔壁就是省京剧团宿舍，常常在小街上碰见笑面菩萨样的叶至诚先生，他那憨厚朴实的笑靥永远定格在我的脑海之中。

谁都知道叶至诚是一个十分谨慎小心，性格散淡，且豁达开朗的人，是一个笑颜“弥勒佛”和好好性格先生，说他是“探求者”的骨干，这谁都不相信，但他又的的确确是卷入其中者，也算得上中坚，因为那时他年纪最长。

他的人品声誉和文学光芒完完全全被其父亲、妻子和儿子盖得严严实实、密不透风。所以，不同的人在不同的场合介绍他的时候无非就会用这三种表达方式，“叶圣陶就是他父亲”或“他就是叶圣陶的公子”；“他就是‘锡剧皇后’姚澄的丈夫”或“‘锡剧皇后’姚澄就是他的妻子”；“叶兆言就是他的儿子”或“他就是叶兆言的父亲”。他自己也常常用这样的话来自嘲。

叶至诚是“探求者”中年龄最大的，但是活的岁数却并不是最长的。他生于1926年，卒于1992年，在世也就66年，按现在联合国对人类年龄的划分，他至多算是个中老年人吧。作为叶圣陶的次子，叶至诚应该在文学创作上有更大的成就，即便是从事戏剧创作，也绝不会止于这一些作品。从他与高晓声在1953年合作创作的锡剧剧本《走上新路》开始，往后他与别人合作出版的作品较多，让人不禁怀疑他的创作能力。殊不知，他的散文创作是非常有个性的，亦如他的为人，文字朴实温润，其中透出的人性力量却是让人落泪的。《至诚六种》是他去世后由叶兆言编辑的一本书，其中有许多散文、随笔是十分动人的。

让情感如同兄弟的儿子叶兆言潸然泪下的原因有很多，我以为，恐怕像兆言这样亲近的人在其生前都未必真正理解像叶至诚这一类貌似好好先生的人在历次运动的教训中所受到的心灵伤害，在他们心灵深处有着与常人不同的感受，在他们菩萨式的笑靥背后，有着常人无法解读的丰富内心世界。看了叶兆言给《至诚六种》写的序言，我似乎也看到了自己父亲十分相似乃尔的心灵世界镜像，我出生在"三反五反"的年代，父亲从一个豁达开朗、极富个性的辅仁大学毕业生变成了一个唯唯诺诺、与世无争的好好先生；而叶兆言出生在"反右"年代，也见证着父亲从一个热血沸腾的青年"探求者"走向"好好先生"的性格轨迹，我不知道有多少这样的父亲在那个年代，在改变命运的时候，也改变自己的性格。

"父亲非常热爱写作，这是他一生的志向。整理遗作时，我忍不住一次次流泪。首先是为他的认真，父亲的字仿佛印刷体，一笔一画交代都很清楚。他总是没完没了地抄写，要仔细辨别，才能确定哪几页才是最后的定稿。我知道抄写有时也是一种被逼无奈，他想通过这种近乎笨拙的方式，进入自己要写的文章。作为一个写作者，他排除干扰的能力实在太差了，以至于大多数时间，都处在想写而没有写的状态。父亲有很好的写作基础，少年时就出手不凡，曾获得朱自清先生夸奖。直到20世纪70年代末，他已是一个五十多岁的小老头，写的《假如我是一个作家》又得到冰心先生的赞扬。这些夸奖和表扬，都有确切的文字记录在案。父亲一生最大的遗憾，是没能痛痛快快地写出一大堆东西。作为儿子，作为聊天对手、倾诉的对象，我常听他说起要准备写什么。想法很多，文章也写得很好，可是迟迟不肯动笔。有时候已经开了头，写着写着半途而废。他留下来的文稿，有许多小标题，标题后面连要写的字数都计算好了。我一直觉得有两组文章没写完太可惜，一是记录祖父那辈的老人，譬如本书中的《记锡琛先生》；二是他的那拨好朋友，那些被打成‘右派’的难兄难弟。这本书的名字父亲生前就定下来，当时省作协有书号，答应为他出本书，父亲很认真地编，一次次跟我讨论书名。后来没了下文，为这事他一直很郁闷。父亲过世后，我屡次想到把遗作印出来，可是也碰了几次钉子。父亲生前很反对花钱买书号，觉得这是对自己文字的一种羞辱，是水平不够的表现，这当然有些书呆子气，然而这想法多少也影响了我。有一次，我对堂姐小沫说，实在不行的话，花钱就花钱吧，我必须要对父亲有个交代。现在这本书终于可以出版，没有花钱买书号，为此我感到很激动，父亲地下有知，也会十分感慨。十五年前，汪曾祺先生来南京开会，在夫子庙状元楼的电梯里，他很认真地对我说：‘你父亲的散文，我都看了，很干净，没有一个多余的字——’很多人都跟我说过父亲的文章，常常是一种赞美语调，而我没有一次不内疚，因为父亲的遗作还没有成书。父亲为文和为人一样，都很至诚，都是用心血筑成。”

殊不知，叶兆言的父亲何尝不想放达地去写文章，他的文字功底那么好，却就是写不出文章来了呢？其中的苦楚他又能够像谁去吐露呢？他是被那场运动的利害所困，留下了难以消除的恐惧症，这在许许多多经历过那场运动的人心里埋下的阴影，是不能忘却的纪念。

而冰心先生的感触角度完全是不同的，她在读到叶至诚的文字时，是从联想到自身的经历有感而发的：“今天我正在阅读一本《未必佳集》，是叶至善同志兄妹三人自谦之为‘习作选集’的，里面好的文章不少，但是在《至诚之页》中有一篇特别引起我的注意，那就是《假如我是一个作家》。我在六十年前写过一首诗，用的也是这个题目，可是我的意境就比他的狭仄多了！我只是要‘我的作品’，能够使人‘想起这光景在谁的文章里描写过’‘听得见同情在他们心中鼓荡’‘当我积压的思想发落在纸上时’‘我就要落下快乐的眼泪了’。至诚同志却要努力做一件今天并不容易做到的事，那就是‘在作品中有我自己’，他说

‘我……你……他的作品’都以‘你的灵魂你的外貌出现在读者面前……然后，就真正地有了百花’。”在这段文字中，我深深感到的却是另一种悲哀：自己的思想不能用艺术的形式表达出来，对于一个有写作能力的人来说，是一件多么痛苦的事情啊，借用编辑他人文字的机会来宣泄自己心中的块垒，这是何等凄凉悲痛的哀号呢！

汪曾祺说叶至诚的文字“干净”“没有一个多余的字”，那只是从语言形式的层面来评价叶至诚，他是不能体会那种人生痛苦的，毕竟他在历次运动中并没有遭受过大难，即使是在最困难的时期也照样端着跌不碎的铁饭碗。因此，叶至诚无论是真心的还是伪装的“好好先生”形象背后，矗立着一个泣血的魂灵。

的确，作为一个中共党员，一个 1948 年参加革命工作的干部来说，这个历任九分区文工团文艺教员，苏南区党委宣传部文艺处干部，中共江苏省委宣传部文艺处干事，江苏省文联创作委员会副主任，南京市文化局剧目工作室秘书，南京市越剧团编剧，江苏剧团编剧，《雨花》编辑部副主编、主编的老同志，他并没有太多的光环可以炫耀，比起“探求者”其他三杰，他在创作道路上长期处于休眠期，他用编辑的外衣遮挡住创作的心跳，以防自己的灵魂再次出窍。

所以，他最耀眼的勋章就是 1988 年获得的中国作家协会颁发的“全国老编辑荣誉奖”，官至《雨花》编辑部主编。

他的悼词本应该是另一种写法的，可是历史就是这么无情。

原载《美文》2019 年第 1 期

【主编者言】去年的选本选了该作者一篇。按照我的编辑设想，不连续选用同一作者的文章。可这篇文章不只写得好，更因为其中的人物让人神往。顿挫抑扬的人生映照着那个时代。

月光皎洁只读书

——怀念既专且通的包天池老伯

［美］俞　宁

包老伯上街理发，理发师有一搭无一搭地和您说些闲话。

您是做什么工作的？

读书的。

您不能总读书吧？读完了总得做点儿什么？

我是读书人，只是读书。

包、俞两家是几十年的紧邻，自打我有记忆起，脑海中就有包老伯不怒而威、严肃方正的面容与神态。不过我对包老伯的初始印象，受到家兄的“污染”，而家兄对包老伯的印象，充满了从幼稚园带来的偏见。

1952年院系调整后，原来的辅仁大学只剩下了化学系和生物系还在定阜大街的原址。教员子弟的幼稚园，在原辅仁大学的后花园。孩子们上下幼稚园要穿过一条长长的走廊。走廊内侧摆了一溜儿玻璃陈列柜，多为泡在福尔马林里的生物标本，容器里面不仅有人体器官，容器外面甚至还陈列着人体骨骼、骷髅的标本。家兄从那里过，觉得阴森恐怖。回家后添油加醋地对我描述，使我们兄弟二人早早就对生物系产生了神秘而恐惧的印象。只要一提起生物系、生物学者，我们首先想到的就是那条吓人的长廊。后来我们竟然发现，楼上那位威严的包老伯就是生物系的。我们到楼上包家玩耍，偶尔从包老伯身边走过，闻到一种药水味儿。家兄附着我耳朵说："那就是福尔马林的味道。"我们顿时觉得毛骨悚然。后来我们更听说包老伯是解剖学专家，而解剖就是……就这样，我们把对长廊的神秘恐惧和对生物系的敬畏，转移到了包老伯身上。

包老伯一家，和我家的邻居关系，十分有趣。起初包家住在我家楼上。对面楼里，正对着我家门的是包老伯的恩师郭毓彬老先生。包老伯的第三子同曾大哥和我的长姊同年，每天负责接送我哥哥上下幼稚园。同曾大哥见到包老伯，马上站得笔直，双手下垂。我们想当然地认为他和我们一样，也对包老伯怀有因长廊引起的敬畏，但是从来没有向他确认过。我们惧怕包老伯，但是却和同曾大哥情同手足。他常常领着我和我哥从屋子前门跑进我家，然后从后门跑出来，再从院子里绕到前门，循环往复，其乐无穷。"文革"时大家都被扫地出门，有几年各不相见的日子。后来搬回学校，我们两家同在二楼，正对门，两家的阳台并排朝南。再后来又搬家，我家住二楼，他家在我家楼下，和多年以前的位置正好上下颠倒。现在两家的老父亲都仙逝了，但邻居的位置依然如故。我对解剖专家包老伯的敬畏感，一直延续到我二十岁左右，也就是我家和包家住对门、阳台并列朝南的时候。

1973 年 11 月到 1978 年 8 月，我在北京市西城区长安街房管所做泥瓦匠，因繁重的体力劳动而变得头脑迟钝，晚饭后常站在阳台上发呆。那时的北京，夜晚抬头还能看见天上的星星。某晚，不知我的哪根神经乱动，被星空引发了"此日六军同驻马，当时七夕笑牵牛"的回忆。失学加劳累，想不起来是谁写的了，就大声问屋里的父亲，这首诗的作者是谁。先父那天恰好在屋里打围棋谱，落子"啪嗒啪嗒"地响，没听见我的问话。而隔壁包老伯也在阳台上乘凉，顺口低声地告诉我："李商隐。"我一看来得方便，就加了一句："哪一首诗呢？"包老伯仍是低缓地答道："《马嵬》。"没想到问答之间，我自童年开始对福尔马林、生物标本长廊、解剖专家的盲目畏惧，一下子就随晚风飘散，一去不复返了：原来包老伯根本不可怕，他是熟读唐诗的斯文人。

包老伯，讳桂濬，字天池，生于1909年，卒于1982年。曾为北京师范大学生物系教授、动物学家、解剖学专家，在中国古典文学和英国文学两个领域都曾给过我详细、深入的指导，是我青年失学时期的重要导师之一。

包老伯旧学底子好，因为从小读了四年家塾。背诵《三字经》《百家姓》《千家诗》《千字文》之外，还背诵四书五经。十四岁入北京的新式学堂四存中学。此校由曾任民国大总统的徐世昌兴建。第一任校长齐树楷是清末举人，后毕业于日本早稻田大学政法特别班。所以那里的课程中西兼备，既有数理化、史地生、体育、美术、英文，又列四书五经为必修课。1936年全市国文会考，前六名都是四存中学的学生。包老伯晚年与病痛做斗争，最有效的办法之一就是一句句、一章章地背诵《论语》。他对同曾大哥说："赵普半部《论语》治天下，我就不能以整部《论语》治好这些病？"同曾大哥后来告诉我："老祖宗传承下来的这些千古经典，父亲不仅背下来了，而且渗透到血液中去了。"

借了紧邻之便，我在失学的动荡岁月里，从包老伯那里学到了不少很实用、很独特的东西。一次我读《红楼梦》，忘了是哪一个版本，只留下一个注解不得要领的负面印象。看到尤三姐站在炕上，呵斥贾珍、贾琏兄弟"咱们清水下杂面，你吃我看见"这一句，依稀记得注解说是："北京俚谚：'清水下杂面，你吃我也看。'"我心里纳闷，什么叫"我也看"呢？难道还有什么别的人也在看吗？这解释，还原到那一章的上下文中，根本对不上号。我出门要去红学大家启功先生那里请教。没想到迎面碰上回家的包老伯，我暗忖何必舍近求远呢？连忙问他"清水下杂面"到底是怎么回事。包老伯笑了，反问道："你吃过涮羊肉吧？涮到最后那汤肥不肥？"我只得如实回答："肥。"他说："确实肥。喝吧，太油腻；不喝吧，又觉得可惜了美味。怎么办呢？下杂面。所谓杂面，其实是指绿豆粉擀成的面条，十分枯涩，却能够吸收羊肉汤里的油腻。用肥羊汤煮出来的杂面条很好吃，同时也避免了浪费。所以，喜欢涮羊肉的老北京人也偏爱羊肉汤下杂面。但是，如果用清水煮的杂面，只要不是饿得要命的人，都会觉得枯涩而难以下咽。所以尤三姐将了贾氏兄弟一军：'你们吃给我看看！'言外之意是你们有那么大本事吗？没有的话，就别吃着碗里的，想着锅里的了。"

我回想原文，觉得包老伯的解释特别贴切。后来到底还是问了启功先生，先生也说包先生的解释比某些红学家的解释要合理多了。如果说包老伯对《红楼梦》的解释是因为熟悉北京民俗的实用常识，您对莎士比亚戏剧的解读则是我闻所未闻的——不仅是当时，就是在今天，我在美国一所州立大学的英文系里教了二十多年英美文学之后，依然觉得包老伯的解读新奇别致，道理深刻。

我在十三四岁开始自学英文，断断续续地熬到二十岁前后，终于能够借助字典，如蜗牛般缓慢地啃读英国文学原著了。有一段时间里，我注意到包老伯总是捧着一本原文版的《麦克白》，不由得"心向往之"。那时"文革"已经接近尾声，北师大图书馆也对教员有限度地开放。我求父亲借来一本原版《麦克白》，硬着头皮读了几天。从童年到青年这十来年最重要的时光，我目睹了太多莫名其妙的内斗，因而对《麦克白》里面的阴谋与暗杀极为反感，不忍卒读。父亲听见我念念叨叨地抱怨，就说："你何不从《罗密欧与朱丽叶》这种恋爱故事入手呢？"这一招果然有效，我在沉重的体力劳动之余，居然磕磕绊绊地把它读下来了，可是并不喜欢：两位主角太年轻，朱丽叶不过是个十四五岁的小孩子，就这么误打误撞地自杀了！忍不住对父母抱怨："这莎翁也太差了吧！我初读他的作品，连读了两篇都不喜欢。"

我对莎剧"不感冒"，很快传到对门包老伯耳朵里面。您缓声对我说："你别急。从你抱怨莎翁看，你应该是有些文学潜质的。我读《麦克白》，另有原因，暂时不好对你说。但你不喜欢《罗密欧与朱丽叶》却是和一般年轻人大不相同。文学作品到了极致，总含蕴着一种大慈悲。你能惋惜他们死时年轻，说明你心里是有慈悲的。但是你得想想，前些年那些抄家、打人的'小将'，不也就是十四五岁吗？人的生理，从十一二岁到十六七岁是发身期，荷尔蒙激增而不平衡，在体内到处乱窜，使人的情绪不稳定，容易走极端，做出激烈而不顾后果的事情。你觉得莎翁‘差’，我觉得这正是他‘强’的地方。你看啊，两个家族明争暗斗，发身期的孩子们成为牺牲品。这多么地不公、多么地悲惨！”

这是生物系解剖学教授对于文学作品的生理解读，让我这个毛头小伙子在头脑中打开了一扇窗子。多年以后，我在美国康奈迪克大学读博，必修莎剧。那时西方马克思主义流行，有同学批判以前流传的“莎剧属于所有的时代”这种公论，认为莎剧是在特定时代、特定文化中为某种特定意识形态服务的。我表示不能苟同，理由就是，我初读莎剧的感受和包老伯的剖析。不论是哪个时代，不论是哪个阶层，人人都有荷尔蒙。发身期的孩子们，受到外来因素的刺激，都有可能做出伤人害己的事情来。

包老伯看到我对莎剧有偏见，就从架上抽出一本书，说：“英国文学史上还有一位奇才，你不妨看看他的传记。”我接过来一看，原来是博斯韦尔（James Boswell，1740—1795）写的《塞缪尔·约翰逊传》（*The Life of Samuel Johnson,LL.D.*）。也许因为这本书是叙述性散文，年代也比莎翁离我较近，所以我看得比较入味儿。约翰逊（1709—1784）是个怪人，说话也别具一格，有时粗鲁而尖锐，和我当时幻想的英国文学家应有的风度大不相同。例如他给燕麦下的定义就令人很不舒服：“燕麦，在英格兰喂马，在苏格兰喂人。”

这本记录了这位奇人一生的书，我用了半年多的时间，居然囫囵吞枣地读完了。印象较深的是主角做的一件“蠢”事。据博斯韦尔的记叙，一次听完伯克莱主教的讲演，他边走边对约翰逊谈起自己的感想：“这位主教真是辩才无碍，我明明觉得他说得不对，但就是无法反驳他那严密的论证。”

伯克莱的主观唯心主义，为英国哲学的重要流派即经验主义哲学铺平了道路。他认为人是通过感官来认识世界的，但人的感官又十分不可靠，所以人类通过感官体验对世界的认识也是不可靠的。你明明看见眼前有一块石头，但因为不能确定你的视觉感官是否可靠，从而不能确定那块石头是否真的存在。

当博斯韦尔说到这里，凑巧他和约翰逊走过一块大石头。约翰逊用力踢了那石头一脚，说：“那里是一块石头，我这样狠踢它一脚，如此证明了石头存在。”由于他用力很猛，他的脚、腿，乃至全身都受到很强的反弹。

这样的故事，我通过自己的半瓶醋英文居然看明白了，自然高兴，就跑去对包老伯讲，同时也表达自己的疑惑：“既然伯克莱认为人类的感官带来的认识不可靠，那么触觉应该和视觉一样不可靠。约翰逊的所为，虽然痛快，但只不过是用脚的触觉来证明眼的视觉。这仍然不足以反驳伯克莱的论点呀！”

包老伯温和地笑了笑，慢条斯理地说：“这个问题问得好。说明你能够自己思考。这也是西方古典哲学家思想方式的一个盲点。他们过于注重哲学思辨，从而忽略了人的本能和由本能带来的生活认知。例如笛卡尔说的‘我思故我在’就是违反本能的，因为他提出的‘我’像是一个无身的大脑，在空中飘来飘去。作为生物学者，我可以用通俗的语言说，首先应该是‘我呼吸故我在’。因为呼吸是人体循环的一部分，所以严格一点儿说，应该是‘我循环故我在’。如果人体的循环没有了，作为生物个体的生命也就没有了。心脏跳动停了，大脑得不到供血，还怎么“思”？正确的说法应该是“我在故我思”而非‘我思故我在’。我这么说，你能听明白吗？”

包老伯的用意可能很深，但是语言浅显明确。我当然能听懂。

包老伯深呼吸了一下，耐心地说：“本能是哪里来的？是从所有生物几十万、几百万年，甚至亿万年的生存、进化中得来的。本能正确，小到生物个体，大到整个物种，就能生存。本能不正确，就不能生存，就会在‘物竞天择’的过程中被淘汰。所以，约翰逊的做法虽然不聪明，但并非不正确。你注意到了博斯韦尔写他踢石头的时候，身体受到反弹，这就是石头反作用于人体。约翰逊的大脚指头会觉得很疼，这是生物的本能发送的危险信号，告诉人体此路不通，硬碰硬，吃亏的是人的肉体；此种情况加剧，也许会威胁到那个个体的生存。生存与否，是生物对外界认识正确与否的硬性指标。”

这时我突然抖了一个机灵儿，就说：“如果我是约翰逊，才不会傻到踢石头弄疼自己的脚趾。我会捡起一块拳头大小的石头，用力投向伯克莱的头部，看他躲不躲。如果他躲，就是嘴不对心；如果不躲……他肯定会躲。那就是他自己的行动驳斥了他的思辨。”

这时包老伯从厚厚的眼镜片上边盯着我看了一会儿，叹了一口气，摇摇头，说出了大意如下的一番话：“你这猴三儿，脾气是急躁了一些，脑子却不笨。不过，你能想出这种主意，却未必真能做出这种事。至少，你父亲，你启大爷，还有我，我们从小被教育以‘温良恭俭让’为行为准则，绝对做不出这种事。你虚拟的实验，是建立在生物自我保护的本能之上，可能确实有效果：伯克莱的思辨也许告诉他触觉不可靠，但他的本能驱使他躲避飞石带来的不愉快触觉。他的思辨中完全排除了生存本能。你的那块飞石，是以伯克莱头破血流为代价，把生存本能重新带入关于人类认识的思辨。人对外部世界的认识并非完全靠大脑，人的身体和其他动物的身体一样，在认识中起着很关键的作用。你的实验或许是有效的，但是你真的愿意为了证明这么一个本来就很明白的道理，把他砸得头破血流吗？”

说完此话，包老伯还是从眼镜的上缘凝视着我，很久不再出声。

20 世纪 90 年代，美国的人文社会科学界出现了一种新的理论——“具身的认知”（embodied cognition）。其代表人物里面有一位凑巧也姓约翰逊——马克·约翰逊，不知道和十八世纪的塞缪尔·约翰逊有什么关系。他和美国语言哲学家乔治·莱考夫合著了一本在此领域具有里程碑意义的《肉身哲学：亲身心智及其向西方思想的挑战》（*Philosophy in the Flesh : The Embodied Mind and Its Challenge to Western Thought*）。他们首先强调的就是哲学要对实际经验负责。根据这条基本原则，他们认为人的思维绝大部分是无意识的（即与本能有关的，与笛卡尔所说的有意识的“思”不同）；头脑（人的认知功能）是“遗传性具身”，即人的认识是世世代代身体经验积累、遗传下来的（也就是包老伯所说的生存本能是人类集体潜意识的积累）；理性思维（笛卡尔之“思”）由身体而生，身体为理性提供结构；理性乃进化而来，抽象思维利用我们的动物本性，而非超越它；理性之通用性来自人类身体之生物共性，即人类的神经系统、认知系统的结构是相同的。

此书出版于 1999 年。我初读是在 2003 年前后，看了三五页，就有一种似曾相识的感觉；读完其《引论》部分，不由得站起来在书斋里团团乱转：这都是包老伯二三十年以前的想法呀！包老伯才是这门学科的鼻祖！您天才的思想火花，没能使鲁钝的我及时顿悟，却被 20 世纪末期的美国认知语言学家和哲学家们重新“发现”并形成了一派极有说服力的边缘学科，与哲学、语言学、认知科学交织互补。我曾身入宝山，有先知先觉的长者亲手递给我一枚连城之璧，而由于我的鲁钝，竟然没有开窍而深入思考，把那思想之瑰宝系统化。几十年空手而回，怎一个“愚”字了得！

然而，包老伯被耽误的，还不仅仅是业余思考的敏锐灼见，您的专业研究也有一次类似的、令人扼腕叹息的遗憾。

1963 年，您参加中国科学院组织的《中国经济动物志・鸟类》编写工作，编撰了鸟类的三个属。也许是编撰鸟类志的过程中，您对鹌鹑产生了特殊的兴趣，1964 年您集中、深入地进行了鹌鹑后肢肌肉的比较解剖研究。从 3 月到 11 月，您对这项工作倾注了全部的热情与心血。课余时间，泡在实验室里不停地解剖、解剖。我和家兄闻到您身上的那股药水味儿，大概就是这样来的。解剖分析的结果是，您认为旧的鸟类分类系统以外部形态为依据，颇多缺陷。旧系统把鹌鹑归于鸡形目鹑亚科。通过对鹌鹑后肢肌肉构造的比较解剖，包老伯发现鹌鹑的后肢肌肉独具特征，不同于鹑亚科的其他鸟类，因此应该为它另找同类。这个研究的意义，不限于对鹌鹑一鸟的认知，而关系到改写、完善现存的动物学分类系统乃至分类的方法，其意义关系到整个学科的全局性。12 月，您终于完成了《鹌鹑后肢肌肉比较解剖研究报告》，明确提出：通过对鹌鹑后肢肌肉构造的解剖，发现它有若干特异的特征，不同于鹑亚科的鸟类，有必要将其分类位置予以更正。

论文提交后，一层层、一遍遍地接受审查，最后却没能发表。拖到“文革”开始，“红卫兵”小将们又审查了一遍，提出的意见是：选题荒唐，毫无价值。

但是包老伯却认定自己的研究是有价值的，不断地修改、不断地细化和深化。直到 1973 年，您从中国科学院动物研究所借来外国学术刊物，查出美国生物学家 G. E. Hudson 以数学方法分析鸡形目鸟类肌肉构造的差异后写出的论文，得到了和包老伯完全相同的结论。不过，Hudson 的论文发表于 1966 年。按发现问题、写出论文的时间计算，包老伯比他早两年；按论文发表的日期计算，即便是 1973 年包老伯的文章立刻得以发表，也为时太晚了。

1973 年，极“左”思潮仍在横行，包老伯何以能够从中国科学院动物研究所借阅外文期刊呢？因为这既是您发现自己的研究成果被耽误的一年，也是您声名远播的一年。

1972 年 7 月，新华社播发了《长沙市郊出土一座 2100 多年前的汉墓》的消息。这个消息引起了全国人民的关注，因为这是自“文革”以来第一个经国务院批准进行的考古发掘项目。出土的文物有著名的千年女尸、素纱禅衣、金缕玉衣、帛书、帛画和千年后依然锋利的宝剑。这些宝贝引人注目，也是考古学者热心、擅长解读的珍贵文物。但是人们很少提起，古墓里面还有一堆不起眼的鸟骨头，让学富五车的考古专家们头痛不已。他们找到中国科学院古脊椎动物研究所，请求专业人士的帮助。所得到的回答却令考古队大失所望：2000 年在人类社会史上时间算得上久远，但在生物进化史上，不过是转瞬之间。这些鸟类太“年轻”，根本算不上古脊椎动物。

古生物专家帮不上忙，这使考古专家很为难。

1972 年，我十七岁。父亲在以前的学生宿舍“西北楼”（西斋北楼）里得到了一间休息室，以便您就近看管存放在楼厅里的劳动工具。我到校园里看望您的次数愈加频繁。到了 11 月下旬，我在校园里听到人们议论纷纷。

“听说了吗？国务院“图博口”（图书馆、博物馆系统）急调生物系包先生去长沙马王堆汉墓啦！”

“是吗？他‘解放啦’？”

“调他干吗呀？他又不是历史系的。”

“你真是的！调解剖专家能干什么？解剖古尸呗。”

“啊？那可够玄的。听说发掘时，墓门一撬开，两千多年的女尸呼啦一下自己就坐起来啦！”

以上的对话，是我从记忆里筛选出的极端例子。当时我还想：这最高学府里的街谈巷议，比外面的市井传说并没有高明多少呀。外边的人传说墓门打开，马上冒出一派红光；校内的人说古尸坐起来。真是半斤八两啊。

真相是多年以后我从同曾大哥那里听到的。原来古脊椎动物研究所的人向考古队推荐了包老伯，说他精研鸟类骨骼，你让他看看骨头，他就能告诉你那是些什么鸟！于是考古专家来到北师大，却怎么也找不到包老伯的身影，因为彼时您正在北京市昌平县小寨村“下放劳动”。在那里，生物系的九位教师从1972年7月份开始，夏天为果树除草、喷药，秋天收割、打场；11月17日，正在聆听“忆苦思甜”报告的包老伯忽然接到通知：回校接受重要任务。您先是赶回学校，然后日夜兼程，奔赴长沙。1973年，您的主要精力放在了长沙马王堆一、二、三号汉墓之中，从一堆堆残破的骨骸之中鉴定、分类了二十几种不同的鸟类。

这件事，确实让鸟类学内外的人们了解了包老伯的精深学术，但让您老人家在北师大校园出了大名、几乎家喻户晓的，却是一年多以前发生的那件不算大的抢劫案。

1971年冬天，正是包、俞两家各自被扫地出门、互不相见的年头，但这个故事在校园里广为流传，加之同曾大哥的复述，乃至包老伯的宝贵日记，我还算能摸清其来龙去脉。包老伯刚刚从“牛棚”放还，住在以前是学生宿舍的一个筒子楼里面。那里人多，厕坑少，解手成了不大不小的一件麻烦事。包老伯乃谦谦君子，如厕不避路远，常到生物系因“文革”停工的荒芜工地南端——一个公共厕所里面去方便。1971年12月2日傍晚，寒风凛冽，包老伯从校外办事回来，顺路使用工地厕所，在那里遇到了劫案。您在日记中写道：

约七时，入校门，经生物系建楼工地。到汽车房对面的厕所内大便，将提包放置于南墙下。才蹲在坑上，突有一粗壮而不甚高大的人入内，口戴大口罩，立于小便池边上，并未发现其小解。即又走出，曾向我说:“今天真冷。”我便后，将起身时，此人又重来，飞速将我所携提包劫走，并沿学校南墙飞奔东去。濬（此乃自称）急返十二楼（包老伯当时所居筒子楼），将情况告知某某同志，又到治保会报案，返家已近九时。晚饭后，看《参考消息》，约近十一时就寝。今晨室内气温17.1度。今晚月光皎洁，万里无云。

包老伯作为“只是读书”的文弱书生，突然遭到抢劫，却没有露出丝毫惊慌，甚至没有任何诧异，仿佛叙述了别人打酱油时遇到的一件平常事。按部就班，先告诉邻居某同志，然后从容地到治安保卫部门报案。校园传说，传到后来，还附带了“点评”，说这位和缓、严肃的学究泰山崩于前而色不变，抢劫加于身而神不乱。

几个月后，“劫匪”被抓获，是个由农村返城的知青。要说此君也真有些“本事”，居然能在北师大的主楼里面觅得一块藏身的角落，靠偷窃抢劫度日，藏匿了相当长的一段时间才被人发现。被捕时，包老伯的手提包还在他的藏身处，而里面的二十多元钱，却早被他用掉了。1971年的二十元钱，比现在的两千元还经用，而包老伯当时刚刚结束了每月仅能领取十八元生活费的生活不久。您在日记里对钱数只字不提，使我想起了孔子家里“厩焚”，孔子“问‘伤人乎’不问马”的态度。

那一年我十六岁，听见过疯传此事，但没有往心里去，只是觉得包老伯胆量不小，也为您没受伤而感到欣慰。后来懂些事了，又读了同曾大哥转录的日记，不由得佩服包老伯的“养气”功夫。一个人身处逆境，在相当长的时间里月收入仅为十八元人民币，这次一下子损失了超出一个月收入的数目，他却能做到不慌无怨，心如止水一般，映照出天空“月光皎洁，万里无云”。什么样的人才能如此安详镇定呢？大概唯有“只是读书”的古风君子吧。

包老伯仙逝，至今已有三十多年。每逢我课程中讲到涉及莎剧的内容，总不由得想起包老伯，想起约翰逊的大脚趾，想起马王堆古墓泥泞中的鸟骨。不过我回想最多的还是那场劫案和案发当晚那“月光皎洁，万里无云”的夜空。

原载《文史知识》2019年第6期

【主编者言】从回到中国到离开中国，巫宁坤与这块土地上万千知识分子的际遇无大不同。他说，如果没有那段岁月，我也许会是一个更有成就的学者。他问，但是那又怎么样呢？

巫宁坤走了，上帝落下了一滴眼泪

余世存

听到巫宁坤先生去世的消息，还是有些意外。

我欠了宁坤先生一笔债，从几年前读他的《一滴泪》开始，我就认定自己欠了他一笔债。我还曾托人到海外买他的书，希望领略他更多的文字和美好。后来在网上买到他的一本《孤琴》，当然只是复印本，但这已经足够了，我从他的文字里学到了一些东西，也印证了一些东西。这就够了。

其实是不够的。从高尔泰先生开始，我对一切同时代有人格成就的前辈、同辈和后生都抱持敬意，在他们的文字、思想和人格尚处在幽秘之境、不为众人所知时，我就觉得自己有义务代为宣扬，以发潜德之光。王鼎钧先生、齐邦媛先生的作品由潜而显，得到了广泛传播，没有我的参赞也不会失去什么；但大陆汉语世界如果缺失了有关高尔泰、巫宁坤等人的介绍，那对我们既是不公正的，又是我们汉语世界和精神世界的匮乏和损失。

从前几年开始，我就在“万能的”网上开始寻找宁坤先生的消息，我想告诉他，他的一个读者对他的感恩和愧疚。遗憾的是，我在微博、微信、博客上搜罗多遍，就是难以找到跟他联系的办法，我读到了一些有关宁坤先生的书评、他的学生回忆他的文章，但没有线索可以抵达他。我年轻时有一句诗——“整个大而热闹的世界只是等待我的死亡。”汉语世界对宁坤先生等人的态度也如是吧。

在我这些年搜罗资料时的印象中，只有老外何伟先生是近来少数认真采访过宁坤先生的人，何伟在书中写道："我前往巫宁坤的公寓拜访时，他回忆说自己被关入监狱之后，直到 1980 年才再次见到赵萝蕤。'我们甚至没有提到陈梦家的名字，'巫宁坤低声说道，'那是我最难启齿的一件事情——我要是说了，我会很难受的。我知道说什么都无关紧要。她没有哭。她的意志很坚强。'巫宁坤告诉我，他蹲监狱的那些年，时常靠背诵诗歌获取力量。'我总想起杜甫、莎士比亚、狄兰·托马斯，'他说道，'你知道狄兰·托马斯的父亲去世的时候，他写了一首什么诗吗？有一句是在刑架上挣扎，出自《死亡也一定不会战胜》。你要知道，我曾经在芝加哥听过狄兰·托马斯朗诵他自己的诗歌。很感人。'我问巫宁坤是否与托马斯交谈过。'没有，我只是一个听众，'巫宁坤说道，'再说，他已经喝得半醉。他受过不少苦——我觉得，生活对他来说是一副重担。'"

得承认，我不是宁坤先生的一个普通的读者。我跟他还是有些缘分。

近三十年前，我从大学毕业不久，还是穆旦诗歌的读者（今天该称为穆旦最早的粉丝之一），我和几个同好者跟穆旦的亲友联系上了。我带学生去过万安公墓的穆旦墓地，到天津南开大学穆旦夫人周与良先生家，周先生送了我好几本穆旦诗集，我还多次拜访袁可嘉先生、杜运燮先生……今天回忆当年，二十出头的我在老先生们之间请益的光景，已经恍若隔世。

在跟穆旦亲友的联系过程中，我居然到过宁坤先生家里，他那时在国际关系学院的家。宁坤先生不在家，只有他的夫人李怡楷先生招待我们——李怡楷先生曾是穆旦的学生。李先生要我在她家的来客簿上签下名字，这给我很深的印象。虽然李先生是南大的高才生，又是宁坤先生夫人，但在当时我的眼中，她就是一个好脾气、有些话多的中年妇女。请她谈谈穆旦，她好像也谈得琐碎，只是说当年穆旦如何帮助他们，给他们寄一斤糕点、半斤白糖以及粮票之类……多年后，我听到巫、李在国际关系学院的待遇，读到李先生在极端年代的坎坷和坚忍，心里一度痛极。

我跟穆旦的忘年交之一郭保卫先生也有联系，在跟周与良先生、李怡楷先生失联（她们都先后去了海外）之后，我跟郭先生断断续续地进行电子邮件往来。记得郭先生两次问我是否跟宁坤先生有联系，是否需要他介绍一下。但很快，在谷歌退出大陆前，我的谷歌信箱就不能用了，我跟郭先生也失联了，我跟很多朋友来往的资料也从此人间蒸发了。

当然，喜欢诗和聆听历史的好处之一就是我们仍能无意中跟历史的碎片相遇，甚至创造历史的瞬间。真理标准讨论三十周年之际，我在福建有幸跟孙长江先生和他的女儿孙眉一起游玩，听孙眉说她跟穆旦的女儿查媛是好友，我有遇到亲人之感，一再要孙眉向查媛老师问好。还有一个场景，就是在北京新街口公交站等公交时，遇到郑敏先生的女儿，我说自己是穆旦的读者，郑的女儿问我喜欢哪一句，结果我们不约而同地诵出："这才知道我的全部努力，不过是完成了普通的生活。"

我欠宁坤先生一笔债，除了汉语本身的因缘，也有这些人生的因缘。当然，"北京当代汉语贡献奖"也应该颁给宁坤先生的。

在我的愧疚之情不能传递出去的时候，我在朋友中间、在微信讨论中多次推介宁坤先生，我甚至跟很多自诩对中国文学有造诣的人说，要读一读宁坤先生，他对汉语文学是真正有贡献的。四十多年来的汉语文学，有伤痕气，有控诉气，有粗暴气，有怨气，有戾气，但像宁坤先生那样节制、高贵、怒而不怨的作品非常罕见。我还在一篇公众号文章的编者按里说："巫宁坤先生的作品是被汉语知识界忽视或避而不谈的作品。有人认为，他的文字是一百年来中西方文学的结晶之作，给汉语文学新的东西，高于楚辞的哀而不伤怒而不怨，他的节制里有杜甫的东西更有西方的元素。"

2018 年立秋前后，我开始演绎文信国公的《正气歌》，我的"新正气歌"有这样的句子："皇路当苏夷，含和吐民庭。时穷节乃见，一一垂丹青。尔泰高自由，宁坤巫滴泪……"我在巫条目下注解说："巫宁坤，江苏扬州人，1920 年生人，翻译家，其事见《一滴泪》，其文融汇中西文脉，方而不割，怒而不怨，疑而正信。”

这样推介宁坤先生让我更觉得需要联系一下宁坤先生，郭保卫先生失联，指望不上，我托在美国的胡晓东先生，结果他不认识宁坤先生。这让我不死心，隔一段时间我就在微博、微信上搜索宁坤先生，结果去年十月底的时候，真让我搜到了，是纽约一个华人老年社区的公众号上出现了宁坤先生庆生的消息。原来宁坤先生李先生夫妇住在一个老年公寓里，宁坤先生近百岁高龄了。我赶紧给这个读者不多的公众号留言，留下真名，希望得到宁坤先生的联系方式。很快，公众号编辑回复，说要问问老年公寓的某某先生；很快，公众号编辑回复说联系上了，李怡楷先生说记得我，快三十年了，她还记得我，留下他们的电话，要我打电话给他们。

我没有打这个越洋电话。临到头时我又心怯了，而且同时，双管齐下，我跟北大同学也在联系，在跟校友李彩奕微信聊天时聊起宁坤先生，李彩奕居然认识宁坤先生的女儿巫一毛，她很快把一毛老师的微信推送给我，我就这样几乎在同一时间跟宁坤先生联系上了。

说起来我跟一毛老师还算是曾经的同事，但我居然没想到一毛老师这个线索。跟一毛老师联系上后，我问候她父母的状况，她说父亲像个孩子，还把父母的视频发给我看，让我宽慰很多。我们还聊了不少话题，我问过宁坤先生的出生日期，为此还给一毛老师算过命。遗憾的是，在我的微信也出问题的时候，我那些即时性的交流也沉到海底，我想打捞起来太困难了。直到今天，我跟一毛老师仍处于失联状态。

我的欠债感和寻找宁坤先生的行为在一些人看来荒唐得不可思议，但在我这里始终真实不虚。如己亥年的龚自珍所感叹的，文字缘同骨肉深。如某英国网友所言，这是因为我们能体验到人类最深层面共享的生命感。

在意识到宁坤先生已是百岁高寿之时，我知道自己无法跟他做实质性的交流了。他一生中经历的很多事情，我其实是想跟他复盘的，比如李怡楷先生的二哥给饿得快死的他送吃的，他拿到了食物，又去搜二哥的口袋，把二哥回去路上的口粮也夺下来了；还有他的母亲，一别多年不得见面、最后无声无息死掉的母亲……历史巨变年代的个人命运，说出来写出来总让人心里发紧，让人生发无名的悲愤和愿心。还有，那个幽默自嘲“教授原来是草包”的冒效鲁教授，是否只是以嘻嘻哈哈掩盖真心，是否曾跟他有过交心的瞬间；还有，他对冯至先生、卞之琳先生只是写了几笔而已，能否写得更多；还有，陈梦家先生、赵萝蕤先生、沈从文先生、汪曾祺先生、李政道先生、钱钟书先生，等等，他的师友们，能否再多一些展开。

我也想跟宁坤先生讨论命理。我在阵亡的微信里关注过宁坤先生的出生日期，这些材料已经丢掉了，但不要紧，宁坤先生的名字本身就具有意义。他的名字反过来正是中国古代皇后居处的名字，坤宁是希望，事实是坤而不宁，坤卦虽然“直方大，不习，无不利”，可是更有“龙战于野，其血玄黄”的惨烈。宁坤先生一定也意识到了。只是他有着中西文化最高贵的精神，他有上帝赋予的精神维度，他并不纠结个人的苦难和悲欢离合。

我当年在搜集穆旦先生的材料时，就知道宁坤先生的经历了。宁坤先生劝穆旦回国，李政道不大赞同，穆旦回来成了“右派”、宁坤先生回来成了“右派”，人生最好的一二十年在苦难中挣扎，而李政道先生没有浪费时间，取得了专业和社会的成功。宁坤先生对自己的总结就是：“我归来、我受难、我幸存。”（I came,I suffered,I survived！）

宁坤先生的总结跟民国学人潘光旦先生对自己的总结异曲同工。潘光旦对自己的总结是：surrender（投降）、submit（屈服）、survive（活命）、succumb（灭亡）。其中有跟宁坤先生相同的词，但两人有同有异。比如潘先生的总结是无我的，宁坤先生则借助恺撒大帝的名言翻新，有不可更易的“我”在其中。相同的是，无论无我还是有我，他们都把自己跟一段特定的历史拉开了距离，或说他们都超越了这段历史。他们异“词”同工，现当代绝大多数人缠斗于置身的历史中，有些人甚至斗得其乐无穷，投诚帮凶得不亦乐乎，但潘先生、宁坤先生们坚守自己，而与那段历史剥离开来。

宁坤先生确实有特殊性。他坤而不宁，这个熟悉西方文学的翻译家似乎注定不是只为我们贡献华美的翻译作品，而是要动手助产东西方文学结合的宁馨儿。但“天造草昧，宜建侯而不宁，屯如邅如，乘马班如，泣血涟如”。这个宁馨儿的降世充满了阵痛、苦难、血泪。

宁坤先生不屈服于这一苦难。在几乎所有的人都真诚或权宜地谈论和解、建设时，只有宁坤先生等极少数人有着异议。如有网友评论的：“巫宁坤最有名的翻译大概是翻译狄兰·托马斯，那种铿锵感、不屈和愤怒，像榔头一样，一锤锤把狄兰的诗句钉进中国读者的心。”事实上，宁坤先生的翻译是钉进了汉语世界的心脏，他翻译说：“不要温和地走进那个良夜，老年应当在日暮时燃烧咆哮；怒斥，怒斥光明的消逝。”

跟《思痛录》《毕竟是书生》《牛棚杂忆》等众多也可称道的知识分子作品相比，宁坤先生的《一滴泪》仍是特殊的。有论者认为我们知识分子有着泪海，这给了我们太多的荣誉。即使确实有一些知识分子流过泪，但远未到集成泪海的程度。

宁坤先生的《一滴泪》因此珍贵，这是赤子之泪，是现代个体在上帝面前的控诉和吁求。无论其共同体如何装扮、招摇，无论一些知识同行如何光鲜、入时，但这“一滴泪”的分量比共同体的汪洋大海还要重要。正如陀思妥耶夫斯基预言并警告的，哪怕是用婴儿的一滴眼泪来换取进入天堂的门票都是不能接受的。陀氏设问过，如果为了和平、我们的幸福、永恒的和谐，为了它们基础的牢固，需要无辜的孩子流下哪怕仅仅一滴泪水，我们是否能为此找到一个充分的理由？陀氏自己的回答是：这一滴泪水不能宣告任何进步、任何一场革命，甚至于一次战争的无罪。它们永远都抵不上一滴泪水。仅仅是一滴泪水……

现在宁坤先生把这“一滴泪”以人生百年的代价呈堂证供了。他柔弱如水，但有穿石攻坚之能。天下莫柔弱于水，而攻坚强者莫之能胜。是的，宁坤先生在涓涓细流般的声音中，有着人性罕有的勇气和不屈的心性。这是水的意义，维心亨，行有尚。

宁坤先生对何伟说过：“如果没有那段岁月，我也许会是一个更有成就的学者，也许我会写出几部有关英美文学的专著。但是那又怎么样呢？关于这一方面的专书早已汗牛充栋了。《一滴泪》也许是一部更重要的作品。”

这是弱水的救赎，是心亨者对苦难人生和文学人生的高尚其事。愿宁坤先生返回穿越我大陆的山川大地，在天国里获得安宁。

原载凤凰网·文化频道，2019 年 8 月 11 日

【主编者言】一个学者的青春奋斗历程。其间的感悟形成了“一种连接我、心灵与世界的关系”。知识必须转化为生命的力量，这种转化来源于自身，也得益于遇见的人。

知识的滋养与生命的丰盈

王兆胜

如深山石缝中的一粒种子，如无特殊机缘，我是不可能走出大山，进入都市尤其是北京这样的文化大都市的，更无可能以一个农民之子的身份进入神圣的学术殿堂。我将改革开放比成东风，将高考制度比成移栽，将老师的培养比成哺育，将朋友家人的关爱比成阳光雨露，于是我这颗微不足道的种子才没被置弃，以至于晒干枯萎，而是被裹挟着进入大都市的文化圈，有了不断成长的机会与可能。转眼间四十年过去了，回首往事，在感慨之余，更多的是感恩——感恩那些让我知晓知识力量与精神价值的人与事，以及历史的沧桑与时代的机缘。

一、喜获生命花开

当年，我大学志愿报考的是法律系，希望有朝一日能成为著名法官或律师：戴上假发，敲着镇木，以富有激情的辩论惊倒四座。为此，自己还在私下里反复练习口才。然而，事与愿违，我却被录到师范大学，而且是中文系。这种失望不亚于高考失利。不过，毕竟考上了大学，而且是全国重点大学，所以没实现当律师或法官的不快，很快就烟消云散了。

进入大学后，有三件事最让我惊异：一是学校每月下发生活费 22.5 元，基本是免费吃饭。这让我们这些师范生倍感安慰与喜悦，也对国家充满感恩之情。二是开学第一课，请的是古典文学专家庄维石老先生授课。此时，庄先生早已退休，但每年新生入学都要请他上一课，这是中文系的保留项目。当满头白发、清气矍铄的庄先生不带讲稿，古典诗词出口成章时，我被其博雅和风采所震动。后来，这一形象一直成为我学习的榜样，也成为我为学生授课的典范。三是山丰海富的学校图书馆令我震撼，让我想起小时候偷二哥借来的书贪读的情景，这也成为我酷爱书籍、耽于阅读的开始。大学仿佛是个滑冰场，它让我有了别样的感觉：穿上冰鞋，滑翔、旋转、舞动、跳跃，再加上山东师范大学的校园之美，这使我有了说不出来的欢愉，也得到了一种精神的慰藉与超越性。

大学期间有个两难选择：一方面，我是中文系学生会干部，为组织工作用去大量时间，在成就感之余又常有失落；另一方面，我想报考研究生，有一种强烈的继续深造的愿望。但直到大三才下定决心，于是进入十分艰苦的备考状态：每天只睡五小时，除下午雷打不动的锻炼身体，全身心投入学习。以一个后起者的姿态拼命向前追赶，我比高考前付出更多，最后竟考上朱德发教授的硕士研究生。这是一种弯道超车，在最短时间以最快速度，我在弯道越过很多人，成为那个胜利者。

可惜的是，我没能很好握住三年的硕士研究生学习机会。第一，我的兴趣太过广泛，书法、拳击、武术、围棋等都成为我的爱好，尤其是围棋用去我很多时间，像进入迷宫，我被围棋等爱好牵引，达到不能自拔的地步；第二，由于恋爱了，女友又在北京名校读研究生，往北京跑的时间较多，有时一放假我就急不可耐乘车到北京。第三，也可能考研拼得太猛，一旦考上就松了劲，这让导师颇为不满。朱德发老师在我入学时，就给我提出非常明确的目标：三年时间，第一年打基础，第二年冲出山东，第三年走向全国。然而，两年过去了，我在专业上并无多少起色。好在最后一年我开始发力，很快将硕士论文写完，结果得到朱老师的充分肯定与赞扬。后来，我将硕士论文投到名刊《文学评论》，做梦也没想到竟有一节被发表出来。这让我兴奋不已，对学术研究也增加了不少信心。

跟朱德发老师这三年，我受到的最大影响是学问人品的合一。从学术上说，朱老师十分勤奋，有积极进取的雄心，富于创新意识，尤其是对于前沿问题颇为敏感，这成为我之后学术研究的向度与准星。从人品上说，朱老师身体力行、甘为人梯、关心弟子，有父亲之风，甚至远超父亲对儿子的关心。关于这点，不只是我一人，其余多达百人的朱门弟子都有同感。他时不时来电嘘寒问暖，常过问早已毕业的弟子的科研计划，对弟子的身体健康关怀备至，还不忘关心弟子的家人孩子。亲人因有血缘关系，其热爱之情多出于本能；老师与学生则并无血缘关系，却如火如光似灯，是靠精神的传承照亮学生内心，这种付出完全是一种高贵的精神品质，是天底下最伟大的奉献。在此，朱德发老师是个榜样，在三年时间及之后数十年里，他如太阳般将我的世界人生照亮，不论是白天还是暗夜。

硕士研究生毕业后的四年时间，我一直在济南工作。这样，夫妻两地的分居生活十分不便，也相当难熬。开始，我对北京并无兴趣，因它太大，又过于喧闹，还人生地不熟，而我在济南则分到两室一厅的新房。因此，在北京、济南两地的何去何从，让我大费周章，有难解的心结。当时，我有许多奇思异想，如放弃拥有的一切，做个自由人，只身到北京做个北漂。对我的想法，家人开始不同意，岳父建议我考博，但我兴趣不大，有点一意孤行。最后在我的坚持下，他还是做了让步，但提出：让我先考博，如实在考不上，再按自己意愿行事！我觉得岳父说得在理，就同意了。因我做事认真，经充分准备，最后考取中国社会科学院文学研究所林非先生的博士。于是，我的学术人生之路从此基本确立下来。

二、如沐春风化雨

如果说上大学是我人生的一级跳，跟朱德发老师读硕士是我的二级跳，跟林非先生读博士则是我人生的三级跳。刚到北京确有点茫然，这不仅指学业上的选择，也包括适应城市之变。比如，我刚进中国社会科学院时，考的是鲁迅研究专业，林非老师一直在此方面给我授课，我们拟好的博士论文题目是《鲁迅的潜意识心理研究》，进展也非常顺利。但林先生有所不知，在研究鲁迅尤其涉及其潜意识心理时，我一面从鲁迅那里获益匪浅，得到深刻的省思与批判意识，但也常有孤独虚妄之感，尤其是活得并不快乐，甚至有些消极悲观。仿佛整个人生被裹上厚厚的黑布，不要说夜晚，即使在太阳高照的白天也是如此。所以，读博于我既是一次质的飞越，又让我陷入难以排解和自拔的境遇。在济南，周边都是熟人和同学，到北京后则人海茫茫，尤其是在北京文化中人与人之间比较疏离与隔膜，这让我常感到有些透不过气来。

好在读博时我读了很多书，在知识的海洋里畅游。又好在林非先生是美食家，常带弟子下馆子，我这个农民之子由此真正领略和享受到美食；是林老师让我从天下美食中得到体悟与提升，也让我感受了他的宽广视域、人生态度和人格魅力。不要说三年博士，我1996年博士毕业，至今已有二十多年，一直是由林老师和肖师母请学生吃饭。他们虽只有微薄的那点退休金，学生要请他们，却坚执不允！除非赶上教师节和老师过生日，他们才不再坚持。林先生的大方之家在学界也是出了名的，出版社出版他的著作，他竟几次都不要稿费，如出版社坚持，他就提出将钱捐献给希望工程。林老师还有个特点，除了学问、人情、音乐，把许多东西都看成身外物，没任何收藏之好。还有，林老师性格温和，在严肃认真的前提下，一直保持如水般的圆融通明，仿佛是面光亮的镜子，既照亮别人，更反观自己。朱德发老师容易对学生发火，这成为督促学生努力上进的动力；林非老师则从不发火，多年来没有批评过我。这倒不是因为我做得多好，而是林先生有着极大的包容心与忍耐力，以及待人处事的独特方式。林非先生更多的是以欣赏他人的态度待人，包括他的所有弟子。林先生经常表扬学生，在外人面前更对学生夸赞不已。以我的感觉，林先生对学生有些溺爱，我就是在林非先生的夸赞与溺爱中成长的。这让我改变了长期以来的定论：溺爱对于教育和孩子是有害的。我敢说，在整个学界，像林非先生这样欣赏和溺爱弟子的恐怕绝无仅有，至少是少见的。林非先生与肖凤师母还有一个优秀品质，那就是纯粹。他们没有世俗的功利，对于文化、学问、文学、艺术和真善美是那样执着与向往，相反很少贪恋钱财和权力；他们彬彬有礼、温文尔雅、待人以诚、心地纯良，没有攻击性，更不势利和见风使舵，是青年朋友的良师益友；他们相亲相爱、相敬如宾，是真正的伉俪情深。每次过马路，他们总是相互扶携，是一道亮丽的风景线。在请吃饭时，肖师母总是斜挎钱包，也总是代替林老师张罗和提前付款，唯恐被学生抢了先机。在我的印象中，他们夫妇是心心相印的。

在准备博士论文的最后时刻，有一天，在林非先生家里，我终于鼓足勇气，说出自己想更改博士论文题目的想法。我这样说："林老师，我想换个论文题目。"林老师不经意问我一句："你怎么想的，我们准备和谈论了这么长时间，你想换什么题目？"在林先生认为，即使换题目，也不会逸出鲁迅研究。当我说想换林语堂的论文题目时，林先生非常惊奇，他张着嘴长久地看着我，仿佛是他做梦也没有想到的事。然后，他有些不信地问："你说什么？"当确定无疑我想写林语堂的论文题目，林先生沉默了。此时，我将早已备好的较为详细的论文提纲给他，并表示："林老师，这是我的提纲，您看看。如可行，我就换林语堂的论文题目。如不行，我还是做鲁迅的。"这在我有选择余地的语气中，显然透着坚定和执着。林先生当时只说了一句话："好吧，放在这里，我看看，再给你答复。"回到学校，我心有忐忑，但也安宁，因为我不认为老师会同意，只是一试而已，否则我今后会后悔。试想，哪个老师能让你改变专业方向，去写一个并不相干的论题，更何况林语堂是个边缘作家，一位当时在学界尚未被解禁的作家？但于我，是多么想做林语堂的研究论文啊！除了它将成为国内第一本关于林语堂的博士论文，主要因为我对林语堂更有感觉。如果说读鲁迅作品在有所得时，总有一种暗调和悲观袭上心头，那读林语堂作品正相反，它让我有一种冲破密布乌云和重见天日之感，是在沉重大地上的一次飞升。换言之，读鲁迅更多的是压抑、痛苦、悲剧和阴冷感；读林语堂则如沐春风、其乐融融，有一种被温暖抚摩和阳光照亮的感觉。进而言之，读林语堂的作品如大光照临，亦似受了天启般地受用。

出乎我的意料，没过几天就接到林老师电话。他有些兴奋地说：“兆胜，你的论文提纲我看了，我觉得可行，相信你一定能写好！我同意你改题目。什么时候来家里，咱们再详谈。”这让我喜出望外，高兴得难以自已。如果说，人生最快乐的莫过于出彩；那么，林先生让我更改论文题目一事，就是我人生最好的出彩。当冬去秋来，鲜花开放；当礼花在暗夜缓缓升起和绽放，那是一首诗，一首美轮美奂的诗。林非先生能让我更改论文题目，我将之视为人生中难得的一次生命绽放。这是因为：做林语堂的论文题目是我梦寐以求的，也是发自内心的，这对于学术将会更有意义。还有，林非先生以难得的宽容与理解，为我打开了一扇学术人生的大门，也铺平我今后二十多年的林语堂研究之路。我的博士论文答辩主席、北京大学的严家炎教授给我的评语是：“这或许标志着林语堂研究一个新阶段的到来。”当我的博士论文入选中国社会科学院《博士文库》丛书，林非先生更加高兴，并为我写了长序，对论文更给予高度赞扬和真诚鼓励。多年来，我写了百余篇关于林语堂的论文，出版十多部林语堂的研究著述，回想起来，都离不开林非先生当年那个“因”。如无他的宽容大度和高瞻远瞩，我如何能有研究之树上的果实累累，以及生命之花的绽放？

在研究林语堂之时，林非先生还希望我多研究散文，有时也动笔写写散文，这样才能不断开拓自己的研究视域，并有所实践和体悟。因此，除了研究林语堂，我在散文研究和创作上多有努力，至今已出版多本著作，发表论文百余篇。

如果说林语堂研究是我的一只翅膀，散文研究和创作是我的另一只翅膀，二者合力才能使我飞得高远。今天，当我不断喜获丰收，成果不断推出，我就感念林非先生的指点和栽培。

今天，我已克服鲁迅研究以及长久以来的孤独寂寞与生命悲感，而获得了一种花开的美好感受。不过，我知道，这不能只归功于林语堂，也有鲁迅的巨大功劳。因为如无鲁迅的孤独寂寞和悲剧感，我就难以理解人生的真相，也就不可能进入林语堂的“一团矛盾”，更不能体会林语堂超越悲剧的努力与创造。学术人生是一个复杂的巨大涡流，它需要在不断旋转、缠绕中实现突破、超越，获得新的轮回。2003 年至 2010 年是我人生的火焰山，两个哥哥、姐姐与父亲都先后离世，于是他们一下子抽走了我人生的希望。当了解这一情况后，我的两位恩师——朱德发先生和林非先生——都千方百计为我宽心和排解，这对我走出困境、重获信心相当重要。在此记下两位恩师在我最困苦时，所给予我的推力与支撑。

三、生命之蝶舞

常言道：“四十不惑，五十知天命。”这几年，我对于学术、世界人生有了更多的认知和理解，内心也起了一种微妙但深刻的变化。这颇似太极，它让一个人获得知识的飞扬，也进入一个生命和精神的翔舞状态。我慢慢认识到，只知“知”是远远不够的，也不能只听“有声之声”，更不能无视落花流水以及镜中花、水中月的意境。生命的超然有时只在一个“悟”字。

早年喜读激扬的文字，像梁启超的超拔俊逸、才华横溢，鲁迅的深刻峻急，尼采的怀疑精神和超人境界，甚至李敖与董桥的放任自流；中年喜爱孔子、庄子、屈原、李白、韩愈、徐渭、宗白华、林语堂、茨威格、纪伯伦的浪漫作品，因为其中有充沛的真挚感情与心灵奔放；近年来更喜欢普鲁斯特、托尔斯泰、老子、白居易、老年苏东坡、梁漱溟、钱穆、王鼎钧等人的作品。《追忆逝水年华》在一般人看来或许是平淡甚至絮叨的，在我看来却充满生命的低吟浅唱、轻歌曼舞，尤其是其中寓含的对于生命孤寂的悲而不伤。钱穆的学术人生是贯通在一起的，即使晚年双目失明，也仍保持对于学术人生的热度——那种不温不火的生命感触与心会。我希望学术人生从高扬的调子上降下来，回归生命的常态，特别是知不足后的自信、微醺般的快乐、超然物外的自由。换言之，学术人生如何消解与幻化天地自然人生的悲剧感，进入一种生命的醒觉状态，在我看来是最重要的。这就好像生命的流水，一条河由原来的自高天而下，作为瀑布的奔放激扬固然是一种美，但经过长途跋涉到了入海处，一条河流就会舒缓下来，以一种命定的方式融入大海，其中有悲情，但却并不伤怀，而是一种由“有”到“无”，又从“无”到“有”的超然。其实，这种“无”本身是另一种“有”，因为在哪一天，这些海水就会化为水汽、雾和雪花，向天空和大地飞扬、飘落，变成生命的真正喜悦与曼妙舞蹈。

我常喜欢将一些感悟写下来，从而形成一种连接我、心灵与世界的关系，也成为学术人生的法门。我写道：“一个是人之道，一个是天地之道。二者可进行融通，真正的道并不孤独，道不远人。”“要游于道，不能让道挡住人生之路。”“人生一定要通达，有化解之功！写作本身就是一种蝶化的过程。生命是有分量的，有时很重，有时很轻，但关键在一颗心。”“道之修行，不可太过执着，否则就会凝固。道如云，有山根在，但却潇洒自由，随心任性。似水流，有天地根，但随意赋形。”“凡是被拘囿，不论是痛苦还是欢乐，前进抑或后退，乃至成败得失，都是失之于道！道如光如花，自然明灭凋零，亦如风，来去自如。”“我平时多静心，听大地发出的声响，而不是人的喧嚣！一个智者，更多做一个静默的听者，一如一块山中的石头。”“一块砖头无法与金砖相提并论，但砖块垒积的高楼却比金砖还有价值。世界的分别是因为我们加上了个人判断，谁能保证我们的判断无误？这也是我说的对人对事对世界要包容、融合、喜悦、谦卑。如此，眼中所见多是美好与喜悦。”这些文字是学术与人生、心灵与世界碰撞后的落蕊。

由一般性读书，变成好好阅读生活和天地这本大书，是我近年来的心会。年轻时因爱好广泛确实耽误了不少美好时光，这曾让我后悔莫及。如今，我有了新的体悟：天底下无废物，天生我材必有用。所有的东西都含有道，都是不可或缺的，关键是能否悟得天地大道。如今，所有的爱好都有助于我的学术，反过来学术研究也都能升华我的人生，因此学术人生成为我的整个生命和生活的图式。比如书法，它的天地之道、忌俗、书正以及创新等，对我的学术研究都有帮助和启迪；围棋中有两只眼即可成活，这对于学术论文的选题、结构以及通透都有启发。围棋布局时的一个妙招，到了中盘和后盘很可能成为败笔，反之亦然。因此，学术研究是一个充满变数甚至神秘的过程，绝不可简单进行预设甚至套用。有人曾问我研究林语堂有何心得，我说："林语堂为文往往神龙见首不见尾，有时是神龙见尾不见首。如在《孤崖一枝花》一文中，整个文章的大部分与主旨无关，都是讲人工的艺术都不如自然的好。快到结尾才说，悬崖一枝花就是这样：你看它也开，不看也开，自然之美也。这让我想起韩愈的不少文章也是如此。基于此，我研究林语堂很少用概念和理论去套，那是形式主义研究，我称为广场太极舞，是一种没有生命参与的僵化研究。我研究林语堂重在心灵对语和灵魂贴近。"同理，好的太极一定不是广场太极拳，也不固定在哪家哪派哪式，而是一种融会贯通、广取众长后的创新。关于此，甚至连太极高手自己也不知道哪一招式会如何变化，关键是要有所创生。还有，当看到和真正理解了一滴水的力量，这不仅是指水滴石穿，更是它的坚韧与自足，我就会以之参透学问，进入新的境界。比如，学术研究除了观点创新，钢铁般的意志品质甚至充沛的体能都非常重要，这是保证一本书甚至一篇文章能尽善尽美的关键，这是水滴石穿和热锅中的一滴水可长久不灭所带给我的启示。一滴水微不足道，但其神秘的圆融的结构与无坚不摧的力道就是一种天地大道，以之入学问道必会使学术进入"化境"。

学术研究反过来也会助益人生，会锻造和淬火人生。以读书为例，它看似简单，实则充满丰盈的内蕴。我将读书至少分为以下层次：精读枕边书、诵读快乐书、阅读专业书、浏览闲杂书、品尝趣味书、赏玩艺术书。比如，夜深人静、万籁俱静和孤独寂寞时，闻闻书香，翻翻书页，就会感到琴瑟和鸣，字迹是人生轨迹，那个余字只跟着一个句号占尽一行，这比人生还要孤独寂寞，但却那么的悠闲自适自足。因为一个字被所有字留在后面，与一个空洞的句号站在一起，相互扶拥。人生更多的时候何尝不是如此，否则古人何以会发出“得一知己足矣”的感叹！认识到这一本相，就不会变得孤独寂寞，反会获得某种醒觉与超然，这是悟道的关键。我常从学术研究中体会静心之妙，于是让自己感到八风不动、安定如山。通过学术锻造的心灵仿佛是面镜子，它外可映照天地外物，内可反观自己的身心，于是获得了一种少有的通彻明悟。读大学之后很长一段时间，我严重失眠，这为自己的人生投下难以言喻的阴影，也是一种无法形容的痛苦。然而，随着学术研究的推进，尤其是通过静心和体悟天地大道，我彻底治愈了失眠。如今，我找到了睡与醒的开关，也能体会到好的睡眠与美梦的意义，尤其是一种超越自我的人生幸福感。如一个武林高手，我以丝绸为学术兵器，舞动着太极般的美妙人生。以往，我们总对“黄粱美梦”不以为然，甚至多有批评。其实，通过学术研究，我会获得一份理性和清醒：“无”是这个世界人生的真相，而“有”只是暂时的，甚至是梦中事。理解了这一点，以“黄粱美梦”的方式过人生岂不充满智慧？否则就不可理解，何以古人认为：中国人的智慧在于：睡中睁一眼，醒时闭一眼。另外，在阅读和研究曾国藩的过程中，我发现如此著名人物竟在第七次才考中秀才，其父更是在第十七次才考中秀才。即使如此，曾父还是改写了曾家五百年以来无秀才的历史纪录，成为一个开拓者和创造者。这让我更加坚信：对比曾氏父子，我的四次落考又算得了什么？于是，多年压在心中的耻辱与重负一下子被挪开了，我进入一个逍遥自适的境界。

我藏书甚富，可谓“坐拥书城”。不要说从事学术研究，就是进入房间都会被我的书架与藏书震撼和熏染，那是一种难以形容的美好感受。我曾用“书的姿容”和“温润如玉”来形容它们，从中感受到古人所言的“书中自有黄金屋，书中自有颜如玉”确是真谛。有时，我被一本装帧素雅的书吸引；也有时，在阳光照耀下我用手细细抚摩那些纯实木书架，久而久之，书和书架都会光彩照人。这让人自觉不自觉生出这样的感喟：人生是如此的辉煌壮丽，它简直妙不可言，然而人生苦短，我们恨不能长生不死。我从喜爱杂学到挚爱杂项收藏，于是构筑起自己的“沐石斋”，一个以木与石为主的驳杂的“物”的世界。通过研究文学中的“物”、物性以及天地之道，我进入了学会与“物”相处、学会“自己与自己玩”的人生方式，于是快乐与悠然、幸福与超然、自得与了然不期而至。

原载《名作欣赏》2019 年第 3 期

【主编者言】文章里的老教授，其行状、风格已然不属今日，却又那么富有穿透人心的感染力。作者说他离这个世界多么近，又多么远。这样的存在，正因时代而渐行渐远。

悲智苍茫

——记我的忘年交数学家刘声烈先生

王　新

26 岁的时候，我得到了一本书，《歌德传》，雅正的古英文，是数学家刘声烈先生送给我的。

刘声烈先生是一个虔诚的歌德迷。有一天，他提着一壶好酒，在云师大的校园里，偶遇翻译家陈晓华先生。此前，一个数学系，一个外语系，两人素昧平生。这次，点头，笑笑。一向温文的陈晓华先生居然开口了："好酒？"

"好酒。"

"到你家吃酒去。"

"去吧。"

便吃了。一聊起来，就聊到了歌德，浅浅数语，陈先生大为讶异：哪里是搞数学的，分明比歌德专家还专家。要知道，陈先生可是西南联大外文系的高才生，著名莎士比亚专家、翻译家。但是，刘声烈先生当时确实早已是声名响亮的著名数学家。两人遂成莫逆，于是刘先生便被请到了陈先生的课堂，讲歌德。

一开讲，全场震惊：中文系的学生从来没有听到这么见识卓著的课。我的老师，夏昆芳女士正好在这个课堂上。夏老师是一个交游广阔、极有豪杰气象，但从不失优雅格调的人。这次，轮到她震惊了。于是，她、才情飞扬的诗人陈慧、温厚的赵文新，三个中文系学生，便成了刘先生家的常客。蹭饭吃，蹭好茶，更重要的是，听刘先生闲聊，听他那些如粗茶淡饭却似钻石般闪耀的人事与见识。这样一聊，他们竟聊了三十年。直到有一天，夏老师觉得该让我这个学生和她的先生见见了，我便见到了仰慕已久的刘先生。

一

一见面，年轻的我全无体统，劈头就问："刘先生您如此爱歌德，到底爱他什么？"他不以为忤，垂首，鼓眼，淡淡一思："我爱他的睁一只眼，闭一只眼。"他见我懵懂的样子，补充道："叔本华曾说，歌德是一个思想的现实主义者，行动的浪漫主义者。睁一只眼，就是思想的现实主义者，看清这个世界，看清了，仍然不悲观，不放弃，紧紧拥抱生活，这就是行动的浪漫主义者，就是闭一只眼。"我一听：高人！当然，我当时是绝无法深味刘先生贯注其中的自身的生命况味的。在后来的交往中，我知道了他心路历程中的种种，今天，我才稍稍自信可以真正和他有点点惺惺相惜的交流，而他，却永远不在了。

他顺便就说起了当年热爱歌德的事，他说，记得第一次在武汉大学图书馆，借到英文版的《歌德全集》，如获至宝，做贼一样，晚上趁着月光，划船到东湖湖心，踌躇再三，敛衽再三，才开始阅读。读一读，便合上，再读，又合上，因为太珍贵了，舍不得一次读完。后来，他乘船，过三峡，"巴东三峡巫峡长，猿啼三声泪沾裳"，如此江山如此声，他抑制不住激动，便捧着歌德，跑到甲板上，朝着万卷山河、千里江声，高声朗读……

结果，风一吹，书掉江里了。

说到这，刘先生粲然一笑，八十多岁的人，像个孩子一样，沉浸在幸福里了。那天，我还见到了他做的一道题，用的全部是小学练习本，写满了公式，整整齐齐地排在书柜上，五排，每排近一米。这道题，据夏老师说，自打他们认识以来，刘先生就开始做了，一直到认识我，刘先生还在做那道题。多么执着与强悍的心灵！

于是我也成了他家的常客。也是聊天，中外古今，漫无目的，一聊就半天，有次竟聊到了凌晨两点，连小区门都关了，最后，我和另一个同样胸怀瑾玉的朋友，只得从他家小区的铁栅栏上翻爬出去。回家路上，灯火已阑珊，我们心潮汹涌：在边远的高原，蛰伏着这样的智者，居然还让我们遇上了。我感叹：老天待我相当厚道。

刘先生富有古风，知人论世，不从流俗，凡事以趣味为先。我们因此有机会得到了各种元气淋漓的故事和见识，比如：

他说，他无端地觉得，蒲松龄应该是个满脸络腮胡子、说起话来吐沫飞溅的人。我当时并不了解蒲松龄，但我无端地坚信，刘先生肯定是最了解蒲松龄的人。

他还说，他读书时有个黄姓师兄，是他的棋友。黄兄骨相清奇，棋风诡谲，跟他下棋数百次，从无失手，只一次，两人打成平手。有次，黄兄面朝大渡河，自言自语：亚历山大也哭的吗，孔子也哭的吗。黄兄背影凄零……刘先生告诉我，亚历山大哭，是因为他已经没有可以征服的土地了，孔子哭是因为他最心爱的弟子颜回死了。

“但黄兄为什么要这么说呢？”刘先生问。

还有一次，半夜，黄兄爬起来，拉小提琴，拉一会，废琴而叹：“我很痛苦，在我的琴声里，我才知道自己是这么个货色。”“这叫反省，”刘先生补充，“怪么？每个人都有怪的地方。”

一天，他突然问我：你知道鲁迅日记中的“洗脚”是什么意思吗？我当然不知道，洗脚有什么好记的？

刘先生告诉我，那是“敦伦”（房事），他考证过，厦大时期鲁迅就没有“洗脚”，因为许广平不在身边。刘先生有些孩子般的得意。

他还提到，他在读书时，武汉大学迁到四川，一次，佛学大师马一浮到那里去讲学。他对佛学有兴趣，也有烦恼，所以想向马一浮请益，费尽周折，总算见到了马先生，马先生面无表情，不发一言。他滔滔不绝地说了半天，马先生还是不发一言。他提到，自己很喜欢尼采，尼采跟佛陀有相通处。马先生脸上似有一丝笑容。最后，他说："我有性困扰。"马先生终于开口了，三个字，结婚嘛。

后来，佛学大师欧阳竟无也到那讲学，他有个师兄，去拜见，也得了开示，八个字：超以象外，得其环中。

刘先生是云南最早的研究生导师，桃李满天下，其中杰出者有中科院计算机所所长、全美最年轻数学家奖获得者，但他认为最有才华的学生，不是这些世俗评价体制中的拔萃者，而是云南师范大学的林毓才教授。他跟我讲了一件林毓才的事。当年，林毓才到西双版纳当知青，在一所学校教书。一次，学校要搞比赛，要求每个班统一服装，邻班学生家境好，服饰一色，焕然新装。林教的班学生大多贫寒，买不起衣服，林毓才灵机一动：所有学生，把右手衣袖捋起来——这便是他们班的统一服装。"这就是才华。"刘先生说着，竖起大拇指，用力扬几扬，这是他惯常的最高赞赏方式。当然，林毓才老师也确实不负师望，解决过多个数学大难题，成为云南数学界、计算机界的翘楚。

有意思的是，一次当有人跟林毓才说，刘先生认为他是最有才华的学生时，林毓才如是回答："我比不上刘先生的一个脚指头，刘先生曾在如厕时读懂的一本数学专著，我借回去，研究了三个月，还是没搞懂。"

这些俨然《世说新语》中出来的人事，显然，都带着刘先生体贴世界的温热，他离这个世界多么近，又多么远。

每每讲着这些的时候，刘先生不自觉地把霜雪凌乱的头颅，垂在胸前，鼓眼抿嘴，沉浸在他自己的世界里，丢给我们一个清癯而忧郁的侧影。我有意观察过，无论在多么宾朋满座、众亲丛绕的时刻，刘先生都显得那么孤单。

二

刘先生爱茶，一柜子全国各地的好茶，客来，必赐茶，一饮就是半天，刘先生爱红酒，家里随时都有朋友弟子们从世界各地带来的酒，一高兴，刘先生便邀人共饮，自己小酌一杯，余则乐君畅饮。毫无疑问，刘先生是一个有着一流品鉴能力的人，但刘先生从不品赏茶和酒，他把这些好茶好酒看得如同清水一般，正像他自己，在云大花木葱茏的寂寞一隅，把原本灿烂的日子，过得清水一般。

刘先生也爱书法，他家就有大师沈尹默真迹，为沈所手赠，因为其夫人金先生是20世纪初留法的精英，与沈尹默、鲁迅等时代名流相熟。然而，刘先生不喜欢沈尹默的字，他喜欢鲁迅。几次，他都把珂罗版的鲁迅诗帖搬出来，给我看，边看边竖起大拇指，嘴里啧啧称赏："好字！好字！"他喜欢鲁迅的老拙之美。还有一回，他说，四川有个大家的字很有味道，有天稚之美。"他叫……他叫……他叫……"刘先生实在记不起来了。

"是谢无量吧？"鬼知道怎么回事，我嘴里一下就冒出了这个名字。

"啊？对，对，你怎么知道的？你怎么知道的？"刘先生很惊讶，眼睛里一下子放出光来。

其实说真的，当时我对谢无量一无所知，心中隐约着一下就蹦出了这个名字，到今天，我一直坚信我和刘先生有着夙世相知的缘分，就源于此。"真是个聪明的年轻人。"刘先生称赞我。后来好几次聚会，我有事耽误，刘先生就会一个劲地问夏老师："那个聪明的年轻人，怎么还没来呀？"

正是由于刘先生的谬赏，我有幸得以更亲近他，才知道他平淡如水的外表下，其实酝酿着浩荡无际的痛苦风霜。他跟我讲，和我年岁相若时，武大搬到四川乐山，每次，他经过乐山蔓草荒烟的城门洞时，都怅然若失，心里就一定会响起贝多芬的音乐，然后就会浮现出贝多芬贴在自己桌子上的一行字。这行字，刘先生曾用英文写在我笔记本上，我现在翻译出来，大概是："我就是我现在所是，过去所是，未来所是；从未有心灵能揭开这层神秘之幕；我所做一切都属于他（神），且仅仅属于他。"刘先生有浓重的宗教情结。

他家里藏着上千册佛学经典，据说皆为欧阳竟无当年主持金陵刻经处时所刻印，我曾随手翻看过其中一两部，书上密密麻麻，尽是刘先生的标点，可见其用功之深。他给我讲，佛是大心之人：大乘佛教第一义"不可轻看一切众生"，不是要怜悯一切众生，怜悯是你比众生高，不可轻看，是你和众生在一个位置上，和一花一叶，没有丝毫区别，我们和万物都是共患难的苦朋友。

释迦牟尼还是王子时，一天出城，见到老人，问，我将来如是吗？答，是。王子泪如雨下。见到一堆白骨，问，我将来如是吗？答，是。王子于是遍身战栗。我清晰记得，刘先生讲到"遍身战栗"时，强调了好几次，他自己瘦小的身子，也似乎一下子收拢来，紧紧的，充满了痛苦。刘先生也有着一副悲悯心肠。

刘先生还给我讲，因果钩索不可破，如灯燃暗灭，灯无驱暗意，暗亦无灭灯意，一切如水流花放，自然无迹。多美啊！他常常带着审美的眼光去看宗教，看哲学。记得他曾经把《圣经》《马克思全集》中的句子，拈出，蒙起来，读给我们听。一听，全是诗。

刘先生毕竟更多时候还是数学家本色，他说，如果能够重新再来一世，他要重新选择，选择以现代科学，阐发佛学中的微言大义。他曾以佛学中"信"的定义为例，给我证明佛学逻辑比西方逻辑还要严谨——"云何为信。于实德能，深忍乐欲，心净为性。对治不信，乐善为业。"

我现在已然无法再重述他讲授的精义，但当时，我发誓，确实是心空朗澈，豁然通透。就像刘先生曾用三个小时，讲爱因斯坦的相对论，我在他面前时，清清楚楚，但一出门，马上一头雾水。刘先生就有这个魔力。

刘先生研究佛学可不是为了精通义理，而是要消解苦难，为人为己。他说，每天在电视里看到那么多的杀戮、灾难，自古至今，这一方面，人类一点也没有长进；要从根子上得救，恐怕要靠佛陀。佛陀早就看透了这些，当然尼采也看透了，但如果说佛陀是一只雄鹰的话，尼采只能是其翅膀下的一只小麻雀。

尽管明了佛陀的智慧，刘先生心里还是纠结着焚胸的烦恼：“我知道，佛陀是对的，可我做不到，我一点行动能力也没有。”这句话，他在我面前，真诚地说过至少不下十次。他对自己，对人性有着非常深的绝望。

“年轻时候，读《金瓶梅》，以为是一部淫书，后来再读，哪里是淫书，分明是一部哀书啊！”

“看看陈经济，一个读书人的堕落史吧，《金瓶梅》告诉我们，人跟厕所中的蛆，没有两样……”

“莫泊桑很高明，他写出了人性里那点模糊的怂恿。”

“你读过莫泊桑的《珠宝》吗？看了，再想想自己，就知道人就是这么个货色，没有一点得救的希望。这是娘胎里带来的病。”

……

我后来找到了《珠宝》，文章很短，透入骨髓的悲哀。故事是这样的：小职员娶了个贤淑的太太，上得厅堂，下得厨房，美好得难以言喻。唯有一点，就是太太热衷各式舞会和假珠宝，在小职员看来，这实在无伤大雅。后来，太太死了。小职员在潦倒困厄中，想到了太太的假珠宝，想换几个小钱，改善生活。出乎意料的是，这些珠宝竟然全是真的，原来这些珠宝系太太多年出卖色相所得。小职员得知这点后，一下子悲伤得昏厥过去。但一个月、两个月、几个月后，小职员很快说服了悲伤。把珠宝换成了钞票，吃了顿从来不敢吃的晚宴，小职员逢人就炫耀自己继承了一大笔遗产，数目比实际的越说越大。

莫泊桑看得太清，刘先生说，也看得太绝望，莫泊桑是佛学中的“恶取空”。

“我也是‘恶取空’。”

执着深见，如须弥山，可得救；恶取空，不可救！

何谓“恶取空”呢？刘先生说，佛陀是成神的无神论者。恶取空就是执着“空见”，过于想成佛，以致为谬见了。我的理解，也许，刘先生认为，莫氏和自己，都过于执着地理解人性的某些方面了。

明了，但摆脱不出来。

一个秋雨飘萧的下午，我记得，我和刘先生倚窗而坐。刘先生从柜子里找出一页纸，纸质黄脆，他说，这张纸，他藏了20多年。读读，大约是列宁写给高尔基的信，信里约略是批判高尔基是思想的巨人，却是个行动的矮子。

“你知道吗？我这一生都很痛苦，我只是个书呆子，一点行动能力也没有。”刘先生望望漫天秋雨，便把头垂在胸前。天地雨声淅沥，一派苍凉。

想想刘先生一辈子热爱歌德。歌德和他的浮士德，都是行动的巨灵，你能理解他说“自己毫无行动能力”的痛苦了吗？可是，刘先生究竟想要“行动”什么呢？

三

刘先生的身体状况日渐颓唐了，这和小保姆小珍的事对他的打击有关。小珍是云南乡下的孩子，小学刚读完，就来照顾刘先生。刘先生视若己出，教她数学，教她针灸，教她自学，并资助她读书，我认识刘先生的时候，小珍大概自学到已经在我们云大成教院读大专了。刘先生多次跟我说，小珍与他多年相依为命，比自己亲孙女还亲，他过世后，会让他儿子刘惟一教授好好安排小珍的。然而，儿子与小珍竟然产生了龃龉，小珍走了。刘先生病倒了。

他脑部中风，原本睿智惊人的记忆，越来越趋近他以前所追慕的“难得糊涂”。可能预感行将大限，刘先生便把他那道几米高的题，一股脑送给了他最得意的弟子林毓才。他跟我说，他这一辈子肯定做不出这道题了，因为越做越复杂了。“爱因斯坦讲，真理有两个特征，一简洁，一优美。”

“越复杂的东西，越没有好下场。”

“我做不出来了，哎，哎。”

刘先生在最病重时，还给我讲过一个故事：在手术时，他没有穿衣服，一个女护士，过来，嫌恶地看了一眼，叫他赶紧把下半身遮起来。“命都不要了，我还要这副皮囊干什么！”刘先生很愤怒。他描述输血，浑身火样燃烧，真扛不住。这时，有个小护士，远远地冲着他微笑了一下。

“那一笑真美啊！”

“凭那一笑，到世间来这一遭，也是值得的。”

刘先生幸福地笑了。

出院后，一天，刘先生拿出一本书，小心地捧在手里，鼓着眼睛，很庄严地对我说：“这本书，送给你。”

是英文版《歌德传》。

“你知道吗？这本书，是我在成都住院时，四川大学搞希腊文化和世界语的卢剑波教授送给我的。”原来，同在一个病室，攀谈中，卢先生叹服刘先生对歌德的高明见识，遂交好，卢先生便把他从国外带回的《歌德传》，送给了刘先生。《歌德传》里，甚至还夹上了卢先生夫人的照片，两友情义之笃，可见一斑。

“他送我书时，他是64岁，我是46岁；现在我82岁，你26岁。”

“你应该懂的……你应该懂的……”刘先生嘴里喃喃着。

我小心地接过书，心，一下子沉了下去。

后来，我到上海读书，三年。一回云南，我就和夏老师去看望刘先生。刘先生已经像个孩子一样了，他已经认不出我了。我们带给他最爱的巧克力，他吃了一块，还要一块，婴孩一样地笑笑，然后把头安静地垂在胸前，鼓大眼睛，再不说话，一脸柔弱的忧郁。我的鼻子酸了。

今天，我虽不敏，但在大学授课的讲堂上，常常讲得满头大汗，酣畅淋漓，把自己打动得无以复加；每当有知赏的学生，好奇地问我：老师，这时代，做学问，那么清苦，为什么你还那么快乐呢？

我告诉他们，我曾经遇到过一个老人，接到过一本书。

原载《清水才华：关于乡土与艺术的风雅笔记》，东方出版社2018年10月

【主编者言】既是写母亲，也是写一个面对纷乱社会内心纠结的妇女，写一个面对生死巨大课题的普通人。岁月的真诚托举着人生的真诚，人性的光辉没有淹没理性的光辉。

与你遥遥相望

——关于母亲的一些话

陈福民

一

一年多前，母亲与“死神”相约——她罹患了癌症，经受了恶性肿瘤患者都要经历的过程。己亥年正月初三那天，她“如约”走了，享年八十五岁。跟很多病人一样的结局，这没有什么不平常。

同时，像所有的癌症病人一样，她其实一点都不想承受那些毫无意义的痛苦，却又不得不一一承受完毕，一点都没少。在她还没有患病的往日，我们一起闲聊，不止一次触及过安乐死的话题。我曾经给她讲我看到的一个案例：湖北武汉一个中年男子帮助久在病榻生不如死的母亲结束生命，随后自首，坦然去接受法律惩处。这个案例，我并不能确认是真实事件还是虚构的“鸡汤”类文字，也忘了是从哪里看到的。只记得当时母亲一再为那个被判刑的儿子打抱不平，抨击法律不公正，表示非常赞成这个儿子的做法。而在她病重后期医生和我们都束手无策的时候，她不止一次表示希望早点结束生命。

由于没有治疗良方，她不愿意住院，我们把她接回家，勉力做尽可能的护理与陪伴，并费尽周折给她找到了最新的美国抗癌药 PD-1。在她肿瘤复发疼痛度加重难以忍受的日子里，我每天的生活，就是在听着她虚弱而揪心的呻吟又无能为力中挨过的，这种日子，可能算是世间最残忍的事情之一吧。终于有一天，我听到她用了很大的声音与父亲争吵，情绪激烈且有些夸张地指责父亲“自私”“什么也不敢承担”，等等。我赶紧冲进房间去调停，只见父亲站在床边手足无措，虽然慌张但是立场坚定地摇着头，嘴里喃喃“这怎么能行”……原来她在向我父亲讨要艾司唑仑片——一种常见的安眠药。她的意思，是要攒起足够致死的药量自己去结束生命。看到我进来，母亲转向我，表情悲愤交加。我咬紧牙关安慰父亲说，给吧，我做决定了，我来承担一切责任。这个“决定”究竟是合乎她的心意，还是让她感受到人生真相的冷酷而更加绝望，我来不及细想。总之这暂时让她稍微平静了下来。为了缓解这个场面的尴尬与压迫感，我故作轻松对母亲开着玩笑：老太太你这是不把我送进去不算完啊。

事实上，母亲并没有机会吃那些药。因为虚弱和痛苦，她被折磨得连吃正常的药物都很困难，遑论吞服几十片安眠药。肿瘤长在尴尬要命的部位，导致她无法坐起，也不能以正常姿势平躺，只能侧卧着，间或用残存的力气勉强调整一下位置，以便让自己舒服一点。而她每一次的挪移，无论是自主，还是在我们的帮助下，都是痛苦万分。在她病重后期，她完全丧失了自理能力。饮食极少，形销骨立，卧床挣扎，每一次大小便的艰难程度都不啻一场酷刑，我们每天都要多次帮她清理擦拭。这不仅是要尽可能避免褥疮，更因为她生性清洁成癖，一点点感受上的肮脏与凌乱都不能忍受。这让她的痛苦增加了不知多少倍。现在母亲走了，她承受了她生前所恐惧所厌恶的所有痛苦与屈辱，没能按照自己的生命观去实施理想的计划，这对她是个非常大的遗憾吗？她究竟是后来已无力完成，还是因为对生命以及这个世界怀着留恋而下不去手？这个问题，我再也没有机会跟她讨论了。但我知道，痛苦与恐惧，决绝与不舍，纠结与悔悟，等等，一定在病痛之外给她施加了超额的折磨与惩罚。这似乎是一个警告：面对命运中的痛苦与折磨，没有什么人能够攫取到豁免权。而且有些时候，你的愿望和努力与实际结果成反比。

她在清晨的安睡中没能再醒过来，没有留下一句话。但我并不因此遗憾。在她生病前后的日子里，在我们拥有的共同岁月中，我们已经把我们所能理解的人生问题，包括无可弥补的遗憾与感悟，都重复总结无数遍了。但我们都隐约明白，至少是心存疑虑：如果人生重新来过，那些后来被总结认识到的各种遗憾或者“错误”，真的有机会得到纠正与避免吗？那些被认为是“宝贵经验”或“深刻教训”的东西，真的能派上用场吗？似乎并不乐观。命运总是按照自己的逻辑赋予你应有的性格气质，然后让你的人生该怎么过还是怎么过。你一只脚轻松快意，另一只脚踏进深渊却不自知。我们帮她清洗、整理，穿上提前准备好的衣服。我们都平静地忙着，没有人号啕大哭，甚至连过度的啜泣也没有。我一边擦拭母亲尚有余温的遗体，一边与她做最后的告别：妈妈啊，你放心踏实走吧，也该走了，咱们再也不用受这个罪了，这个世界不值得你熬了。这时，我眼泪默默流下来。

我这个告别语并不合乎母亲的真实想法。她热爱生活，非常想活下来。这种自然而然的抒情倾诉，在当时有不得不然的情境。人总是脆弱的，情不自禁就要暴露肤浅，而暴露肤浅通常都是很轻松很舒服的。但我也不必因此而感到羞愧，就允许我暴露一次吧。只是，这个世界到底值不值得煎熬，我其实并没有权力代替母亲下断语。以此类推，任何人都没权力代他人决定人生的意义，即便是那些伟大的哲学家也没有。

人生艰难，凡事尽量不要那么轻率下断语。

二

作为一个平凡的人，母亲的一生却过得有些不平静。她喜欢看书，喜欢UFO和外星人的话题，还特别称赞刘震云的小说。一次偶然的机会，我跟震云讲起这件事，震云拿出《一句顶一万句》和《我不是潘金莲》，在扉页上恭敬题写“请某某阿姨指正”送给母亲，这让母亲非常开心。母亲总是喜欢思考那些纠缠不清的大问题，反思她一生的得失——当然，经她反思出来的人生不说一无是处吧，基本上都是失败。她长期失眠，往往到后半夜还在看书或者冥想。我曾经跟她开玩笑说，您老人家本来是个朴素的劳动人民，却过了一辈子知识分子的精神生活。她平时的情绪通常都是严肃甚至压抑的，这一次难得大笑起来，然后沉默。

母亲1934年生于民国时期的热河省承德市（现今河北省承德市）。按照民国时期的区域划分，热河省在黑吉辽东三省外，一向被认为是“东四省”之一，城市规模小到可怜的承德市，是热河省的省会。日本人继攻占东三省之后，于1933年3月向热河挺进，民国部队未战先溃，华北战区第二集团军副总司令、热河省主席、热河前敌总指挥汤玉麟（即单田芳评书《乱世枭雄》中的“汤二虎”），在搜刮掠取大量民脂民膏后闻风而逃，热河全境就此沦陷。据母亲讲，她的父亲——我的外祖父在“日据”时期的承德市做一个银号的小职员，支撑着六口之家。在她五岁时外祖父死掉了，外祖母失去了经济来源，不得不带着四个孩子回到内蒙古赤峰市林西县自己的娘家讨生活。在漫长的农业文明岁月中，尽管一直都有“穷在闹市无人问，富在深山有远亲”之类的批判性说法，但在血缘宗法制支撑下的“投亲靠友”观念，大抵还是国人遭难落魄时非常重要也比较行之有效的生存原则。在当今时代里，这种传统信任即便还未到消失的地步，至少也是日渐稀缺了。

母亲经常对我回忆起1940年深冬外祖母带领她们回娘家以及到了那边艰难生活的经历。向北走出承德市不到十公里的关卡，日军拦截了孤儿寡母一行人，她们被怀疑是抗日分子的间谍，于是关进了普宁寺——承德人俗称的“大佛寺”中。她记得她那时发着高烧，躺在佛堂冰冷的地面上等死，但也许是有佛祖保佑的缘故吧，三四天之后她竟然奇迹般地退烧活了下来，然后继续上路。从承德市到赤峰市有二百多公里的路程，承赤高速中间著名的茅荆坝开通了一条长达六点八公里的隧道，现在开车两个多小时就到。在茅荆坝隧道开通之前，所有北行的汽车经过茅荆坝都要走盘山公路，海拔升高到一千五百米，气温骤然下降。每到冬季下雪后，茅荆坝都被往来承赤两地的司机视为畏途，我小时候就不断听到有冬季行车熄火的司机被冻死在坝上，或者司机不得不点燃满车货物取暖最终逃出生天的传闻。

20 世纪 40 年代，两地还没有公共交通工具，她们的经济状况也不可能自己雇车，于是娘儿几个两条腿步行。这条路，当年她们走了将近二十天。从承德到赤峰的沿途，大部分路段都人烟稀少。据母亲说，如果不是茅荆坝上一户贫困人家收留和周济了她们，她们根本没有机会走到赤峰，很可能就冻死在茅荆坝或者沿途上了。最终，她们在赤峰的亲戚那里得到了帮助，熬到了新中国成立。后来，我多次听她回忆她得到的每一次帮助，大抵都来自贫困穷苦的人家。

童年的这些经历，显然对母亲世界观的形成产生了重要影响。也许是过早地体会到了失去父亲庇护之后的世态炎凉，也许是兵荒马乱土匪丛生的年代在她的少年生活中留下了心理阴影，总之她变得敏感、多疑甚至有些神经质，不安全感、轻度洁癖、忽忽不乐伴随了她的一生。她嫉恶如仇，憎恶权贵的趾高气扬与为富不仁，相信贫穷与美德有某种必然的联系。这种源自个人经验的认知非常朴素也非常简单化，很多时候，她对公平正义、正直善良与“坚持真理”等道德品质的信奉与强调到了一种偏执的程度。这些粗放的原则无论是书本上还是听起来都是正确的，但并不能保证人在现实生活中做到必然正确，也无法容纳那些复杂多元的有厚度的人性元素。因此，她比一般人更容易感受到她眼中的“不公正”，不能像大多数人那样与环境相安无事。这一点，很可能使她在别人眼中成了一个喜欢争执的人，也让她的一生吃了太多的苦头。她的亲哥哥大她将近十岁，不知为了什么事，母亲认定他作为家中唯一的男孩子，在外祖母和几个妹妹最困难的时候“不顾家、不负责任”，误解和怨恨使她在后来很长的时间里与哥哥的关系相当冷淡，并发出过“就是要饭也要不到你家门口”的怨言。这个心结直至晚年才释怀。而事实上，我舅舅本分厚道勤勉持家，辛苦了一辈子，无论经济状况还是工作环境，都远不如她。

随着辽沈战役结束，热河全境获得解放。1949年3月，她在赤峰市参加了新政府的初建工作，这时她不满十五岁。由于当时还没有建立起工资制，没有薪水可拿，但供给制首先保证了她能吃饱，日常也偶有其他食物带回家，外祖母和家里后来比较多地依赖母亲这份工作。那是母亲记忆中最充实也最幸福的日子，她被包围在一个特别有爱的集体中，受到了很多照顾。队伍中那些年长的大哥大姐都是穷苦出身，知道母亲家境贫困，大家都乐于帮助她，而最根本的帮助手段，无非就是节省下自己的食品物资送给母亲带回家去。用母亲的话说，“那绝对是真诚无私的”。她识字学文化并热爱读书的习惯，应该是从这个时候养成的。更重要的是，当时建立在资源短缺基础上的经济分配“公平”以及人与人彼此友善相助的“真诚”，对她世界观的形成再次产生了强烈的影响。她弄不懂太远大的社会理想，估计也不太明白“阶级剥削和阶级压迫”，但从童年开始到现在的生活经验，似乎让她确信贫困与真诚、美德之间有神秘的联系。她因此热爱新政府和这个政府创造的充满希望的新生活，这或许就是属于母亲的朴素的“人民性”认知。

她在这样的精神氛围中进入新时代，可谓天真烂漫朝气蓬勃。大概今天很多人会嘲笑这种精神状态，或曰“小资产阶级狂热性”，或曰“左派幼稚病”。对于不了解历史的人来说，应该都是差不多的意思吧。但是在母亲那里，穷人与美德的直观经验是她进入新社会的钥匙。她并不知道，仅靠“真诚”“单纯”这类词汇是难以识别和驾驭事物的真实性和复杂性的，她也不知道穷人不再那么贫穷之后的社会是什么样子。

三

新中国成立后，草创的各地政府普遍缺乏干部和管理人员。可能是母亲比较爱学习又能学习的缘故，推测起来，她应该在同时代参加工作的人当中表现比较突出又受到信任，所以她被组织从赤峰市调入原热河省商业厅，十年后又回到了她的出生地承德市。其时她不过十六七岁的年纪，对于科层管理和人与人关系的了解基本上是空白。很快，现实的复杂与她想象中的“真诚”“单纯”出现了裂隙，她与新生活的“精神蜜月期”变得不那么圆满了。

很多细节我不太清楚了，过去她可能讲过，但我却没有耐心听完。她大概是在省商业厅办公室的秘书科供职，负责处理日常文件和一般性的机关工作，这与她的受教育程度和个人兴趣都有不小的差距。参加工作前她只读到小学三年级，工作后参加省直机关办的“机关中学”速成培训，比识字班水平高一些但也有限。虽说有这点文化在当时已经算个“小知识分子”了，但其实工作起来尚不足以得心应手。而她的个人兴趣全在“真诚”“单纯”这类初级的文学世界观上面，衡量判断事情的是非曲直有时会情绪化，这是很难避免的。她的性格又不善于折中妥协，在“坚持真理”信条的鼓舞下往往与环境不能和谐相处。

她一生的工作挫折、苦恼，应该都与此有关，逻辑也大致相同。在我的印象中，母亲似乎很少有开怀大笑心情舒畅的时候，经常是莫名其妙就郁郁寡欢起来。1955 年热河省被撤销，商业厅解散，承德市由省会降级为普通地级市，母亲分流进了承德一家报社做新闻记者。终于能“单纯”地与文字打交道，这个经历让她骄傲了一辈子，后来每次回忆到这段经历，母亲脸上都洋溢着灿烂的幸福感。不幸的是，这份理想工作她没能做多久。不知什么原因，似乎与“家庭成分复杂”有关——据说我外祖母的姐姐、母亲的大姨嫁给了赤峰当地一个大地主，那位大姨夫一生不问世事，每天只会在赤峰最有名的茶馆里闲聊天抽大烟，完全坐吃山空，家里的子女也大都不成器只会败家。外祖母当年带领孩子去赤峰投亲靠友，就是奔她家去的。母亲回忆说她当年填写审查表，到“社会关系”这一栏时，出于诚实她把自己知道的所有亲戚都填上了，这确实让问题变得有些复杂。总之她被调整出新闻单位，回归了商业部门，先在食品公司，后在蔬菜公司。到了“文革”期间，她被下放到一家菜站卖菜，这种日子基本上持续到她离休。

过去我不知道如何形容和理解这些，现在似乎知道了——母亲应该是一个有严重“文青”倾向的人。我的文学启蒙教育，绝大部分都来源于她的书。在小学时代就开始阅读家里的藏书，四大名著、《史记选注》《李白诗选》等，我都是半懂不懂读完了。这些书有她自己购买的，还有一部分是她从单位或者市图书馆借的。我今天回忆这些奇奇怪怪的书都感到不可思议，西蒙诺夫的《日日夜夜》，吴强的《红日》，罗广斌、杨益言的《红岩》，峻青的《黎明的河边》，《第一次文代会文集》，郭绍虞的《中国文学批评史》，刘大杰的《中国文学发展史》以及吉林师范学院编著的《中国现代文学史》等。这些书今天还在我的书架上，大致是一个中文系硕士研究生的视野。我不知道母亲是出于什么理由收罗了这些书，因为后几种完全超出了她的能力。现在我有点后悔没有就此认真询问她。但我相信母亲并没有读完这些书，按照她的文化程度，估计很多都读不懂。然而她的这些书，却意外地开启了我的文学之路。我不学文学，即使不说天理不容，也对不起母亲的那些书。

四

认真说来，她不是一个传统意义上慈祥的母亲。

除了我小时候总是带我去医院打针抓药，或是带我求医问诊时，通常情况下她都是少言甚至情绪低落的。我从很小就能体会到因为她工作不如意、人事关系不顺洽带给家庭的紧张感和压抑感。由于父母都是干部，在20世纪六七十年代政治生活动荡不安的日子里，双职工的家庭尤其清冷乏味。父亲是个和蔼而无是非的人，在母亲莫名生气不快时，他无能为力，家庭气氛就更凝固了。

我印象中，母亲很少带我们出去游玩，甚至没有留下一张我童年时代与她的合影。我曾经假装抱怨这个问题，她总是说，那个时候天天下乡搞“四清”，参加各种运动，哪有时间，又没饿着你没冻着你。由于父母都是有工作的人，那个时代双职工家庭的经济条件有很大优越性，与那些单职工乃至工农家庭的孩子相比，很多方面我都没有资格抱怨。但母亲一生的不快乐和压抑，始终在我内心有沉重的分量。

母亲是个性格两极化鲜明的人。对贫穷的邻居或者对她诉说困难的人，她从来都是慷慨的。我看过她一个记账的小本子，知道她这一生借出去而没有收回来的钱应该不少。另一方面，她对别人的态度又是挑剔和斤斤计较的，并且显得小气，她特别在意别人是不是真诚和尊敬。有时候她正如民间老话所说那样，经常是做了好事还落不下好。在她心情开朗时，她对我们是温柔的，甚至是溺爱的，但这种时候并不多。多数时候，她是易怒或者峻急凛然的。由于缺乏安全感，在她的原则性烛照之下，生存变得乐趣不多。我终身难忘的一件事，是我高中一年级时陪她到北京的表舅家探亲。当时正是年少轻狂贪慕虚荣的时节，京城少年的洒脱自信和一口京腔让我很是羡慕，不知不觉中就难免要模仿学习，认为比较时髦。有一天我不知道对母亲说了句什么话，现在完全忘记了，估计是有些轻浮或者油腔滑调地让母亲觉得我有失尊重吧，众目睽睽之下她突然扇了我一记响亮的耳光。当时我虽然不够健壮，但已经是将近一米八身高的“大人”模样，这一记耳光超出了舅妈和表哥们的生活常识，他们无法接受一个高中生被这样不留情面地打耳光，猝不及防之下都吓坏了，慌乱地劝着她又安抚我。母亲点着我的名说：“陈福民你想学这些不着调的东西还早，你要把这一套拿来对我你这一辈子休想！”我愣在当场无地自容，心中一团乱麻很久回不过神，感觉在整个世界面前抬不起头来。直到今天，我都无法判断母亲的暴怒和尊严是不是过于夸张了，很大的可能，她打我并不仅仅是担心我学坏，更主要的是她觉得自己的尊严遭到了挑衅吧。我也无法想象，一个高中生被母亲几乎是当众无端打耳光之后是否还谈得上尊严。四十多年过去了，母亲的这个耳光我从没有忘记，但这一生，我俩从未再触碰这次“耳光事件”。我不知道后来我在母亲眼里是不是变得好一些了，但很可能从那一时刻起，我在心中开始慢慢滋长出对轻浮和油滑的厌恶感。有些时候这种厌恶感掩饰不住，就让我在他人眼里成了一个“装逼犯”。

她也不是一个会夸孩子的母亲。在我考上大学，考上博士，以及后来工作取得些微成绩时，她的表现都是淡淡的平常的，像什么事情也没有发生过。按照今天的教育理念，孩子都是夸大的，应该每天得到表扬才能进步。如果一个差生考试经常挂科，偶尔一次蒙了个满分，家里也许都是欢天喜地感谢列祖列宗的。但母亲几乎从未夸奖和称赞过我，在她眼里，我应该是很不成器的人，无论对她还是对我自己的“才华”，都是有所辜负的。20 世纪 90 年代初期我在河北师大教书时迷恋上了打麻将，打得天昏地暗。一次通宵打麻将结束清晨回家，我蹑手蹑脚推开家门，发现她穿戴整齐收拾停当坐在沙发上等我，她说你现在是大学老师了，我也管不了你，我眼不见心不烦现在就走。然后正颜厉色地宣布与我断绝母子关系。在我到了北京工作以后，她会关注我的朋友和同行，每当有朋友赠送新作或在刊物上看到熟悉的名字，她看我的那种眼神就似乎带着鄙夷，仿佛在说，为什么人家都写这么多而你啥也不干？她总是认为我太不努力了。我的懒惰与放任一定让她非常失望，今天想到这些，感觉真的是辜负了她。

五

母亲的痛苦，是认为自己的一生遭遇了全面的失败。到了晚年，她陷入总结反思中不能自拔，而她的每一次反思，几乎都是对她的二次精神伤害。这种伤害是循环和缺乏新意的。她有时也说，我是不是应该去信佛或者信个什么？但她从未认真尝试过，无欲无念的人生离她很远。

她热爱文学，喜欢读书，喜欢文字工作，但她工作的一半时间都在卖菜。

她内心善良，看世界简单，自认为一生真诚待人，却总是得罪人，被卷入各种是非中。

她并不精明，不善于计算与谋划，却总是梦想着发一笔什么财，并为此做过各种今天看来可笑而辛苦的努力。在改革开放起步全民经商大潮中，她承包过小卖部和小旅馆，长途贩运过蔬菜和牛羊肉赚点差价，但都不挣钱；听人忽悠去东北倒钢材，结果别说钢材，连个正经人都没见到，回程的车票钱也花光了，我父亲不得不求助东北的亲戚去给她送钱；后来她迷上炒股票，笃信广东一个骗子公司提供的“内部信息”，先付给骗子几千元咨询费，然后炒哪支赔哪支；前几年又做理财，在超市门口被两个卖理财产品口若悬河的女人说动，立刻回家取钱跟着人家走了……

一直以来，我们都努力去接近她的目标，拼命学习投身文学研究，我们保护着对尊严的敏感，又始终友善地与人和谐相处，我们还努力去赚钱……

后来，当我们把这一切带回来给她看时，她却摇摇头，淡淡地说：“这又不是我的事情，与我无关。”她已经很难相信什么，也很少分享他人的进步与成绩。即使为了捍卫虚荣感难免向别人展示世俗成就，她在内心也从未真正为此骄傲过。她被失败感彻底抓住了。

其实，她只是渴望用自己的努力赢得自己的“成功”，赢得他人的敬佩和尊重。她认为自己根本没有做到，甚至连做的机会都没有。晚年，她学会了用智能手机上网，查百度，在线支付，读各种公众号的鸡汤文章，关注五花八门的养生理念。这让她更加睡不着觉。她承受了太多的痛苦，无论是现实政治生活带来的，还是自己性格原因造成的。她找不到自己生命的意义，两手空空地走了。

但她不知道的是，她把自己的痛苦和失败感作为遗产留给了我们。因为我们用尽了全力——如果这些努力可以被称作爱的话——我们用我们的爱最终也没能说服她，没能让她相信，那些所谓的失败是多么不值得纠结的事情。我们尤其没有办法让她相信，她内心纠结与牵挂的人生痛苦和失败都不是事实。如果那算失败的话，无数的人所经历的失败不知比母亲大多少倍。只要你换一个角度换一种心情，一切都可能变得不一样了。她不相信这些，这是她的失败也是我们的失败。但扪心自问，我们自己是否能真正做到改变，其实也并没有把握。

母亲此前一直都住在家里。直到去世前十几天，她全身脱水，排便困难，陷入轻度谵妄，意识模糊。我们再次把她送进医院，这其实违背了她的意愿。而且我们也知道，即使此刻抢救过来，也不过是让那无法克服的痛苦再延长一些日子而已。大年三十那天我们都在医院陪她过年，同室病友过来安慰和夸赞说："老太太你有福气啊，你看你家里人对你多好。"很久没有言语的母亲这时忽然从昏沉中睁开眼睛，用虚弱但清晰的声音说："对我最好的人不在这里。"

我们都愣住了，完全没有想到母亲会这么讲。大家互相看着对方，不知道该说什么，心情都有些复杂。显然，母亲排除了在场的我们，这让我们有些失落，甚至感到有点受伤，有如一个表现积极的小学生伸长了脖子听老师念表扬名单，听到最后没有自己。但这句话让我们意识到，她的世界仍然是我们不能完全理解的，始终有一部分没有对我们开放。她说的"最好的人"是谁？是父亲吗？这一天他因为严重感冒没有跟我们一起到医院来。是我姐姐吗？她在几年前因为癌症去世了。或者，我外祖母吗？母亲生前多次忏悔对她自己的母亲不够好。或者，是茅荆坝上那户收留和周济她们的贫困人家吗？抑或是那些在她刚参加工作时热忱帮助过她的大哥大姐吗？这道思考题很难回答。如此沉重的谜，估计母亲自己也不能完全解开吧。

或许，那个"最好的人"从来都不在现实中。那更像是一个完美的不及物的世界，清洁无尘，在一个"真诚无私"的地方与她遥遥相望。

原载《十月》2019 年第 4 期

【主编者言】城市很拥挤，大家都在寻找出路。诗歌却在人群中翻飞、穿行，有时挽起人们的手，有时叩响心灵。人生的故事都与诗歌相拥，诗的影子伴你同行，无论你是否意识到。

城市、诗、译诗

裘小龙

我大约是在20世纪70年代初认识了万。他是与我一起去外滩公园打太极拳的一个同伴，比我小一岁，却多才多艺，能吹几下黑管，说几句英语，写几行诗歌；此外，万更有其他人所没有的一个“条件”，在市中心独自拥有一间前厢房。这在当时的上海简直是难以想象的奢侈。不过，他与我一样，属于出身“黑五类”家庭的子女，也在里弄生产组工作。

上海里弄生产组最初是在20世纪50年代中期，由一些响应党和政府解放妇女生产力号召的家庭妇女自发组织起来的；在六七十年代，除了“解放出来的”家庭妇女，还容纳了一些病休在家而不能去上山下乡的知识青年。里弄生产组的条件自然不能与国有企业相比，工资待遇极差，仅仅七角钱一天，也没有医保，处在社会的底层。

尽管这是一个在“灵魂深处爆发革命”的年代，上海人在生活中还是很讲现实的。在生产组工作的男青年一般都找不到女朋友。说到底，经济基础决定上层建筑，这是马克思主义的基本原理之一。于是，我也只能像沙漠中的鸵鸟一样，一头扎进书和幻想里。

我们一起去外滩公园的两三个星期后，我就放弃了练太极拳，开始学英语。在公园的板凳上，在一本袖珍版的英美诗选中，我第一次读到了英国现代诗人路易斯·麦克尼斯（Louis MacNeice）的一首爱情诗，题为《花园中的阳光》。

花园中的阳光 / 渐渐硬了、冷了，/ 在金子织成的网中，/ 我们捕捉不住那分分秒秒，/ 当一切都已说清，/ 我们无法乞求原谅。// 我们的自由像自由的矛，/ 投出去，飞向终点；/ 大地逼迫，诗行以及 / 麻雀都纷纷坠落地面，/ 哦我的伙伴，很快 / 我们将没有时间舞蹈。// 天空让你高高飞起，/ 挑战教堂的钟声，/ 以及每一处邪恶的 / 汽笛警报所传达的内容：/ 大地逼迫不停，/ 我们要死了，埃及，要死了。// 再不期望什么原谅，/ 心又一次硬了、裂了，/ 但还乐意与你——在雷电中，/ 在暴雨下，坐在一起，/ 而且充满感激，/ 因为花园中的阳光。

初读时，我并不太理解这首诗，但原文中低回的节奏充满音乐性，抑扬格与扬抑格的交错运用，再加上朦胧、含混的意境，却给我留下了很深的印象——或许多少是因为自己当时还没有类似的经验，或许也有自己“捕捉不住那分分秒秒”的遗憾。

不过，万却是捕捉到了属于他的“分分秒秒”。他有了一个女朋友——雁——与他一起坐在外滩公园绿色的长凳上，仿佛“在金子织成的网中”。雁长得苗条、俊秀，拉小提琴，也喜欢诗和翻译小说，还有一个政治上很红的家庭背景。她在幼儿园当老师，属于大集体编制，各方面的条件都要比里弄生产组好很多。她无视 20 世纪 70 年代的现实和家人的反对，与他恋爱了——“在雷电中，在暴雨下”。

过了一阵子，万要我去听一场家庭音乐会，就在他那间前厢房里，曲目是《世世代代铭记毛主席的恩情》。他与几个友人为曲子重新编配了乐器，他吹黑管，她拉小提琴。那是一个到处响着颂歌的年代，对我来说，这些颂歌更多是政治宣传，从未想到要把它们真正作为音乐来欣赏。那一个下午，我却深深感受到了艺术的惊艳。不仅仅因为音乐，更因为演奏音乐的人。一个个音符在雁的纤秀的指间像午后的阳光那样倾泻出来，跳动着金子般闪亮的欢乐，让我第一次置身于象征主义诗歌所讲的朦胧甚至是超验的彼岸。

出乎意外，这对恋人在那场音乐会后闹起了矛盾，嚷着要分手。朋友们纷纷劝解，我也加入其中。雁似乎已下了决心，不过她告诉我，想到与万在一起度过的时光，她心中依然无悔，更对属于他们共同的日子充满了感激。这自然让我想到了麦克尼斯的那首诗，还心血来潮地为她背诵了几行。可不到一个星期，他们又和好如初了。

甚至就在“文革”那些岁月里，青春和生活中还是有着一些像诗一样美好的东西，我这样想，就像万和雁的故事。

1976 年“文革”结束，1978 年全国恢复高考，我先考入华东师大，翌年再考入中国社会科学院研究生院，那一年，万也考入了上海师大；我去北京读研究生，临行，万和雁送了我一张他们俩在外滩的合影。这张照片夹在了我常用的一本词典里，让我带到了中国社科院研究生院。那里，我开始试着翻译一些诗歌，一个同学在我打开的词典中见到这张照片，眼中掠过狡黠的一闪，呵呵笑着说，可惜名花已经有主了。这自然是无的放矢。

在北京的日子相当忙。我在卞之琳先生指导下学习西方现代主义诗歌，生吞活剥一本本大部头理论著作，同时自己也开始创作并翻译一些诗。一次，王佐良先生与我谈起他想编译一本英国诗选的计划，要我推荐几个诗人，我提了四五个名字，其中有麦克尼斯。那时我已经读了他不少的诗，特别欣赏他把现代感性与传统抒情糅合起来的努力。麦克尼斯不像浪漫主义诗人那样，动辄就动情、滥情得忘乎所以，即使在他抒情最高潮的时刻，仍保留着一种现代主义清醒的反嘲与低沉。如在《花园中的阳光》那首诗中，“我们要死了，埃及，要死了”一行，引自莎士比亚《安东尼和克里奥帕特拉》，凸突的互文性技巧运用，把个人的悲剧推到一个普遍存在的高度。王佐良先生选了几首要我译，包括了《花园中的阳光》。记得那首译诗先是发在一本刊物上，我特地签了名，给万和雁寄了一本，虽然我并不知道雁是否还记得，这首诗我几年前曾书生气十足地给她念过；译诗后来也收入了中国青年出版社编的《欧美现代派诗集》中。

20 世纪 80 年代初，我从北京分配回上海社会科学院文学研究所工作时，万和雁已经成家了。万分配在一个外贸进出口公司工作，雁还在原来的幼儿园上班，但好像不怎么拉琴了。她太忙了，成天像捧一束花似的捧着他们的家。我偶尔还会去他们那儿去坐一坐，雁是个很会招待人的年轻主妇，也善解人意。

其间，我自己的个人生活出现了波折。这一次是轮到雁来阁楼里安慰我了。那一天下午她谈了很多，谈到了诗，也有一次让我想到了麦克尼斯的《花园中的阳光》。生活常常充满了阳错阴差的无奈、嘲讽。好几年了，似乎还有什么东西在记忆中遥遥呼应。

我没有给雁看我模仿《花园中的阳光》写成的一首诗，诗的名字是“也许”，与我自己的经历有关。诗中有这样两节：“硬了，冷了花园中的阳光，/ 我们不能把灿烂的幻想，/ 放在精致的邮票本中收藏，/ 得抓紧盖上邮戳寄出，/ 时间不会原谅。// 纵然什么都不用再想，/ 心也被胶水粘得闪亮，/ 但这一刻还愿在你的身旁，/ 看风筝飘失在渐暗的远方。”

那一阵子，我经常给一位远方的朋友写长长的信，等回信，久久地等，因此邮票、邮戳、胶水等都成了生活中信手拈来的意象；也闭门看存在主义，又觉得时间不会原谅，人因此不得不做出这种或那种选择，更要对此负责。不过，这样的存在难免显得太哲学、太枯燥了一些，还是需要有一点自欺欺人的诗意，纵然如奥登所说的那样，诗并不能使任何事情发生或改变。

80 年代末，万被他的单位公派到中国驻法国使馆工作，接着雁也去了巴黎，与万在一起。我去了美国，在圣路易华盛顿大学做福特访问学者，因为那一个夏天所发生的一切，我只能改变计划，开始在那里读起了比较文学的博士课程。万听说也离开了使馆，自费在巴黎读企业管理。没有雁的消息，但我想她一定是在万的身边陪读，捧着他们的家，像一朵绽放得更绚丽的花。只是我们各自都太忙了，顾不上写信，在没有电子邮件和微信的年代，要保持联系并不太容易，时间一长，也就渐渐失去了音信。

不过，我还是常常会想到他们，尤其是在读麦克尼斯的诗的时候。华盛顿大学图书馆资料丰富，一本本诗集找起来也方便。那时除了他的作品，我还看了一些关于他的传记材料。麦克尼斯写《花园中的阳光》的时候，其实正经历他个人生活中的危机。妻子玛丽·埃兹拉的婚变对他打击很大，但他努力使自己接受这一难以接受的事实，写下了这首哀而不伤的诗，甚至为他们曾一起度过的时光表示了感激之意。

只是那些日子里我真正能读诗、写诗的时间其实并不多。华盛顿大学博士学位有规定的必修课程，要努力完成这些学分之外，我还兼了两份工。一份是在西格玛化学试剂公司，我负责输入寄往中国的产品目录上的姓名地址；另一份是在大学的学生活动中心值夜班，一直要到他们的聚会活动完了后才能离开。一次结束时已近凌晨两点，我独自在哆嗦的星光下走回家，仿佛突然听到背后麦克尼斯的脚步声，一瞬间，星光也像在他诗中一样硬了、冷了……我开始对他作品中的挫折感有了一种新的理解。他本来有可能成为超一流的诗人，却因为各种繁重而琐碎的工作，无法全力以赴写作。他自己不会不认识到这一点，他的诗也因此受到影响。英美新批评派主张把诗与诗人分开来，但实际上是很难彻底分开的。

当然，用读者反应的理论来说，也可以说随着读者自身的经历变化，对作品的理解也相应地会变。“大地逼迫，诗行以及 / 麻雀都纷纷坠落地面，/ 哦我的伙伴，很快 / 我们将没有时间舞蹈。”没多久，因为开始写博士论文，我还真忙得连读诗的时间都快没有了。不过，我还是把这首仿麦克尼斯的诗又修改了一遍；严力当时正在纽约办《一行》诗刊，来信索稿，我就把《也许》寄过去，由他发表了出来。

因为博士论文以及其他种种因素，我一直要到 20 世纪 90 年代中期，才得以第一次回国。意外地听说万已在上海经商，我们联系上了，约在南京路新雅饭店见面。远在“海归”这个新名词出现之前，万已是一个成功的“海归”了，开了一家外贸公司，长年驻扎在上海，做起了服装进出口生意。雁却滞留在巴黎，只身一人。没等我开口问，万就坦承说他与雁之间出现了一些问题，过失在他，只因为“在花都太花心了”。他并未试图为自己做任何辩解，反而得意地说起了他在国内与好几个女孩子的风流逸事。毕竟，一切都是可以想象的，凭他现在的资产和身份。在我们的餐桌上，久违了的蚝油牛肉与烟熏鲳鱼依然那样美味可口，我仿佛是在听一个陌生人在讲一个难以相信的故事。

饭后，万坚持要带我去对面的东亚饭店 KTV 包厢尽兴，打电话找来了两个陪唱的女孩子。我本来就不怎么熟悉流行歌，在老歌目录上找了半天，居然翻到了那首《世世代代铭记毛主席的恩情》。那两个陪唱的女孩子像发现一块恐龙化石似的瞪着我。我其实没有什么特别意思，只是在灯光暗淡包厢里，想到了雁……

想到在圣路易斯，《未央歌》的作者鹿桥有一次跟我聊天，说他绝不会原谅他的朋友，也是《未央歌》中的一个人物，因为他在多年后获悉，这位朋友与他的妻子，小说中的另一个人物，在大陆离婚了。在《未央歌》中，也在鹿桥的个人记忆中，他们是一对这样完美的爱侣，成了他青年时代浪漫主义幻想的化身。鹿桥如是说，或许与他自己无可挑剔的生平经历有关，但并不见得每个人都能这样说。有这样一句英国俗语，住玻璃房子中的人别往外扔石子。我不想，也不能去做什么道德意义上的判断，只是我有时还不禁要打打记忆的水漂，像在 KTV 包间的那个晚上。

那天夜里回到和平饭店，我在窗子旁伫立了好一会儿。浦西和浦东，新的和旧的高楼上霓虹灯灿烂，像一支狂想曲似的向江中投影，不远处，外滩公园也在闪烁，像依然充满往昔的梦幻。“昨天流失了像是醉于水 / 过去流失了 / 回忆仍迂回 / 此刻正溶去古老的清辉。”那还是在 70 年代初，我刚认识万与雁时写的一首诗中的一节，但是不是与他们有关系，我记不清了。

我也不知道万是否还记得在他的前厢房里那次家庭音乐会中所演奏的曲子。

也就是从 90 年代中期起，我开始有较多的机会回国，看到国内的种种变迁，沧海桑田，想写些什么，又觉得更适宜个人抒情的诗较难描述急剧转型中的时代，就动手写一本名为《红英之死》的小说。

其间来来去去，与万又匆匆见了几次面，倒是没再去过 KTV 之类的场所。也一次都没见到雁。

又过了一些年，我和妻子去巴黎为我小说的法文版做宣传促销。行前，我问万要了雁的联系方式，万支支吾吾了一通后，说我其实是偏向雁，但最后还是把她的电话号码给了我。

到巴黎后，我第一件事就是与雁通电话。

第二天一早她就来到了我们住在圣日耳曼区的旅馆。雁变化不大，还能见到当年的清秀、妩媚，打扮得甚至更时髦了一些。她是由一个叫大卫的中年男子开着一辆奔驰送她过来的，他们陪我们在巴黎兜了半天。

从凯旋门上走下，步行转入香丽舍榭大道时，雁开始轻声给我讲述她这些年的故事，也包括身边的大卫在其中的角色。如万在新雅饭店中所说的那样，他的“花心”使他们的婚姻出现了问题，导致了在巴黎与上海的两地分居。他们的关系倒还维持着，万给她买了一套小公寓，在离埃菲尔铁塔不远的地方，每年他都会因为生意回法国一两次，在巴黎时还是与雁住在一起。至于身边的大卫，她说对他其实没什么感情，却并没有说他们怎样走到了一起。不过，万在上海的时候，是大卫在她身边，同住在那个离埃菲尔铁塔不远的小公寓里。

也许，她孤身独处巴黎，需要有一个人在她身边；也许，她最初只是想要报复万；也许，这是巴黎式的浪漫片段，她看法国小说看得太多了；也许，她知道我与万仍有来往，这只是说给我听的一个故事；也许，她别无选择，得有自己的一个孩子——她与大卫有一个可爱的儿子……

尽管发生了这一切，她幽幽地说：“将来叶落归根，还是要回上海去，要与万在一起。”

也许，这是一个讲得太匆忙的故事，其中省去了许多必要的连接，在似乎熟悉却又陌生的香丽舍榭大道上，我不可能完全理解，只是依稀明白了，她为什么这几年都没有回中国。

这不是我当年所熟悉的故事的继续，也不是我记忆中的雁；至于万，新的记忆早已取代了旧的记忆。

晚上，回到在圣日曼区的旅馆，我独自又走了出去。在塞纳河畔漫步了很长时间。麦克尼斯的诗又浮了上来，漂在记忆的暗淡水面。一支歌，一首诗，有时会悄悄地跟踪一个人，在意想不到的时间与地点出现，使人不能自已。

河畔夜色中的人影开始稀少，我又想到，《花园中的阳光》其实不仅仅围绕着麦克尼斯的个人经历展开，同时更带有普遍性的象征意义。在经历了种种激情与努力之后，结果可能还是无可奈何的挫折。在存在主义的意义上，这种无奈也可以视作一种生存本质。就像神话中西绪福斯的荒谬不断重复，就像标枪激情地投出去，总要到达终点，坠落在地。

从巴黎回到圣路易斯，我于是又写了模仿麦克尼斯的一首诗，标题是《舞蹈与舞者》：

落日熔金，/我们无法从古老的花园里/采撷灿烂的幻想，/来放入相册中收藏，/还是得选定自己的剧本，/要不时间就不会原谅。//能说的一切都已说了，/我们其实难以分辨/什么是问题、是答案。/让我们忘乎所以的/究竟是舞蹈/还是舞者翩翩？//悲哀再不感到悲哀。/心，又一次硬了，/再不期待理解的闪亮，/但还是充满了感激：/因为曾与你坐在一起，/当花园中消逝着阳光。

我把这首诗放进了陈探长小说系列中的一本，《忠字舞者》。诗中的舞者是小说中的一个人物，在“文革”的激情岁月里跳起了忠字舞，在她的仰慕者的心目中，舞蹈与舞者交织在一起，充满了理想的夺目光彩。只是岁月流逝，物是人非，“无可奈何花落去，似曾相识燕归来”。尽管他们还是感怀着一段共同的过去，最终却不得不在各自的生活中选定自己的剧本。

雁和万，恐怕也都是如此；他们必须做出他们的选择，时间不会原谅。从70年代初的外滩公园一路走来，诗，还有我们，都已经走得很远了。可是“曾与你在一起”，今天的剧本里也许依然有着昨天的回响，也许还“期待理解的闪亮”，至少我这样希望着、期待着……

……这样希望着，一些年又在期待中过去了。

万和雁的故事还在继续。有时，一个故事的开始是如此精彩，你甚至祈愿，“哦，这就是全部的故事了”，就像奥赛罗在苔丝狄蒙娜坐船到达他身边前所盼望的那样。

可是，谁又能说这就是全部的故事了？日子还是要继续过下去。马修·阿诺德在《多佛海滩》中写着：“（这世界）事实上，没有爱、光明、欢乐、肯定、和平，以及给予痛苦的救援。”

于是，我们不能说的一切只能在沉默中略过。

我没怎么读懂维特根斯坦，却越来越喜欢引用他这句名言。

在一本又一本的陈探长推理小说中，我的主人公陷入一次又一次的幻灭，生活中能找到的诗意似乎越来越少，“雁背夕阳红欲暮，人如风后入江云……”虽然为了小说宣传、签售，我几乎每年还都得去巴黎。

可就是在巴黎，我也没与雁有什么联系。我们再不像电影《卡萨布兰卡》中的主人公，能那样充满希望地说：“我们还有巴黎。”

意外地，在我朋友傅好文（Howard French）的一幅摄影作品中，我又感到了最初读麦克尼斯的《花园中的阳光》的冲动。

傅好文是《纽约时报》驻上海记者站主任，可他对上海的独特情结不仅仅反映在他的一篇篇文字报道中，也反映在他在业余时间为这个变迁中的城市所拍摄的照片中。在他的摄影作品中，我看到了一个我曾熟悉的，但又在无可奈何地消逝的上海。他要我为他的摄影作品配诗，我们合作出版了一本英文版的摄影诗歌集子，书名就是《消逝中的上海》。

傅好文的照片中让我又想到麦克尼斯的《花园中的阳光》的那一张，摄的是国内现在流行的广场舞。背景应该是在人民广场的一角，透过围观的人群还可以看到星巴克的标志，傅好文在这里聚焦的与他集子中的大多数照片形成反差，是这一刻的新上海。不过，镜头里的两个中心人物似乎还真是从消逝中的上海走来的，都不再年轻了，但他们还是像往日一样充满温情地相互注视，在一曲舞中搂住对方，攥住那正属于他们的分分秒秒。

我配的诗，标题是《人民广场上的舞者》，也许只能说是那首较早写成的《舞蹈与舞者》的变奏，但我自己还是喜欢的：

落日熔金，/我们无法从时髦的广场里/采撷灿烂的幻想，/再放入老相册中收藏。/让我们选一首曲子，祈祷/时间这一手玩得公正、漂亮。//当乐曲奏到了尽头，/我们其实难以分辨/什么是问题，什么是答案。/使我们旋转得忘乎所以的/究竟是舞蹈，/还是舞者翩翩？//悲哀再不感到悲哀。/心，又一次装修完毕，/在墨镜的闪亮后躲藏，/但还是欣慰、感激：/因为曾与你舞在一起，/当广场上消逝着阳光。

傅好文也特别喜欢这首诗。他向我要了诗的中译文，说他很感动，也要给他一位亲爱的朋友看。他这样说着，眼中闪烁着狡黠，可这其实不是一个关于我的故事。在这首诗的背后所发生的一切，我犹豫着没告诉他。

接着，我开始考虑要把这个故事完完整整写出来。

原载《上海书评》2018 年 12 月 22 日

【主编者言】作为一个小说家，对两个前辈作家的评说简单而实在，不必有理论家、批评家的恢宏气势。我们见识了太多的高头讲章，读作者这种感性直击和率性褒贬别有情趣。

听林斤澜说汪曾祺

刘庆邦

一转眼，林斤澜离开我们已经十年了。

四年前，我写过一篇文章《北京作家终身成就奖，评浩然还是林斤澜》。文章里说到，那届终身成就奖的候选人有两个，浩然和林斤澜，二者只能选其一。史铁生、刘恒、曹文轩和我等十几个评委经过讨论和争论，最后以无记名投票方式，把奖评给了林斤澜。

北京有那么多成就卓著的老作家，能获奖不易。我知道林斤澜对这个奖是在意的，获奖之后我问他："林老，得了终身成就奖您是不是很高兴？"话一出口，我就意识到问得有些笨，让林老不好回答。果然，林老哈哈哈地笑了起来。正笑着，他又突然严肃起来，说那当然，那当然。他不说他自己，却说开了评委，说你看哪个评委不是厉害角色呀！

林斤澜和汪曾祺被文学评论界并称为文坛双璧，一个是林璧，一个是汪璧。既然是双璧，其价值应当旗鼓相当，交相辉映。而实际情况不是这样。相比之下，汪璧一直在大放光彩，广受青睐。林璧似乎有些黯淡，较少被人提及。或者说汪曾祺生前身后都很热闹，自称为"汪迷"和"汪粉"的读者不计其数。林斤澜生前身后都是寂寞的，反正我从没听说过一个"林迷"和"林粉"。

这怨不得别人，要怨的话只能怨林斤澜自己，谁让他把小说写得那么难懂呢！且不说别人了，林斤澜的一些小说，比如矮凳桥系列小说，连汪曾祺都说：“我觉得不大看得明白，也没有读出好来。”因为要参加林斤澜的作品讨论会，汪曾祺只好下决心，推开别的事，集中精力，读林斤澜的小说，一连读了四天。“读到第四天，我好像有点明白了，而且也读出好来了。”像汪曾祺这样通今博古、极其灵透的人，读林斤澜的小说都如此费劲，一般的读者只能望而却步。任何文本只有通过阅读才能实现其价值，读者读不懂，不愿读，价值就无法实现。关于“不懂”这个问题一直困扰着林斤澜，他好像也为此有些苦恼。他说：“汪曾祺的小说那么多读者，我的小说人家怎么说看不懂呢！”有一次林斤澜参加我的作品讨论会，他在会上也说过类似的话，他说：“庆邦的小说有那么多读者喜欢，让人羡慕。我的小说，哎呀，他们老是说看不懂，真没办法！”

林斤澜知道自己的小说难懂，而且知道现在的读者普遍缺乏阅读耐心，他会不会做出妥协，迎合一下读者，把小说写得易懂一些呢？不会的，要是那样的话，林斤澜就不是林斤澜了，他我行我素，该怎么写还怎么写。关于“不懂”，林斤澜与市文联某领导有过一段颇有意思的对话，他把这段对话写在《林斤澜小说经典》的《序言》里了。领导：“我看了你几篇东西，不大懂。总要先叫人懂才好吧。”林：“我自己也不大懂，怎么好叫人懂。”领导：“自己也不懂，写它干什么！”林：“自己也懂了，写它干什么！”听听，在这种让人费解的对话里，就可以听出林斤澜的执拗。有朋友悄悄对我说，林斤澜的小说写得难懂是故意为之，他就是在人为设置阅读障碍。这样的说法让我吃惊不小，又要写，写了又让人摸不着头脑，这是何苦呢！后来看到冰心先生对林斤澜小说的评价，说林斤澜的小说是“努力出棱，有心作杰”，话里似乎也有这个意思，说林斤澜是在有意追求曲高和杰出。

静下心来，结合自己的创作想一想，我想到了，要把小说写得好懂是容易的，要把小说写得难懂就难了。换句话说，把小说写得难懂是一种本事，是一种特殊的才能，不是谁想写得难懂就能做到的。如愚之辈，我也想把小说写得不那么好懂一些呢！可是不行，读者一看我的小说就懂了，我想藏点什么都藏不住。在文艺创作方面，恩格斯有一句名言：“对于艺术品来说，作者的倾向越隐蔽则越好。”对于这一点，很多作家都做不到，连林斤澜的好朋友汪曾祺都做不到，林斤澜却做到了。他在中国文坛的独树一帜就在这里。

林斤澜老师的女儿在北京郊区密云为林老买了一套房子，我也在密云买了一套房子，我们住在同一个小区。有一段时间，我几乎每天早上陪林老去密云水库边散步，林老跟我说的话就多一些。林老说，他的小说还是有人懂的。他随口跟我说了几个人，我记得有茅盾、孙犁、王蒙、从维熙、刘心武、孙郁等。他说茅盾在当《人民文学》主编时，主张多发他的小说，发了一篇又一篇，就把他发成了一个作家。孙犁先生对他的评论是：“我深切感到，斤澜是一位严肃的作家，他是真正有所探索、有所主张、有所向往的。他的门口，没有多少吹鼓手，也没有那么多轿夫吧。他的作品，如果放在大观园，他不是怡红院，更不是梨香院，而是栊翠庵，有点冷冷清清的味道，但这里确确实实储藏了不少真正的艺术品。”林老提到的几位作家，对林斤澜的人品和作品都有中肯的评价，这里就不再一一引述了。林老的意思是，对他的作品懂了就好，懂了不一定非要说出来，说出来不见得就好。林老还认为，知音是难求的，几乎是命定的。该是你的知音，心灵一定会相遇；不该是你的知音，怎么求都是无用的。

林斤澜跟我说得最多的是汪曾祺。林斤澜认为汪曾祺的名气过于大了，大过了他的创作实绩。汪曾祺是沈从文的学生，沈从文对汪曾祺是看好的。但汪曾祺的创作远远没有达到沈从文的创作成就和创作水准，无论是数量，还是质量，与沈从文相比都不可同日而语。沈从文除了写有大量的短篇小说、散文和文论，还写有中篇小说《边城》和长篇小说《长河》。而汪曾祺只写有少量的短篇小说和散文，没写过中篇小说，亦自称“不知长篇小说为何物”。沈从文的创作内涵是丰富的，复杂的，深刻的。拿对人性的挖掘来说，沈从文既写了人性的善，还写了人性的恶。而汪曾祺的创作内涵要简单得多，也浅显得多，对人性的多面性缺少深入的挖掘。汪曾祺的小说读起来和谐是和谐了，美是美了，但对现实生活缺乏反思、质疑和批判，有“把玩”心态，显得过于闲适。有些年轻作者一味模仿汪曾祺的写法，不见得是什么好事。林斤澜对我说，其实汪曾祺并不喜欢年轻人跟着他的路子走，说如果年纪轻轻就写得这么冲淡、平和，到老了还怎么写！林老这么说，让我想起在1996年底的第五次作家代表大会上，当林老把我介绍给汪老时，汪老上来就对我说："你就按《走窑汉》的路子走，我看挺好。"林斤澜分析了汪曾祺之所以写得少，后来甚至难以为继的原因，是因为汪曾祺受到了散文化小说的局限，说他是得于散文化，也失于散文化。说他得于散文化，是他写得比较散淡、自由、诗化，达到了一种"苦心经营"的随意境界。说他失于散文化呢，是因为散文写作的资源有限，散文化小说的资源同样有限。小说是想象的产物，其本质是虚构。不能说汪曾祺的散文化小说里没有想象和虚构的成分，但他的小说一般来说都有真实的情节、细节和人物做底子，没有真实的底子做依托，他的小说飞起来就难了，只能就近就地取材，越写越实。林斤澜举了一个例子，说汪曾祺晚年写过一篇很短的小说《小芳》，小说所写的安徽保姆的故事，就是以他家的保姆为原型。从内容上看，已基本上不是小说，而是散文。小说写出后，不用别人说，汪曾祺的孩子看了就很不满意，说写的什么呀，一点儿灵气都没有，不要拿出去发表。孩子这样说是爱护老头儿的意思。可汪曾祺听了孩子的话有些生气，他说他就是故意这样写。汪曾祺的名气在那里摆着，他的这篇小说不仅在《中国作家》杂志发表了，还得了年度奖呢。

林斤澜最有不同看法的，是汪曾祺对一些《聊斋志异》故事的改写。林斤澜的话说得有些激烈，他说汪曾祺没什么可写了，就炒人家蒲松龄的冷饭。没什么可写的，不写就是了。改写人家的东西，只是变变语言而已，说是"聊斋新义"，又变不出什么新意来，有什么意思呢！这样的重写，换了另外一个人，杂志是不会采用的。因为是汪曾祺重写的，《北京文学》和《上海文学》都发表过。这对刊物的版面和读者的时间都是一种浪费。

另外，林斤澜对汪曾祺的处世哲学和处世态度也不太认同。汪曾祺说自己是"逆来顺受，随遇而安"。林斤澜说自己可能修炼不够，汪曾祺能做到的，他做不到。逆来了，他也知道反抗不过，但他不愿顺受，只能是无奈。随遇他也做不到而安，也只能是无奈。无奈复无奈，他说人生本来就是一场无奈嘛，既无奈生，也无奈死。

林斤澜愿意承认我是他的学生，他对我多有栽培和提携。我也愿意承认他是我的恩师，他多次评论过我的小说，还为我的短篇小说集写过序。但实在说来，我并不是一个好学生，因为我不爱读他的小说。他至少给我签名送过两本他的小说集，我看了三几篇就不再看了。我认为他的小说写得过于雕，过于琢，过于紧，过于硬，理性大于感性，批判大于审美，风骨大于风情，不够放松，不够自由，也不够自然。我不隐瞒我的观点，当着林斤澜的面，我就说过我不喜欢读他的小说，读起来太吃力。我见林斤澜似乎有些沉默，我又说我喜欢读他的文论。林斤澜这才说，可以理解。

同样是当着林斤澜的面，我说我喜欢读汪曾祺的小说。汪曾祺送给我的小说集，上面写的是“庆邦兄指正”，我读得津津有味，一篇不落。因汪曾祺的小说写得太少，不够读，我就往上追溯，读沈从文的作品。我买了沈从文的文集，一本一本反复研读，从中学到了很多东西。有人问我，最爱读哪些中国作家的作品？我说第一是曹雪芹，第二是沈从文。

原载《文汇报》副刊“笔会”2019 年 4 月 11 日

【主编者言】作者是文学教授，是“天天与文字打交道的人”，因而自信对好文章有一种职业的敏感。他对一个山野女子的文字以至人生有高度认可，自然引来关注的目光。

讲故事的人

——桃花源里张小砚

傅修延

在《讲故事的人》一文中，本雅明把讲故事的人分为水手型与农夫型——前者漂洋过海见多识广，后者谙熟本乡本土的掌故历史。张小砚作为讲故事的人，似乎是集水手型和农夫型于一身：她那些反映自己走南闯北经历的书与文章，在全国各地拥有数量惊人的读者（天涯网上点击率逾两千万）；这些年她又在庐山脚下种稻酿酒，过起了一手拿笔一手拿锄的桃花源生活。

我认识小砚也是缘于自己的“农夫”经历。我是1968年下放劳改农场的知青，2018年农场老友为50周年纪念活动撰写回忆文章，其间有人发来一篇《薄酒祭故人》，内容涉及同为劳改单位的芙蓉农场，我读后的第一反应是此人的文笔好生了得，芙蓉农场的知青中竟有这等人物！一晃到了2019年，这篇文章又在微信中露面，我立即用“知青忆旧文章”名义加以转发，并向万能的朋友圈求助作者身份。很快一位摄影师朋友帮我加了小砚微信，我才知道自己闹了场乌龙——小砚从年龄上说是我们的下一代。

我是天天与文字打交道的人，虽然自己的文笔不怎么样，对好文章却有一种职业的敏感，说得夸张点就像《聊斋·司文郎》中那位盲僧，用鼻子嗅嗅就能分辨文字的优劣。读罢小砚公众号中的文章，我感到作者的写作才能只能用

“祖师爷赏饭吃”（戏曲行当指与生俱来的好嗓子）来解释。有人天生就是为写作而来到人间，他们无须接受什么学院派的文学教育——这种教育有时候还会坏事，仅凭自己的天赋与无师自通的学习，小小年纪便摸索到了运用文字的诀窍。在中文系里待了几十年，我的一大体会是把文字连缀成句绝非易事，许多人一辈子也不懂如何微妙而又恰当地表达，讲故事更是一门人人都会但只有极少人能窥其堂奥的学问。

小砚的文字大部分平易晓畅，灵动处如天孙织锦，洒脱起来又像天马行空，有时候甚至是肆无忌惮儿童不宜。她讲述的一个个故事带有浓郁的草根气息与人间烟火味，充满生趣、活力与喜感，有时候还有出人意料的情节转圜。我最感兴趣的是她笔下的世界与人物——我把塑造什么样的世界与人物当作检验故事讲述水平的首要标准，桃花源表面上看像是普普通通的乡村，那里水在流花在开酒在酿，却古灵精怪地总有一些匪夷所思的事件发生，就连猫狗蛤蟆之类都有成妖作祟的架势。她的许多人物明明生活在当下，却遵循古代贤人、隐士、游侠和逐客的行为规则，酒坊等处因此成为与现实迥然有别，独具自身逻辑的另一种“可能的世界”（possible world）。这些人物或有某种经历不堪回首，或受重大委屈无处疗伤，或抱昆山之玉无处进献，其中还有不少老弱无助，最需要但又得不到社会扶持的人。小砚对贩夫走卒、引车卖浆者流有种引为同类的同情，对苦难经历和受难之人有份发自内心的尊重，她的人物虽日暮途穷仍努力活出人的尊严，虽捶管至死仍用最后一丝气力在挣扎，虽势单力薄仍不忘对他人施以援手。她在民间与基层有那么多粉丝与拥趸，与其“仗义每多屠狗辈”的价值观不无关系。我想她能那么爽快地加我微信，也是因为我曾经待过劳改农场，还有就是她不惮与年长她许多的人沟通，这在一些年轻作家那里是做不到的事情。

我不知道怎样来为小砚的写作加油，理论化的语言在这种时候总嫌苍白无力，还是来讲一个俄国文学史上的小故事吧。陀思妥耶夫斯基出道前以小说《穷人》的手稿投石问路，涅克拉索夫流着眼泪连夜读完，凌晨四点去陀家敲门祝贺，两人又是拥抱又是亲吻。当天涅克拉索夫将手稿交给俄罗斯最有影响的大批评家别林斯基，进门时涅喊道“新的果戈理出现了”，别林斯基听后不以为意:“你以为果戈理会像蘑菇一样长得那么快呀！”但他读完手稿后也十分激动，不仅承认作者是“新的果戈理”，而且迫不及待地要求会见。见面时别林斯基高度赞扬了陀思妥耶夫斯基的创作艺术，他对年轻的作者说：你知道你写出了什么东西吗？不，你以你二十几岁的年纪，不可能知道！接下来他庄严地宣告：“你是位艺术家，真理已对您展现和宣告，像天赋一般落在您的身上，您得珍重自己的天赋，对它忠诚不渝，您就会成为一位伟大的作家。”以小砚的山野性格，别林斯基这样的俄国佬恐怕入不了她的法眼，况且以山中酿酒师自命的她也未必想过要成为什么“伟大的作家”，但我希望她能把“珍重自己的天赋”这句话听进去，讲这个故事就是为了这句话，陀思妥耶夫斯基本人便把这句话记了一辈子。

用陀思妥耶夫斯基来比喻可能有点过，然而我们这边的大作家中也不是没有人赏识小砚的才华。我特别佩服的一位曾专程去小砚家探访，并表示清闲下来要和她“比邻而居”。还有在民间拥有巨大影响的一位读小砚文章后“惊为天人”（此语夸得小砚甚为开心，立即飞奔去告诉自己的老爸），和我一样立即在朋友圈询问作者为何方神圣，相识后两人把酒论文聊了个通宵。我参加了一个因纪念已故农场诗友而建立起来的微信群（下称诗群），群中个个能诗善文，都是入得了当代《儒林外史》的人物，但读到小砚文章后无一例外表示服气。我把小砚请进诗群后，老头老太们的欢呼声简直要冲破手机屏幕。没过两天大家便嚷嚷着要去酒坊喝酒，我担心此举唐突，便在群中说老家伙当中没有坏人，就是有也过了干坏事的年纪，谁承想酒坊女主人立即表示欢迎，还狡黠地说自己也不是什么好人。我们就是这样见到了山中酿酒师，并结识了传说中的矛十八、表哥与平师傅等。远道赶来与大家会合的云尘女史如此记述那次溪水边的初见：

车程千里赴桃源，九月九日石见泉。

缓缓石桥树下横，清清溪水两重天。

几节竹管引山露，半亩野花绕门前。

青屋灰瓦少年立，酒坊门前问小砚。

有女含笑出门应，自称山中酿酒仙。

来者均为酒中客，亦酒亦诗亦疯癫。

酒未喝，茶先斟，疑似桂子落九天。

众人皆奇今日缘，始信有魅在人间。

小砚遥指妖怪图，酒酣酒醉会群贤。

山中抑或鬼风起，陶潜陆羽奈如何。

君不见表哥憨厚阿平俏，

十八般武艺个个全。

君不见昨夜矛十八弯弓射蛤蟆，

滚咒镇蛇山。

啊啊啊，噫吁嘻，

来日重赴桃花源，饮尽醇浆尽开颜。

诗中的“疑似桂子落九天”，说的是席间有几朵桂花缓缓飘落到我们的茶杯边，杯中之水来自茶圣陆羽亲自评定的天下第一泉——谷帘泉，桃花源中的大自然就是这样介入了宾主双方的谈话。

不过偌大中国，文字和讲述都行的大有人在，善于编织自己的人生故事才是小砚的独擅胜场。现在有句流行语叫“讲好中国故事”，会不会“讲”属于技巧问题，有没有“好故事”才是关键——如果没有一个“好故事”，再会“讲”的人也是巧妇难为无米之炊。小砚对此有番“夫子自道”：“将人生当作多幕剧，预演剧本，然后将之在现实世界中呈现出来，演完一幕，随之形成文本。很难说我是个作家还是个演员，或者说，我即文本，文本即我。我创造虚幻，也创造真实。”用西方述行语言（performative language）的话来说，小砚的讲述与行动二位一体，即讲述本身构成一种行动，行动在发生当中便被讲述出来。古往今来的作者，即便是讲自己的故事也是用过去时，而身在故事进程中的小砚只有用现在进行时。既当编剧又当演员，便不能像只当编剧那样置身事外。小砚说自己是先“预演剧本”再在现实中呈现，我看她有点过于自信，因为不管是现实世界还是虚构世界，事件一旦发生便会按自己的逻辑展开，置身故事世界之中的作者不能不随波逐流。比如她去藏区是为广博见闻，但随之产生的情感纠葛不可能挥之即去，九年后康巴汉子泽让寻到桃花源里来，这样的后续事件远远超出了当初的剧情设定。不过我又觉得这一切仍在她的预期之内，或许她更想要的是这种意料之外的效果。拜现代传媒之赐，小砚把自己的人生变成了一场现场直播，她的“述行合一”上演了一幕接一幕的行动剧，令四面八方的观众目不暇接。

当今许多人抱怨日子过得寡淡乏味，小砚却总有办法卷起生活的波澜。前些年她在网上发出邀酒信，结果一千多人从各地蜂拥而来——有人乘飞机从国外来，有人骑摩托从西藏来，桃花源里一时人满为患。有个不喝酒的流浪汉来后直扎进厨房，与厮混在那里的人做出各种奇异菜式供人下酒；小砚在溪流中的石头上面支起茶炉，于是那里天天有人用铁壶煮茶给大家醒酒。那几天酒坊灶火彻夜不熄，门前篝火通宵燃烧，永远有大堆人围着篝火聊天喝酒，深更半夜还有人驾车赶到，下车后立即加入酒局。由于人来得太多，小砚便在溪边的几块大石头上摆出一坛坛酒，让大家削竹为筷围石而坐，众人喝醉了便在自带音箱的伴奏下高歌《笑傲江湖》。这种无政府主义的聚会并不像想象的那样无序，几天后酒徒们陆续离去，走时把垃圾也一并带走，门前屋后顿时又恢复了往日的清净，仿佛什么事情也未发生。如果说这场狂欢酒会是设计出来的，那么康巴汉子九年后的不期而至，给读者带来的则是一种更为深沉的情感触动。由于汉藏语音的差异，泽让把小砚的名字读成“小夜”，但他竟凭着古老的口头问路方式，千山万水一路寻访到桃花源，这中间不知道经历了多少误会与折腾。

藏人和我们不一样的地方，是相信今世缘结成来世果：因为语言和文化的隔阂，两位有情人今世难成连理，因此泽让此来是为来世——为了在下一辈子能续上这份未了之缘。泽让离开那天，酒坊门前的桃花“急急地开了”，我相信花开花落也会受人的心情左右，小砚真应该打开心扉多写几篇与泽让有关的文章。

由于在桃花源中酿酒和写作，许多人把小砚看作现代陶渊明（她也酿过酒），认为其行为是对归隐传统的继承，但我觉得她讲述的那些故事，实际上是在破除历史上桃花源叙事的幻象。在当前这个由工业文明向生态文明过渡的时代，西方人对梭罗的瓦尔登湖不胜向往，许多国人也把陶渊明笔下的桃花源当成富于诗情画意的真实所在，一些地方甚至按《桃花源记》中的描写复制出名为桃源的观光点。然而小砚讲述的那些真实故事，告诉我们不光大城市“居大不易”，远离尘嚣的桃花源里也暗藏凶险。小砚租用村民的房屋办酒坊，为此没少受当地无赖的欺负：他们不让雇来的短工给酒坊干活，宣布凡村中有的东西都不能在别处购买，甚至把酒坊从山上水源接水的竹管全部踹断。邻居聋大伯倒是在关键时刻帮了一把，但他又对小砚她们喜爱的一切美好事物——小黑狗、桃树和桐花等似乎有仇，一遇机会便对它们痛下杀手。酒坊方面也有忍无可忍的时候，小砚向我讲述了她们与村民之间的大战，那天酒坊一位师傅表现出了非凡的神勇，弓箭、弹弓和其他冷兵器也派上了用场。这些故事展示了一个真实的桃花源，也让我们对陶渊明当年的生存状况有了新的理解。当然这并不是说小砚只反映自己生活的负面，事实上作为时常躺在桥上听水声看星空的性情中人，她比任何人都更能感受田园生活的诗性，这一得天独厚的长处人人都能看出，故我不想为此多费笔墨。

任何事物都有两面。前面说到现代传媒把小砚的人生变成了现场直播，但传媒过于发达也不是好事，因为它导致了一种“景深失落”。距离之美在我们这个时代成了稀缺物质，没有了山川之隔和若隐若现，便没有了钱锺书所说的可望而不可即的“农山心境”——视频电话随时可把远方的亲友招到眼前。当一切的朦胧都变为清晰，当整个世界都摊成了没有消失点的平面，桃花源便也变得不那么像桃花源了。《桃花源记》结尾写人们再去寻访而“不复得路”，这是陶渊明关上桃花源大门的神来之笔，但小砚的酒坊就没有这样的幸运。现在许多人怀着猎奇心态去酒坊探访，有人甚至为没见着小砚而暴跳如雷，还有人把那里当作宣泄个人情绪的“树洞”。小砚说前些天一位来访者在厨房里哭，另一位在酒坊的大炕上哭，还有人拉着她问人生为什么这么难，小砚回答说大概你上辈子是道数学题。最可笑的是有人还邀请大家抽其耳光，说抽得越重越爽，于是小砚左右开弓抽了他十几个耳光（弄得后来打字都手疼），远在南昌的我们仿佛也听见了那一连串清脆的耳光声。

山上山下两个宇宙之间的纠缠，在某种程度上改变了我们的生活。诗群中每天都有与小砚有关的话题，聊天有时会持续到深夜甚至凌晨，弄得次日看微信的人惊呼“昨晚的楼好高啊”。老家伙们倚老卖老，对小砚的写作和人生做出各种指导，几位退休医生对其心脏病史进行一本正经的会诊。小砚对我们可谓推心置腹，连小时候的糗文也晒了出来，喝醉了时则是酒话连篇。她在群中经常舌战群儒，机锋所至锐不可当，分不清哪句是禅语哪句是妄语。有时候正聊得热火，忽然山那边怪叫一声说有蛇钻进了房间，于是群里一片喊打喊杀之声，还有人建议念咒驱蛇；有时候满屏都是热闹文字，冷不丁山那边发来一张灿烂星空的照片，让人顿觉透体清凉。

我对小砚了解有限，这篇文章只能围绕桃花源来写，她的其他经历（如赴汶川救灾时当山寨志愿者的“扛把子”）都暂付阙如。好在来日方长，这位故事讲述人的人生舞台上还会有更多精彩故事上演，让我们拭目以待。

原载公众号“叙事学”2019年10月13日

情怀

【主编者言】作者自少年时代起，就记住了心仪的诗人。尽管诗人的人生因诗心而起伏跌宕，但是他的诗一直在温暖并启发着读者的心。这就是诗的生命所在，是诗与社会的关系。

诗人邵燕祥

陈四益

燕祥先生是诗人——20 世纪 50 年代就是。

那时我刚读初中，在北京崇文门内船板胡同的汇文中学（后来改称北京第二十六中），是男校。附近有一所中学叫慕贞，是女校（后来改称女十三中）。两所学校都曾是教会学校，就像灯市口附近的育英（后来改称二十五中）、贝满（后来改称女十二中），一所男中、一所女中，也都曾是教会学校。男女分校，可以激励少男少女的自立与自强，也可以照顾青春期男女智力发展和身体发育的不同特点；但男女分校，对课外文体活动的开展就多有局限，所以男校女校靠近，合唱、秧歌、腰鼓一类学生社团就都有搭配了——或如谚云，“男女搭配，干活不累”。

那时，我不知道邵燕祥先生曾在船板胡同住过，在汇文中学读过；也不知道他家搬家到灯市口左近后，他还在育英读过；还不知道他这时已经进了中法大学，刚十六七岁；更不知道的是，他 1949 年前就写过小说和诗歌，而且参加了共产党领导的革命活动。用那时的说法，可算是“年轻的老革命”了，只是他还没有加入“组织”——或许是年龄所限，或许是未有机遇吧。

但是，我知道他是青年诗人。

他的诗，后来读到，都是他的人生：“太阳东，太阳西，太阳在那里？东山出，西山落，监房关住我。不能唱，不能说，心痛如刀割。铁栏杆，撞不破，光阴怎么过？”这是少年时他的生活，也是年少时他的抗争。

待到新中国到来，他那份快乐、向往，溢于言表。

> 收拾停当我的行装，马上要登程去远方。
>
> 在我将去的矿井，还只是一片荒凉。
>
> 没有的都将会有，美好的希望都不会落空。
>
> 了不起的人民！了不起的理想！

——好激动，好振奋，好向往！这就是少年时代我迷恋的诗人。

如果我知道，如果那时他还住在船板胡同，说不定我也有胆儿敲门拜访。那时年少，不知天高地厚，这种莽撞事儿是会做的。可惜他早已搬家，缘悭一面。真正见到他本人时，已是 30 年后。

在这 30 年间，我从北京回到了上海，但还不时从报刊得到他的消息。记得 1957 年的春季，他曾有一首诗发表在杭州一家文艺刊物上。

“不是乱花浅草的三月，不是桂子飘香的中秋。雨雪霏霏，冷风穿袖，湖上寻舟，船娘笑我痴兴浓于酒。”——感觉好美，好有情致！

那时，他已经加入了组织，成为无产阶级先锋队的一员。但以诗的风格言，似乎他正从模仿马雅可夫斯基的阶梯口号式朗诵诗，尝试向承继传统的中国抒情诗探索，无论平仄，无论对仗，无论造语，都有古典诗词的韵味，但又不是简单地回到古典诗词的格律。这诗的结句是“还他格律，放我歌喉”。格律要“还”，歌喉要“放”，这好像是他在诗歌写作上一种新的追求。

但是，“骤雨一霎儿价”。很快，他这样风格的诗便消失了。消失，是一种经历，是一种心境，也是一种觉醒。这首诗，在他后来的诗集、诗选中似乎都不再收入——大约也是生活的历练令他觉得这样的情致并不是也不该是他的生活，因而“悔其少作”吧。

再后来，不仅他的诗，连他的名字也在报刊上消失了——有两三年见不到他的名字。偶或见到，却是在批判的文字当中。怎么啦？那么一位热情的新中国歌手忽然失声？后来听说，他成了“右派”。他，新中国的青年歌手，一直在歌唱新的中国，新的生活——怎么会？怎么可能？！但是，他确实从我的视野里“被失踪”了。

还记得，在1949年前，燕祥先生写过这样的诗句：“从地狱出来，便不再有恐惧，如摈绝了天堂，也便永远不回去。”同旧时代、旧天堂的决裂是何等决绝！

“人世几回伤往事，山形依旧枕寒流。”——谁能料得到呢？

但他还是不时写诗，有的发表了，有的没有。后来，在他的诗选里读到写于1959年的一首《传说》，副题是“铸钟姑娘”。这是关于北京钟楼的一个传说，我少时听说过：

北京城的中轴线上——地安门北——有一座鼓楼，一座钟楼。鼓楼近地安门，钟楼稍北。过去是天天要敲，用以报时，大约有类“暮鼓晨钟”吧，但从我到北京后就没听再敲过。据说，也曾敲过，但已是我离开北京之后了。这口钟的铸成，有一段令人悲伤的传说——据说，当年铸钟时，怎么也铸不成，总要开裂。君王下令，再铸不成，钟匠就要被处死。钟匠的女儿，也有说是妻子，总之是他所爱的和爱他的女人——是铸钟的助手，得知这命令后痛不欲生。就在决定钟匠生死的最后一次浇铸，她舍身纵入铁水，以血衅钟，终于铸成。当她纵身投入铁水时，事出仓皇，钟匠急救，只抓住了一只鞋子。从此，钟楼的钟声敲响，发出的声音就是“鞋—鞋—鞋”一声声的凄凉。

燕祥先生的诗，有感而发。

忠贞的爱情使人赴汤蹈火，

不吝惜一度的生命，不再的青春。

或许，他感慨到一件功业的铸成，必然会有牺牲？或许，他感念到，一己之生命虽失，而铸钟功成？或许，他还铭记着斑驳古钟那永存的灵魂？

不尽是哀悼，也不全是感奋，而是一种感奋与悲悼并存的复杂心境：“忠贞的爱情使人赴汤蹈火，不吝惜一度的生命，不再的青春。”

他也曾是“铸钟者”，浇铸之时，只是希望这新铸的钟保持如期望的那样，始终发出嘹亮的声音。为此，他情愿付出青春、热血乃至生命。

在他被摈弃的那些年里，他经历了什么？他感受到什么？现在可以在他的回忆里找到踪迹，也可以在他的诗中寻找到微痕。但诗歌毕竟不同于叙事：“枉掷年华如废纸，又从废纸忆华年。梨枣春秋余一梦，旧时燕子奈何天。”苦恼，但不屈从；沉痛，但希望不灭。

谁追寻古老的传说的岁月，
但相信忘我的灵魂永生。
无论什么时候轻叩这座洪钟，
一声声从心坎响透天穹。

从那以后，他一直在寻找着自己的“灵魂”。这灵魂不能由人轻许，也不能等待赐予，更不可乞人馈赠。他曾经以为是自己的灵魂背离了铸钟的初衷；也曾经以为这钟声能再唤起昔日天际的嫣红；他终于从生命的洗礼中找到一颗顽强光亮的灵魂。

燕祥先生年长于我，他精神所经历的幽怨、彷徨，我虽有过类似的品尝，但远远没有他那样锥心刺骨。

一晃二十多年过去。经历过各种运动，历经过无数波折，周历了半个中国，命运又把我抛回北京，终于见到了我少时心仪的诗人。

在一次有关文艺的座谈会上，偶然、终于，见到了少年时的偶像——邵燕祥。但我见面后的第一感觉，他并非我想象中的模样。我当年心中想象的燕祥先生，是情感炽烈，意气风发，诗酒风流，狂飙突进的模样。但眼前的他，却温和内敛，柔声细语，敏于词而讷于言。他一直看着发言稿，缓缓地念，很少抬头。直到念完，才扬起头，向参会者微微一笑，似是抱歉，又似是感谢。

那天，我同先生相识，记下了他的住址。后来又在不同场合多次相见，他一直是那样谦和，那样亲切，那样内敛，但缓缓道来，时有隽语，韵味深长。我感觉，这是经历苦难后的一种淡定。因为经历得太多，所以对事、对人，司空见惯，宠辱不惊，但都有入木三分的理解与评论。

北京毕竟是文化中心，聚集着许多文化名流。

我在新华社《瞭望》月刊（后来改为周刊）工作，编务之余，也在报刊上写些杂文、随笔、寓言，有机会参加文化界的一些活动，得以同众多文化界前辈相识、请益——王朝闻、严文井、华君武、曾彦修、吴江、萧乾、丁聪、方成、吴祖光、黄苗子、黄宗江、黄永厚等，许许多多曾经高山仰止的前辈，竟然都有缘近距离接触。又因为我的一些习作，得到了前辈先生的首肯与奖掖，更得以登堂入室，聆听教诲。燕祥先生也是其中之一。他谦和平易，同他交谈，如沐春风。

有一次，同萧乾先生闲聊，他突然问我是否已参加作协？答曰，不曾。萧先生问，为什么？其实，那时我就不曾作此想。因为我是记者，总以为已经是“记协”的一员，大概不能再跨界参加“作协”了。但萧乾先生说，这没有妨碍啊。记协是团体会员，以单位加入。作协是个人会员，以单独的个体加入。你要愿意，我可以做介绍人，但要两人介绍，还得再找一位。这样，我就冒冒失失地去找燕祥先生。那时，家庭电话还很少，所以事先没能知会一声，就直闯了去，实在是很无礼的。好在邵先生谦和，邵夫人又是早年毕业于复旦大学的师姐，不以为忤。他一口答应，毫无难色。这样，邵先生就成了我加入作协的另一位介绍人。

其实，参加了作协也大抵没什么活动，但萧、邵二位前辈，愿为做介，令我铭感。

以燕祥先生论，他不是张扬之人，也不是苛责之辈，就在突然被戴上“帽子”之时，他还在桥梁工地采访，为新中国放声歌唱。许多所谓“罪行”“言论”，其实是对一些日常言谈的误读或曲解，也有的是为了自救，而对他人一些话语的变形或上纲……

只是，他变得更加沉默，更加内敛，更加谨慎。承他屡屡赠我诗作，读后令我更多感受到当年他心灵深处的孤愤、寂寞与苍凉。

雨果的《悲惨世界》，大学时代就读过，深为冉·阿让伤怀。读到燕祥先生观看《悲惨世界》电影后评论一篇影评的诗，深深为他的悲悯感动。

冉·阿让，没有把路易十六送上断头台，

也没有造路易十六的反……

他只因偷了一块面包，被判了十九年的徒刑……

仅仅因为他为饥饿的孩子们偷了一块面包，而被判十九年的苦役。

诗的最后他写道：“我要问，为什么？为什么生活曾是这样的？让我自己来回答——我们，再不要，这样的生活！”

到了我见到燕祥先生时，他已历此“一劫”，重还“人世”，精神的磨砺，使他不仅是一位出色的诗人，也是一位杰出的杂文家了。诗与杂文虽然是不同的文体，但都需要将炽热的情感化为锐利的语言。这里，且只谈诗，“杂文家邵燕祥”或可留待后叙。其实，杂文与诗都需要精练的语言和炽热的情感。他的杂文有时是散文化的诗，他的诗有时又是诗化的杂文，都是他对社会、对生活、对历史的感悟与批判——“批判”这个词，在这里已经回归本义，不再是曾经有过的那种非理性的栽赃与诬陷。

“锦瑟无端五十弦，一弦一柱思华年。庄生晓梦迷蝴蝶，望帝春心托杜鹃。”

李义山的诗句深沉含蓄。燕祥先生也有一组诗名为《五十弦》。组诗之首便引用了这两句深沉温婉的诗句。“一弦一柱”，沉郁顿挫，书写着他的心绪。

我们辜负过多少月光
空有月明如水
空有月色如霜

只剩夜凉如水
只剩心冷如霜
我们辜负过多少月光

这《五十弦》的开篇，一咏三叹，令我黯然神伤。确实，多少美好的情感，美好的友情，美好的时光，曾被我们辜负。纵然是无奈，纵然是无助，总是令人魂伤。人到晚年，经波历劫，待到一切尘埃落定，回首往事，才会感伤那已经逝去、已经失去的生活和情感——是多么可贵，又是多么可伤。

走出了
你燃烧的火焰
又浸入
你凛冽的冰水
淬火以后
我没有变成燕尾一样的利剪
偏化为剪不断理还乱的
雨丝风絮

鲁迅诗："度尽劫波兄弟在，相逢一笑泯恩仇。"从大局看，固是上善。但有许多精神与情感的创伤却很难平复——深夜扪心，那些被辜负的月光，总会如雨丝风絮，挥之不去，在心头摇漾。

这样的场景，不是语言所能完全描绘。

你从冰封的路上来
雪天的炭
而我是尘封的酒

你温我　热我　煮我
以你的火点燃我的火
我不忍见你熄灭成灰
你不忍见我横流一醉

窗上冰花如刻
斗室却如春　微醺着
感激与安慰

这种刻骨铭心的情感表述，超越了文字的功能。只有亲历过同样的场景，才能产生强烈的共鸣。当一个人在濒于绝望之时，从冰封路上走来给予你慰藉、温暖，哪怕只是一言半语、一颦一笑，都会是灵丹妙药，是苟活的力量。当然，那个从冰封路上走来的，那个能够温我、热我、煮我的，可以是一个人，也可以是一句话，一封信，甚至是一个脸色、一个微笑、一个眼神。记得“文革”时，我落入了一个莫名其妙的“小圈子”案，谁也说不清这是个什么罪名，谁也不知会如何定谳，却被无端“隔离审查”，关了“单间”。相熟的人哪怕心中同情，却无法同你亲近，路上遇见，也不过投以同情的眼神。但一位“监管”我的工宣队员，却悄悄对我说：“勿要紧张，呒啥材料，呒啥材料。”世人不知错在何处而又深陷囹圄时，一句温语，便如暖心的炉火。

燕祥先生历经的人生风雨远过于我。这时只有给他带来温暖的“雪天的炭”，才能点燃他心中的火。这样的温暖令他铭记终生。雪中送炭者谁？他没有说，恐怕只有情深义重的亲密伴侣和朋友，才会有这样的真情实意、义胆侠肝。

某年某月某日某时
某一株草花上
栖息着一只蝴蝶

人生只有一次
选择也只一次

选对可以陪伴你度过终身——不论是朋友还是恋人。

燕祥先生憧憬过最美丽的明天，也经历了最凛冽的风雨，因此才会有：

后来　生者的名单没有你
后来　死者的名单没有你……

……
难道只有在我的记忆中
才能找到你沉默的踪迹？

你的一切不幸
都是我的缘故
我仅有的幸福：
为你祝福

有一次　偶然经过渡头

我们天真地争论
河水会不会向西流

不会重复的寒暄
不会重复的聚首
不会重复的心曲
不会重复的
故作洒脱的分手

我们都不是哲人
在最世俗的生活里
忽然
你教我唱的那支歌
又倒流入心头

锦瑟无端五十弦，一弦一柱思华年。燕祥先生的这首组诗，每一个片段，都是他人生中，最值得思考、最值得追忆、最值得咏叹的刹那：他的朋辈，他的思考，他的喟叹！

好久没有读到这样的诗，令人那样毅然凛然，令人那样回肠荡气。诗中的警句令我心惊，也令我永忆。

如果不能像花一样生活
为什么要有如花的美丽
如果不曾像花一样生活
为什么要有关于花的记忆

很久没有读现代的诗作了，总觉得新诗缺少一咏三叹的魅力。但邵燕祥先生这组由55首诗组成的《五十弦》，却让我击节咏叹，反复品忆，对新诗的再起，倍增信心，倍添兴趣。诗，可以兴、可以观、可以群、可以怨。曾有很长一段时间，我以为这“兴观群怨”，或许很难在新诗再现。但读邵燕祥先生的诗，许多在我国诗史中曾令我击节赞叹的篇章，在他的新诗中再现，那艳丽，那韵味，那深沉，那令人击节的妙辞隽语，令我觉得毫不逊于前人。

行年八十，我曾经发誓只读古典诗词，以为新诗不会有那种让人击节咏叹、荡气回肠的魅力。但邵燕祥先生的新诗，却让我重新回到新诗的案头。

原载《随笔》2019年第2期

【主编者言】黄永玉多故事，其中不少是趣事，被广泛传扬。所以这样的文章题目也就很容易被归入此类。作者其实很文学地写他，侧写他的生活、他的心境，写他的艺术态度。

黄永玉“开牛顿先生玩笑”

陈履生

艺术家的劳作很重要。没有劳作，就没有收获。

年轻的时候，大家都很努力，都是没日没夜。正好像大学的同学，一个班的同学数量不等，有多有少，但年龄相仿，都在一个起跑线上。久而久之，同一个起跑线上出发的同学慢慢地拉开了距离，尤其是时间越久远而这个距离就越长。那些掉在后面的同学不是不努力，有的可能是很努力。但是，劳作和努力是有质的区别。对于上了岁数的人，那可能又完全不一样，显然有很多人在职业生涯结束之后，或者是作为艺术家在功成名就之后，这时候很多的劳作就显得没有太多的意义。因为，他们在重复自己，重复自己的绘画题材，重复自己的艺术风格，年复一年，日复一日。而有些艺术家不一样，他们老了之后会想到“衰年变法”。他们面对人生七十古来稀，在八十之后还在继续努力，毫不懈怠，还在寻求新的发展方向。而这个时候，有一些艺术家或者是因为身体欠安，或者是淹没在已有的名利中而不能自已。显然，这时候的差距又是另外一种方式。作为生前的名声，可能彼此也是相差无几，可能卖画的价格也不相上下，没想到几十年之后，生前享有很高威望的人，或者是生前卖画价格很高的人，在去世之后却一落千丈。而有些艺术家在身后反而会有强劲的反弹，会创造更高的社会效益和产生更广泛的社会影响。所谓的“持之久远”，在这个时候可能会表现出来。

对于年长的艺术家来说，能够在八十之后还在努力去创作则是非常幸福的。相对于有些身体不好的艺术家，他们有很多的原因，或者是基因的问题，他们也非常渴望能在年迈的时候，依然像年轻的时候那样去努力，去焕发艺术的青春，像伏枥的老骥，“志在千里”。可是，他们确实是身不由己，心不由己，其具体情况各不相同。然而，这都是夕阳红的意思。夕阳的特别景观大致都是如此。面对此，大家会给予各种不同程度的宽容和理解，甚至是同情。可也有另外一些艺术家的表现却完全不一样，老而弥坚，老当益壮。他们在暮年的时候，除了身体不如当年之外，其艺术的状态和状况完全如同年轻时一样。至少他们年轻的心态能够驱使他们不断去努力；他们努力珍惜每一天的光阴，去把握自己的艺术在人生暮年的最后的发展。实际上，像白石老人那样能够有“衰年变法”的艺术家并不是很多，能活到他那么大都不容易。而现实中也有并不太珍惜衰年的，更有很多倚老卖老的，躺在功劳簿上重复自己的，或者像流水线那样重复自己青壮年时期的一些题材和风格。面对如此，人们只能是无奈地叹息。因为他们的年龄会得到人们的尊敬，他们的年龄会得到人们的宽容。

相形之下，在高龄的时候如同始初那样，不忘初心，不断去努力，则让人们刮目相看。他们珍惜每一天的光阴。不同于年轻人的重要方面是他们知道自己的未来，实际上时日已经有一定的限度，因为生命的长度局限了他们的可能性，因此，他们非常努力。从这一点上来论，黄永玉先生是值得尊敬的。1924年出生的他，96岁了。他每天无时无刻不在努力于自己的艺术创作，或者在思考一些艺术的问题。他不同于常人之处，是他的思想永动机一直在运转，其思想一直闪耀着火花。面对他，回头来看他的劳作的质量，更是值得后学好好研究。黄先生平常一方面是写作，继续为完成他的长篇小说；另一方面，他依然在自己的绘画领域里寻找新的题材，把他那些生活中非常有趣味的内容，形成一幅幅画面。

正月初六，给黄先生拜年。每次见到先生，他都是躺在他那专享的沙发上，他都会露出惊奇的眼神。在旧年 8 月他的生日之后，又是好久没见了。依然是请安。

和先生聊天是非常有趣的。他有很多知识，他有很多故事，好像永远说不完。

我告诉他前几天去看他的学生刘勃舒了，并告知刘勃舒的身体不太好。先生说："他身体不好？他才多大啊？"我说："也 85 了。""才 85 啊。"先生告诉我："詹大（油画家詹建俊）昨天来拜年。""我亲眼看詹大学生的时候踢毽子，没想到也 80 多了。"黑蛮在旁边说："也 88 岁了。"显然，在黄先生的眼里，除了他写过的那些"比我老的老头"，其他基本上都是年轻的。

想到先生在每年岁末的时候为了迎接新年，都会画一本挂历，这就有了它持续多年的生肖绘画。他把这些绘画集中在一起，于 2017 年 1 月 19 日在国家博物馆举办了"十二个十二个月——黄永玉生肖画展"。这是一个非常特别的展览，大家都非常有兴趣看他在这个 12 年之中的不断努力和积累，以及他对 12 生肖的不同的理解和认识，还有他画生肖的别出心裁。此后这个展览又先后于 2017 年 4 月 23 日在长沙美仑美术馆、2018 年 1 月 30 日在深圳美术馆展出。虽然他在 2017 年初生肖展的时候说过不能保证以后每年还能都画生肖，但他确确实实还是想画一本不同于过去的月历。因此，我问先生："今年画挂历了吗？"他告诉我："原以为是二月底过春节，没想到今年是二月初，没来得及。把以前画牛顿的那一套画印出来了，也还有意思。"原来如此。

每次见先生，都想看看他的近作。问过先生最近画画的情况，他说那有一张，是最新的，上午画的。那张名为《真的》画，四尺，临时挂在柜子边上。画两位正在耳语，说什么？看官自己去想，反正说者说是"真的"。这幅画还没有完成，还没有上色，但题跋已经有了。

先生告诉我想画一个喝酒的系列。这是他最有感悟的一个特别的内容，虽然他滴酒不喝。但是，他对于饮酒的尊重，以及他把人和动物的区别定位在喝酒与不喝酒之上等这些独特的看法上，都是具有他个人特色的一种见解。因此，在去年底已经完成了喝酒系列中的几幅。他说他的好朋友、那位著名的裱画师刘金涛曾经对记者说，“他有一次和黄永玉喝酒喝了一通宵”。“他真会吹牛，我从来没跟他喝过酒。”因此，我们看有些老人的回忆，实际上也不是都靠谱的。他们也不是有意吹牛。因为像刘金涛那样炫耀和黄永玉喝了一通宵的酒，对他来说并没有什么特别的意义，对他也没有什么特别的好处。估计也就是说说而已，是喝过一通宵，但不是和不喝酒的黄先生喝了一通宵。这实际上是记忆中的问题。因为在人们的感觉中，黄先生应该是一个能喝酒的饮者，因为他的幽默，他的好客，他在各方面都像一位好酒之徒。黄先生一辈子见过无数的酒徒，他说什么鬼都不好，只有酒鬼是好的。所以，他设计了酒鬼酒，把他家乡的一个不出名的连酒瓶都没有的小酒厂变成了上市公司，酒鬼酒从此名扬天下。这是他的智慧所在，这也是他的能力范围。因此，他出于对酒的特别的感觉，以及对酒的特别的兴趣，希望能创作一个系列的作品，说古论今。

先生让黑妮把已经画好的几幅拿出来给我们欣赏，有《我背葫芦驴不累》《多保重图》等。非常特别的是，画上有长篇的题跋，一题再题，大大小小，左一段，右一段，这几乎印证了古人所说的“画之不足，题以发之”。显然，先生所画难以再现他的内心所想，因此，写了密密麻麻的文字内容。其中有一段题跋的字很小，难以想象 96 岁的老人能写那么小的字，大概只有三四毫米高，先生还不戴眼镜。他告诉我这纸不好，如果纸好的话还可以写更小的字，这真是奇迹。先生说，写极小字的纸要磨，把纸磨得光光的，就能够写很小的字。

黄先生画画就是这样，有着一定的随遇性。并没有事先的谋篇布局，几乎是想到哪画到哪，想到哪写到哪。因此，他所表达的这种趣味性有点像漫画家，又像旧时的文人那样，嬉笑怒骂皆成文章。毫无疑问，从已经完成了的几幅作品来看，他的这个“喝酒”系列是非常有趣的，也是值得我们期待的。显然，只有他能够胜任这样的题材，也只有他的肚子里有那么多的丰富内容，以及只有他作为一个不喝酒的人能够画出喝酒人的那种错综复杂的感觉。

先生还对我说，不知道还能活多久，反正一直画，等有一天差不多了，画够了，就办一个新作展。先生不喜欢“回顾展”，说“没什么好回顾的”。

五点准时告辞。我跟黄先生说先走了，黄先生这个时候说的话让我感到非常意外。他悄悄地跟我说，因为旁边还有其他的客人。“你画得那么好，为什么不画？为什么不好好画呢？你应该继续好好画。有些事情做了实际上是没有意义的，你要把更多的时间用到画画上来。”是啊，确实是这样，有很多事情做得实在是没有意义。黄先生的教导非常重要，我跟他说：“我会听您的，我会好好画画的。”

先生送了我一本2019年的挂历。回家当即打开来欣赏，封面的画和一月序言的文字以及十二月那幅的印（己亥猪年）是新的。“开牛顿先生玩笑”一共是10幅，画上都没有年款。先生在《序言》中写道：

> 这一组画是十几年前画的，觉得用来做新春的月历倒也不错，蛮有趣的。小时候读书，知道英国古时有位牛顿先生，坐在苹果树下，眼见一个苹果从树上掉下来，便发现了万有引力，成为伟大的科学家，心中很不服气，觉得东西从上面掉下来的现象很普通，我几乎天天碰得到。弟弟吃饭不小心饭碗掉在地上打破了。爷爷上厕所不小心假牙掉进茅坑去了，我都是亲眼见到，亲耳听到，我都不说，只可惜让牛顿先生抢先了几百年，没做成大科学家。报纸上登载宣统皇帝从金銮宝殿上滚下来，老师说，那不是物理现象，不算。
>
> 戊戌岁暮黄永玉九十五书

挂历的封面上有先生做的对联：“已亥年成好，猪岁喜事多”。横批“大可开怀”。

还是没听先生的话，没好好画画，又写了一篇。

原载《艺术中国》2019年2月11日

【主编者言】只图匆匆留下倩影的人，可以从此文知道这里有什么；能够驻足寻思的人，可以从中了解这里曾经有什么；希望深切感受文化的人，或许可以携手作者一起神游。

秋访嵩阳书院

曾纪鑫

一

第十六届全国民间读书年会在郑州举行，主办方组织的活动之一就有少林寺、嵩阳书院之游。少林寺早年去过，听说如今商业化气息颇浓，兴趣不大，而为了一睹嵩阳书院之“芳容”，我毫不犹豫地报名参加了。

嵩阳书院为中国古代四大书院之一。“四大书院”之说，最早源于南宋，是对北宋时期影响力最大的四所书院的一种称谓或褒奖，普遍认可的有应天书院（睢阳书院）、嵩阳书院、岳麓书院、白鹿洞书院，又或嵩阳书院、岳麓书院、石鼓书院、白鹿洞书院。鹅湖书院建于南宋，因朱熹与陆九渊等人的“鹅湖之会”而享誉天下，加之应天书院日渐衰落，于是也有人将四大书院列为嵩阳书院、岳麓书院、鹅湖书院、白鹿洞书院。不论何种说法，嵩阳书院总在“四大书院”之列，可见其地位历来众所公认。

这些书院，我去过的有岳麓书院、石鼓书院、鹅湖书院，一直期待着嵩阳书院之游，机会说来就来。

细雨中游过人潮如涌的少林寺，在永泰寺素斋馆用过午餐，然后马不停蹄地赶往嵩阳书院。

验过门票，一行人缓缓前行，走了十来分钟，眼前兀然出现一座新修的牌坊式建筑，上书“高山仰止”四个大字。这就是所谓的仪门了，提醒学子来到如此庄严神圣之地，得注重穿着打扮，言谈举止须符合儒家礼仪才是。

进入仪门，便是嵩阳书院的地盘。一行人在导游的引领下左行参观大唐碑，扩音器里传出她那滔滔不绝的解说。每到一地，我对导游的解说总是抱着一股疑虑，夸张不实之词充斥其间，当然也不乏优秀精到的解说，但也懒得去鉴别，索性与导游保持若即或离的距离，兴之所至地自由观赏。于是，我从正面登上台阶，刚刚跨进嵩阳书院大门，便被一阵乐声吸引，原来先圣殿前正在举行拜孔诵经表演。规模不大，仅五人，一男四女，着淡蓝色古装，戴青色儒冠，手捧卷册，在背景音乐中诵读祭孔文及儒家经典。驻足观看，颇合儒家礼仪规范，演员面无表情，表演单调，虽聊胜于无，但吸引力不大，便移步游览院内景致。

嵩阳书院毁建多次，今日建筑，经当地政府二十多年修缮维护，基本保持了清代原有建筑格局和环境风貌。嵩阳书院的建筑，显得中规中矩，中轴线上排列着五进院落，依次为先圣殿、讲堂、道统祠、藏书楼；左右两边配房，原为程朱祠、书舍、学斋，如今多为陈列室，展示嵩山文化、嵩阳书院历史变迁等方面的文物、图片资料；廊房墙壁，镶有历代文人墨客的题字留言，这些碑刻多为原物，书法作品各具艺术特色，弥足珍贵。

院内建筑，青砖灰瓦，格局紧凑，典型的硬山卷棚式中原民居风格，置身其间，有一种古朴、肃穆、雅致之感，还可感受到儒家朴素、中庸、平和的思想理念。里面植有大片竹林，茂盛的翠竹仿佛具有滤尘洗心之功效，将外面的喧嚣世界隔开，奔波之人，顿时就清静了下来。一时间，只觉清风吹拂，鸟语花香，在琅琅的书声中，我仿佛逆时光而上，眼前出现一幅当年的盛世光景。作为一座书院，其历史实在是太悠久了。一千五百多年前，即北魏太和八年（484），这里就有了一座寺庙，因位于嵩山之阳（南麓），故名嵩阳寺，又称嵩阳观、天封观、奉天宫等，是佛教、道教的活动场所，唐朝还是宫廷皇室的行宫。五代周朝时，改建为太室书院。此地背负嵩山主峰峻极峰，面对水流清澈的双溪河，东边是林泉幽深的逍遥谷，西面是如凤翱翔的少室山，环境清幽，景色宜人，的确是一块不可多得的风水宝地，一个适于士人修身养性、著书立说、讲学读书的好地方。

除成片翠绿的修竹外，满目所及，便是郁郁葱葱的树木，多为松柏、槐树与杨柳。常言道，背靠大树好乘凉。大树下不仅好乘凉，更宜于读书修身。面对森森古木，唤起的是沧桑古老的历史。书院内，耸立着两棵高大的柏树，仅看树干，便知多么古老！大的那棵，粗壮的树干因漫漫岁月的侵蚀，分裂开来，或旁逸，或直立，仿佛几棵丛生的柏树，细看，其实就是一棵，葱翠的枝叶构成巨大的绿色树冠，与树皮皴裂的干枯树干形成鲜明对比。青春茁壮于古老之上，不禁想到了中华文化，如果没有传统文化的深厚根基与兼容并蓄，就不可能有古今交融、中西并汇的现代文明。

古柏有两棵，相距不远，离院门近的那棵较小，名叫“大将军柏”，而这棵大的却叫“二将军柏”。相传汉武帝刘彻前来游玩，刚进大门，便见一棵巨柏，不禁叫好，脱口而道:“真乃大将军也！”继续前行，见到一棵更为高大的柏树，君王一言九鼎，“大将军”已经封赏，这棵只能屈居“二将军”了。其实，当年的嵩阳书院共有三棵柏树，长在后院的那棵汉武帝最后看到，依照惯例，只能是“三将军”了。三棵比较，它长得最小，称“三将军柏”也算名副其实。但这棵最小的柏树，寿命却最短，明末毁于火灾。

两棵至今仍然活着的柏树，在两千多年前，就已高大得令君临天下的帝王惊叹不已，其寿年之长可想而知。据林学专家推测，它们属原始森林遗物，树龄在四千至四千五百年之间。

见过“二将军柏”，我从不同角度拍了好多照片，这才转到“大将军柏”前。这棵柏树不知是盛名难副，还是承受不了自身重量，只见树干斜生，静静地倚靠在一堵围墙上。当然，你也可以说它是睥睨天下，“斜眼”看人，一副典型的“大将军”派头。有人说它因为封了个大将军，高兴得大笑不已，竟将腰给笑弯了，于是成了一棵“弯腰树”。“大将军柏”最引人注目的是它的树干，几乎占了整棵树的一半，大有“袒胸露肚”之势。“大将军柏”树干完整如一，“二将军柏”的树干则“四分五裂”，便有人拿这两棵树做文章，说最大的却封了个老二，气愤无比，竟将肚皮给气炸了，于是成了一棵树干分岔的空心树。

人们常说名正言顺，“名不正，则言不顺；言不顺，则事不成；事不成，则礼乐不兴；礼乐不兴，则刑罚不中；刑罚不中，则民无所措手足。”看来孔子《论语》所言，还是有几分道理的。

二

两棵古柏，堪称全国最大、最老的柏树，与它们一同见证嵩阳书院历史的，还有一棵位于中轴线讲堂东北的槐树，树干嶙峋，看上去老态龙钟，但树姿优美、枝繁叶茂、老而不衰。可不要小看这棵槐树，它也是大有来头的，为著名理学家程颢、程颐兄弟亲手种植。北宋神宗熙宁、元丰年间（1068—1085），程颢、程颐在此讲学，种了不少槐树、柏树，唯有这棵古槐幸存，人称“二程手植槐”。

北宋是嵩阳书院的鼎盛时期，这不仅与赵家王朝的重文轻武有关，书院突出的地理位置也是一个相当重要的因素。它东距都城汴京（今开封市）一百多公里，西离西京（今洛阳市）五十多公里，算得上东西两京之间的中转站。这个中转站不仅是物质的，更是文化的，当初谁也没有想到的是，一个小小的书院，作为理学中转站，在此形成的思想向南发展至福建形成闽学，后竟上升为影响中国传统文化长达七百多年之久的程朱理学。

程颢为嘉祐年间（1056—1063）进士，宋神宗时任太子中允、监察御史里行。因反对王安石新政遭到排挤，于是潜心学术，与弟弟程颐创立了一门新的学说。程氏兄弟为河南洛阳人，故名“洛学”，也是当时“濂、洛、关、闽”四大学派之一。洛学奠定了理学基础，“二程”称得上理学创始人，他们以嵩阳书院为“平台”，在此修身养性、完善理论、讲学授课、传播学说。他们最得意的弟子有四人——杨时、游酢、伊焞、谢良佐，并称“程门高弟”，其中杨时、游酢都是福建人。

杨时学有所成，南下返乡，恩师程颢将他送出嵩阳书院大门，师生依依惜别。程颢望着高足远去的背影，情不自禁地说道：“吾道南矣！”

程颢不仅创立门户，还具哲人睿智的穿透目光。洛学的影响，当时仅仅局限于中原一带。中原长期都是专制正统控制最严、浸染最深的地盘，新的学问一时难以立足，而福建在唐以前还属化外之地，进入宋代，福建士子虽在多次科举考试中有出色表现，但就整体而言，文化的深度与广度与中原不可同日而语，因此，程颢对“洛学”经由弟子在福建的传播寄予了极大的期望。而此时，北宋积贫积弱，金兵日益紧逼，中原眼看就要沦为敌土，文明的重心将发生一次真正意义上的南移，那时的福建，传统文化与新的学说相融汇，可以预见的是，将形成一股蔚为壮观的新文化洪流。

事实也正是如此，杨时回到故乡闽北，收徒讲学，传播二程理学，到他八十三岁离世时，门生多达千余之众，被后世誉为闽学鼻祖。理学发展史上的关键人物——罗从彦、朱松、刘勉之、李侗等人，都是杨时的得意门生。从学术渊源来看，杨时一传罗从彦，罗从彦二传李侗，李侗三传朱熹。作为二程四传弟子的朱熹，以洛学为基础，站在前辈的肩膀上，吸纳佛教、道家、陆九渊心学、张栻湖湘学、吕祖谦婺学等诸多学说之长，以恢宏的气势、超拔的气概、包容的大度，完成了对旧儒学的改造，构建了集理学之大成的朱子学说，被全祖望称为“致广大，尽精微，综罗百代”（《宋元学案·晦翁学案》）。这一新儒学思想体系，又称“程朱理学”，后发展为宋明理学。

到了明代，朱元璋更加推崇朱子学说，以朱熹的《四书集注》和《五经》命题试士，下令天下学官祭祀朱熹，以至有“重朱子所以重孔子”之说；清兵入关，仍利用程朱理学，认为“朱子者，天下之朱子也，万世之朱子也”，此后哪怕有圣人再出，也不可能超过朱熹了……在封建帝王的推崇与操纵下，程朱理学由区域化、民间化走向普遍化、官方化，朱熹由一名学子，跃升为人们景仰、供奉、朝拜的万世圣人与新的神祇，形成理学七百多年对中国传统思想的绝对统治。

追根溯源，朱熹理学源头，就在嵩阳书院。如果没有这一“平台”，二程理学的传播会大打折扣，与杨时的“无缝对接”也就无法完成。也许，日后就没有南下福建的闽学，难以形成“综罗百代”的朱子学说了。

偶然，在历史的进程中往往起着难以想象的举足轻重的作用。

嵩阳书院大门前的平台仍在，称为“道南台”，又名“吾道南矣”处。

说到程朱理学，人们自然会想起“程门立雪”，这一典故也发生在嵩阳书院。

杨时与恩师告别仅四年，程颢就去世了。杨时闻讯，悲痛万分，在卧室专设灵位祭奠。程氏兄长辞世，而弟弟程颐尚在，十多年后，年近四十的杨时怀着崇敬的心情，专程拜访程颐。仍是嵩阳书院，正值冬天，风雪交加，他与同学游酢抵达时，适逢程颐在讲堂内闭目打盹。为了不影响老师休息，杨时与游酢恭敬侍立门外。等到程颐睡醒之时，门外积雪已达一尺多深。

这一典故出自《宋史・杨时传》，不过还有另一版本，据宋代理学家侯仲良记载二程事迹与学说思想的《雅言》所载，杨时、游酢见程颐正在闭目养神，就静静地站在老师身边等候。等他睁眼醒来，但见暮色苍茫，便让两位弟子明天再来。杨时、游酢来到门外，飘舞的雪花积在地上，已一尺多厚。

对于这两种说法及其真实性，我们没有必要考究，其传达的信息与指向，无非都是对老师的尊崇，对学问的渴求。

讲堂外，有一砖砌月台，便是“程门立雪处”，又称“程门立雪台”。历代多有重修，而今此台，据说为清康熙二十三年（1684）修建。

程颢、程颐在嵩阳书院讲学十多年，言近旨远，从者如云。“士大夫从之讲学者，日夕盈门，虚往实归，人得所欲”（《二程集・朱公掞问学拾遗》）。弟子朱光庭聆听二程讲课一月，由衷地感叹道：“光庭在春风中坐了一月。”于是，“如坐春风”以嵩阳书院为原点不胫而走，凝为成语，至今仍然“活”在人们的口头或笔端。

我造访嵩阳书院如此心切，还与另一人物——北宋政治家、文学家、史学家司马光有关。提及司马光，人们首先想到的是他主持、编纂了中国第一部编年体通史《资治通鉴》。《资治通鉴》家喻户晓，影响深远，其中的第九卷至第二十一卷，就是在嵩阳书院完成的。当年，司马光游嵩山时，发现嵩阳书院东墙外溪水潺潺，溪中怪石嶙峋、水石相激、相映成趣，溪岸芳草萋萋、赏心悦目。他一眼就相中了这一幽静之所，在此买了一块宅地，建了一座名为"独乐园"的别馆，里面藏书上万。每年夏季，司马光便来此避暑、讲学，而正在进行的《资治通鉴》编纂也随之从洛阳移到了嵩阳书院及独乐园别馆。

1997 年，我花了近一年时间，摒弃俗务，专心致志地通读《资治通鉴》，并做了不少读书笔记。近年有报纸副刊约稿，我翻拣出那些笔记，一边重读原著，一边以《古史今读》为题，撰写《读〈资治通鉴〉系列札记》。拟写二百多篇，每篇两千字左右，已成二十余篇。因之，便想在此好好走走看看，亲身感受一下司马光当年编纂《资治通鉴》的环境氛围，吸取一点灵感，以助系列札记之创作。

三

近年来的全国民间读书年会，每届都有一张藏书票，设计者均为崔文川先生。今年由他设计的藏书票，主体图案便选取了清代著名金石学家黄易绘制的《嵩阳书院》。在刚结束的年会研讨会上，大家一致认为今年的藏书票是历届年会中设计制作得最好的一枚。

那是清嘉庆元年（1796）九十月间的事了，黄易带着两名拓工，前来嵩洛一带踏访碑刻，写有《嵩洛访碑日记》，并作《嵩洛访碑图册》。黄易是一位金石资料的发现者、搜集者与收藏者，他在金石学史上的地位，主要是鉴赏与收藏，他总是倾其所藏，慷慨示人，用于学术研究。

黄易访碑，不仅用文字生动地记录寻访古碑经过，还亲笔绘图，描摹现场，留下了不少珍贵史料。纸本墨笔画册《嵩洛访碑图册》共二十四幅，涉及等慈寺、大觉寺、中岳庙、少室石阙、开元寺、太行秋色、少林寺、会善寺、白马寺、嵩岳寺、伊阙、龙门山、香山、奉先寺、邙山、老君洞等名胜二十四处。每幅图片，构图简约，用淡墨干笔突出所画景物，虽疏淡超逸，但古意盎然，并自题名称，加以注释。《嵩阳书院》为《嵩洛访碑图册》第六帧，设色，篆书题跋如下：

嵩阳书院在太室南麓门外，唐天宝三年徐浩分书碑最高大，阴刻熙宁辛亥张琬、宣和乙巳卢汉杰题记。院内墙阴得嘉祐庚子文潞公、大观庚寅张杲、政和戊戌王鄄等题字。东墙有元符二年宋傅小楷书《真武经》，最精。旧有宋人石幢、翊圣真君秘诰，今佚。瞻将军柏二，大者七人围，次三人围，俱森茂可观。院中有堂有楼，毕师秋帆先生抚豫时所葺也。

黄易题跋稍左，另有一则补记：

汉柏二株有图，勒于石，昔门人莫绩轩携其二子读书于此。其长君今京兆韵亭屡拓此柏属题，予前后为此柏赋长歌者五度矣。丙辰十二月廿日，方纲。

落款方纲，即当时著名的金石名家翁方纲，黄易正是在京城结识此人，才得以进入清乾嘉时期的金石研究圈。

前来探访嵩阳书院的名人甚多，我所知的还有晚明文学流派——“公安派”领袖、古代十大散文家之一袁宏道。袁宏道，字中郎，字比名更加响亮。几年前，我为这位四百多年前的湖北公安老乡写过一部长篇传记《晚明风骨·袁宏道传》，记得他于明万历三十七年（1609）奉命典试秦中（主持陕西乡试），任务完成后，喜好游历的他逛遍秦中名胜，然后出陕西，入河南，游嵩山，作有《嵩游》五篇，《嵩游》第三篇所写的便是嵩阳书院。其时，院内三株柏树皆在，他在文中写道："观汉三柏，大者七人围，皮如皴石，望之若山，干不甚修者，土掩其本也。……柏之得封也，必以伟，在汉已为故物，前此之积埃，又不知几许。"他还写了三首咏柏诗，其中的《嵩阳观古柏口占二绝》写道：

（一）

苔甲生生裂水波，苍皮十度手摩挲。
问君哪只高如许，汉垒唐基积几多。

（二）

云散烟飞岫亦枯，风霜不上老肌肤。
山中怪事知多少，石母生儿定有无。

论及吟咏嵩阳书院的诗歌，最有意思的当数山长耿介于康熙十八年（1679）写的《嵩阳书院四时读书乐，效紫阳夫子体》，诗分为春夏秋冬四章，请看春天第一章：

绿满平芜草色齐，燕子初归白昼迟。
映溪桃李才烂漫，夹岸杨柳正参差。
一年好景是青春，古人读书惜寸阴。
读书之乐乐未央，夜来微雨长新篁。

耿介好友、学者窦克勤紧步其后，写了《奉和耿逸庵先生嵩阳书院四时读书乐》，此后还有钟国士、梁家惠、耿尔昌、李佩衡等奉和不已，一时传为佳话。

由《嵩阳书院四时读书乐》，想到每年一届的全国民间读书年会，也是对古人访学问学、刻苦研读的一种传承与呼应。前来游览的与会代表，都是些来自全国各地的“书虫”，算得上真正而纯粹的书人。

逛完书院建筑，我不禁回望了一眼门楣上的匾额，“嵩阳书院”四个大字赫然在目。1901 年，清光绪帝下旨，改全国书院为西式学堂。1905 年，嵩阳书院改为嵩阳高等小学堂。直到近年，书院复兴，全国各地或重修，或新建，兴起一股“书院热”。一座座应运而生的书院，便是一块块新的文化阵地。当然，它们不可能回到古代，原封不动地地移植、照搬昔日功能，应与时俱进，容纳百川，不仅传承“国学”，也须传播西学，中西并举。

崔文川先生设计的藏书票面，黄易绘制的嵩阳书院建筑右前方，一块石碑格外醒目。这便是大唐碑，全称“大唐嵩阳观纪圣德盛应以颂碑”。此碑高九米多，宽二米多，厚一米多，重达八十多吨，享有“嵩山碑王”之称，号称“稀世宝”。大唐碑刻立于唐天宝三年（744），历经一千二百多年风雨洗礼，碑文已漫漶不清。据史料记载，全文一千零七十八字，由李林甫撰文，主要叙述嵩阳观道士孙太冲为唐玄宗李隆基炼丹的故事，是唐代隶书的代表作品。

游览就要结束了，一行人站在仪门前纷纷拍照，头顶“高山仰止”四个镀金大字，此刻更是意味深长：凡属真正的学问与崇高的德行，皆在我辈仰望之列，“虽不能至，然心向往之”。

我与黄妙轩、李树德两位先生分别合影，又为浙江代表李剑明（季米）、励双杰、许新宇、章玲拍照，然后加入其中，一同合影留念。

仪门留影，“咔嚓”一瞬，留住的不仅是短暂时光，从某种角度而言，也定格了书院的历史与文化。离开仪门，嵩阳书院渐行渐远，但我内心，仍与肃立仰望、踏入仪门之时并无二致。

原载《深圳特区报》2018 年 11 月 22 日

【主编者言】作者叙述的往事，是简单的生活、平和的生活、满足的生活。人生总有风雨，不叹息曾经叹息了的事，不沉溺于不必沉溺的记忆，就有天空的晴朗和大地的广阔。

往事知多少

［美］陈瑞琳

人的一生，最难忘的还是爱情。曾经有个叫伏罗比耶夫的家伙说过一句名言："爱情和人性是同义语，爱情的秘密也就是人的秘密。"

因为"爱情"是"秘密"，所以它的到来也是秘密地，甚至是无法预知的。或许在小的时候，或许在少年、青年、中年，也许会到了老年。可能有的人一生都没有遇见爱情，也可能有的人一生遇到好多次爱情。但不是每一场爱情都与婚姻相关，或者说有些爱情原本就不属于婚姻。最后能够走向婚姻的，需要的不仅仅是爱的勇气，更是努力修炼后的智慧。

说起来，我的"爱情"应该是从五岁就开始了。那年母亲把我送到乡下的外婆家，因为是村子里唯一穿连衣裙的小姑娘，就常常被那些大大小小的男孩子欺负。后来去了小学堂，就有一个大两级的小哥哥每天在上学路上悄悄保护我，回家的时候他还会在路边采一把狗尾巴花给我。小孩子家也没什么话，最多就是他看着我笑笑，但我知道他在保护我，也知道他喜欢我。我离开乡下的时候他正在土坡上给我烤麻雀，远远看着我坐上了母亲的自行车，我至今能记得，他满手都沾满了黄泥。

后来在城里念小学，一排大平房很冷，我志愿给大家早早生炉子，因为我心里有个小秘密，就是我喜欢班上的数学课代表，他每天都来得特别早。这个数学课代表长得吊儿郎当，但就是数学好，什么题也难不住他。每天我第一个到教室，他很快就来了，在教室里乱转悠，一副满不在乎的神气，我们也从来不说话，偶尔有目光对视，我竟然那么开心。他是永远不会知道的，尤其是不知道我为什么那么喜欢早早来生炉子。我几次默默祈祷老师分座位时把我与他分在一起，可是老师总是把学习最差的学生分给我。小小少年的烦恼很多，如今想起来觉得自己好可笑！

转眼到了中学，全年级有六个班，最让人懊恼的是怎么别的班的男生都比我们班的男生长得帅！又过了半年，还发现别的班上的男生也比我们班的男生优秀，这个发现实在是对我的重大打击。如今想起来，才突然明白自己那个时候为什么活得没精打采，为什么天天猫在角落里读“禁书”，还学着写小说写诗。

偶然一次放学回家，与我同行的是班上一个喜欢吹笛子的男生。他特别能讲，讲到他家门口还邀我进去。记忆中他家有很多音乐方面的书，我几乎没兴趣，结果从他家出来，周围却埋伏了好多同学，嗷嗷地叫着，还有人打口哨，吓得我一路狂跑，搞得后来我和他一碰面就躲。

恹恹的高中没有念完，突然就上大学了，终于如愿可以每天看小说。古老的西北大学曲径通幽，最大的好处是理科文科生混杂，每个系的学生风格迥异，尤其是在操场上，或者比赛场上，好看的男女比比皆是。我因为在班上最小，算是“未成年少女”，虽说受宠，却很少得到男生们的关注。那时候的校园到处都是青春风景线，稍不留神，路上就看见英俊的小生走过来，直觉里七七、七八级的帅哥特别多。记忆，在的那个文科阅览室，我竟然也发现了自己喜欢的身影，也没什么理由，话都没有说过几句，纯真得像一张白纸，什么都还没写，就匆匆毕业了。

之后的日子很动荡，命里注定有些苦涩。要准备考研究生，也遇到一些奇妙的人。世界开始变得浑浊，或者是我单相思，或者是他人来单相思我，初涉人世，满目苍凉，却也懂得了古老的悲伤。那些斑斓的记忆至今辨不出是鲜亮还是浊苦，只能慢慢地嚼着“少年维特的烦恼”，感觉爱情其实都是幻梦一场。

那个年月的女孩子很想寻找世间最奇异的爱情，就在二十岁那年，我迷上了一篇名叫《黑骏马》的小说，向往着那“歪骑在马背上的男人”，竟奔去了草原。然而，面对碎石砌成的敖包，发现它并不是真实的殿堂，苍穹下回荡的马头琴，原是悠长古老的哀伤，青涩的我迷失在牧人遥指的地平线上。那之后，少女的心忽然长大，从云游的天空落下，开始寻找属于自己的阡陌城堡。

或许是爱情故事读得太多，让我从来就不相信“谁是谁的唯一”，因为一个生命的诞生原本就是一个极其的偶然。早年的时候很少想到婚姻，知道这个圆很难画好，坚信在那小小屋檐下，是每个人最难毕业的学校。后来才慢慢明白，婚姻也绝非是爱情的坟墓，婚姻的美，正在于有担当，尤其是知难而进，勇敢地把两个完全不同的齿轮磨合在一起，共同向着生命的终点滚动。

记得每次去参加婚礼，都不太敢祝福新人“白头偕老”，觉得这个祝福太沉重，太不容易。现在也有不少年轻人听到“婚姻”就怕，我想是怕那齿轮的摩擦滚动，必然飞溅出疼痛的火花。但是，对于我们这些短暂的生命，活在这世上最美的故事，并不是什么改天换地，而是两个完全陌生的人因为相爱而彼此欣赏，彼此给予，彼此修正，彼此成长。

认识我的先生实在是个偶然。那是念研究生的第一年，有个周末，担任研究生会主席的我需要为当晚的联欢会找一位灯光音响师，情急之下径直走进物理系研究生的宿舍，迎面抓到一位，他立马就答应了。那天的晚会非常成功，看到他忙到满头大汗，于是我记住了他的名字。

读研究生的第二年初夏，导师要派我去北京搜集现代杂文史资料。我到了火车站，前面是大排长龙，眼看买票无望，忽然看见了他就站在队伍的前面，一问也要去北京，赶紧拜托把票买在一起。

上火车那天，远远看见他用网兜提了一个大西瓜，呼哧哧说是怕我路上渴。那一刻，我仔细打量他，身上穿着最普通的蓝布外套，里面却醒目地露出雪白的衬衣领子，干净而清爽，尤其是说话的声音好听，一脸理科男的真诚。一路细聊，他说自己喜欢画画，曾经手绘过一本小儿书，可是做物理教授的父亲希望他学物理。我也开讲自己的故事，好像还背诵了几首诗。很多年之后，我们的这段故事被儿子戏称为“西瓜之缘”。

最难忘那日相约去颐和园，中午租不到船，绝望地等着。天色忽然将雨，划船的人都回来了，我们就斗胆去租了一条，结果船行在湖中央，大雨就倾盆而下，他赶紧把船划到十七孔桥洞下，脱下自己的衣服给我披上，虽然里外湿透，但还是能挡风，我们就只能在那个桥洞底下彼此取暖，雨很大，天地一片苍茫，但我竟然一点也不害怕，一点也不觉得冷。

从北京回来我们开始了正式的约会。因为没什么钱，他从来不请我去餐馆，也不会买礼物来送我。我们只是用双脚在夜晚中把古城里的每一条路踏遍，把城墙上的每一块砖数过。路灯升起，相约在大西门外，城墙根下的烤羊肉一毛钱一串，两个人各吃五口，一块钱的腊肉夹馍，一人半个，再买五毛钱的米面皮，最后数出十个分币，买一包晒干的柿子皮，一路慢慢地嚼着。

下决心要嫁他是在研究生的最后一年。他忽然在校园里消失，当我在郊外的一所临终疗养院里再见到他的时候，他正陪着癌症晚期的母亲在院子里散步。我立在那个大门口，阳光下泪流满面，惊呆到说不出话来。

翌年的春节，他骑单车走 100 多里去见我的父母。母亲兴奋得在楼口不断张望，邻居们都奇怪地看这个准女婿怎么只背着一个绿书包，车头上也不见烟酒。进到屋里，他从书包里掏出一个打羽毛球的网子，大声地说：“听说你们家喜欢打羽毛球！”

我们结婚的那天没有通知亲友，害得母亲抱着好多她缝好了的绸缎被子来找我都没找到，只能堆在校门口。真正好笑的是我用全部的存款 300 元在街上买了一个劣质床，才用了几天就断了横梁。婚房是学校的单身宿舍，我在走廊里做饭，屁股总是撞着穿行的人。母亲来看我，一面捂着嘴巴不敢呼吸，一面笑我的床怎么这么不经睡，让我们俩好尴尬。

1992 年冬天，我扛着一堆瓶瓶罐罐从中国飞到美国北方的一座大学城。先生给我看公寓里自家用的厕所和厨房，我坐在毛茸茸热乎乎的地毯上几乎喜极而泣。很快，我们的存折上第一次有了 1000 元的“巨款”，随后买了人生第一部老爷车。在新大陆的土地上，有了太多的“第一次”，串起来的故事正构成一部苦涩与欢欣、失去与得到的命运交响曲。

有人说婚姻是令人窒息的城堡，有人说婚姻是磕磕碰碰的险滩。两个不一样的生命，目标却要“求同”，这就是难题。我的这位“理工男”，善逻辑，讲数量，我不能及。这些年最怕请教他电脑，常常被鄙视，老是记不住深感自卑。我更大的弱点是完全没有量的概念，炒菜不是咸就是淡，煮稀饭不是稠就是稀，永远不能刚好。所以每次家里请客，后果都是舆论界大大地同情他。饭菜的质量不重要，重要的是他每天要监督我少吃。他自己怕辣，但我喜欢，如果我生病，他做菜肯定是拼命放辣椒。

这些年，我们养成了晚饭后散步的好习惯，无论刮风还是下雨，即使冬天里很冷，戴上帽子围巾手套，也要出去走走。因为散步的意义，是要交换这一天最重要的各种信息，或者聊聊孩子，聊聊亲人的健康。平安无事时，就说说某一部电影或者某某人的小说。

一个真正爱你的人就是希望你就是你，完全自然地呈现，让你做回你自己。我喜欢的婚姻是即便不刷牙、不梳头，也能彼此面对，心灵的成长与激荡时刻都在发生。我所羡慕的夫妻并不是什么夫唱妇随，而是那种每天有太多的话急着要讲给对方听，甚至会引发激烈的争论，但因此得到了丰足的滋养。

早上睡到自然醒，先进厨房，唤醒我的并非食物，却是厨房窗台上的插花。一个浅浅的三角花器，先生喜欢在上班前跑步，顺手摘下几枝自家院子里的植物插在里面，于是，新的一天开始。

有次全家聊天，儿子问他爸爸:“你的理想是什么呢？”他爹就嘿嘿地笑着。这让我想起了过年时飞起的炮仗，我的这位先生，很像那点炮仗的人，他喜欢点燃别人，让别人发光，而他，怡然立在暗色中，做一个默默的欣赏者。

岁月真的如梭，很害怕老之将至。周末看了一部新电影《时光尽头的恋人》（*The Age of Adaline*），说的是一个女子在车祸后永葆青春却痛不欲生，因为她只能无奈地告别着身边的一切而无法同行，最后爱上她的男友却是当年未婚夫的孩子！我低头走出影院，感慨自己能够与身边的一切一起变老原来是这么幸福。

一直就不喜欢“相依为命”这四个字，太孤独，太凄婉，缺少一种内心的强大。又想起电影《霸王别姬》里程蝶衣说的那段话：“我说的是一辈子，少一天，一个时辰，都不是一辈子！”但事实上总是有一个人要先走，不过，若想到无论谁先离开世界，都会知道那个人将在另一个世界来找你，也就超过了“一辈子”。

猜想大多数人不敢面对死亡，其实是因为生命里有太多遗憾。但如果你觉得这一生就是你想要的，下辈子即便重来也还是经历着同样的生命轨迹，死亡也就没什么可怕了。

原载香港《文综》2019年夏季号

【主编者言】在人生道路上不断挣扎向前，用天生智慧和后天努力。越过一道道社会藩篱，却走不出生命的桎梏。所有的评判与假设已然没有意义，陪伴的钢琴曲才是其永远。

忆小妹资民筠

资中筠

小妹民筠离我而去已有四年。如果在世，今年该是她过八十整寿。我想起她时总是感到无限惋惜。她去世后，我陆陆续续写下了记忆的片段，一直没有发表。偶然遇到她的旧友提到她，想起了这篇未刊之文，或可发表聊以慰思念之情。

我是老大，两个妹妹都已不在，独留我在这里纪念她们。大妹资华筠是名人，如果她是时代的幸运儿的话，小妹民筠正好相反，是时代的悲剧。她与华筠出生相隔两年，但环境迥异，正好是1938年，天津沦陷之后，先天条件就与华筠不同。母亲怀她时刚经过丧母之痛，身体虚弱，她不足月就出生，先天不足。外加母亲因奶水不足而必须补充奶粉，她在襁褓中因吃了劣质奶粉而大病一场，九死一生，所以幼时发育较慢，比较瘦弱，与华筠的活泼、精力充沛成鲜明对比。她是家中第三个女孩，按传统，亲友们都希望我母亲生个男孩。父亲怕她因而受歧视，加倍宠爱，母亲因为她体弱，也给予特别照顾，而且一反对我和华筠的严加管教，对她特别放松，并且因为她身体不好，特意晚一年送她上小学。出人意料的是她天赋聪颖过人，这不是一般的套话，而是真的绝顶聪明，虽然开蒙比我们晚一些，但是自发地学什么都举重若轻，从上学开始，从来不需要家里操心。最近我遇到她少时同学，还提到她，说是上数学课，老师在黑板上出一道难题，别人还没弄明白题意时，她已经有了答案，而且还不止一种解法。同学们都佩服得五体投地。她小学在天津东亚小学，中学在北京，好像是女一中，一直文理兼优。那时没有“奥数”，不过也有全市数学比赛之类，她得过第三名，没有得冠军，颇为之遗憾了一阵。她兴趣非常广，戏曲、音乐、诗歌都爱好，在家也学了几年钢琴，达到相当的水平。在学校是文娱活动积极分子。她会唱许多歌，虽然嗓音没有天赋，但背歌词能力惊人，凡是有人哪首歌忘了词，只要问她就行。不仅如此，她还喜欢京戏，不知什么时候，竟然把大半部《戏考》都背了下来。我过去也抱着《戏考》听戏，但只能学会有限的几折。她听戏的机会比我少多了，却连很少演出的折子戏的戏词都会背。另一方面，她“生在旧社会，长在红旗下”，是戴着红领巾长大的，到年龄就入团，在高中刚满十八岁就被发展入党，而且是学校党组织主动找她的。我一直纳闷，似乎使我长年背上沉重包袱的家庭出身对她没有影响。当然，她是1956年高中毕业，在那之前，对家庭出身的审查没有1957年以后那么严酷，1956年又是“落实知识分子政策”最宽松的一年，可以称之为“回光返照”。根据那时的标准，她的表现也无懈可击。她中外什么文学作品都读，尤其酷爱希腊神话，不过受影响最深的还是那时占主流的苏联文学。少年时的养成教育使她头脑中充满“红色乌托邦”。我母亲经常当笑话提到一个场景：她戴着红领巾，站在镜子前，大声背诵马雅可夫斯基的诗，还伴以手势，“向左，向左！”她抱着极其天真而单纯的信仰，努力“无私奉献”，到以自苦为极的地步。同时，这也带来荣誉，年年都被评为“红专标兵”。但是对于政治，她实际不懂，也不感兴趣，这“红”，只是表现在服务精神，在吃苦耐劳方面总是一马当先，那时还没有“学雷锋”之说，而她的所作所为堪比后来的“活雷锋”。在1956年以前的中小学，大概“阶级斗争”的弦还没有绷得那么紧，或者也因学校而异，与碰巧遇到的老师也有关系。

1956年她高中毕业，被选拔赴苏学习，先在国内集中学一年俄文，准备第二年出国。但是一年后，留学政策改变，只派大学毕业生去进修，不再派本科生。他们这一批天之骄子可以不经考试就保送入大学，而且学校和专业都任自己挑选。她选了北大物理系，那是当时所有理科生的首选，后又进入地球物理系，并选读当时最前沿的学科——空间物理（或称大气物理）。她有一次兴奋地告诉我，今年（1957年）是“国际地球物理年”，这对她选专业有很大启发。我只是茫然不知其意义。大学时代，她依然是“又红又专”的模范，也是文体积极分子，曾任学生会文工团团长，又搞合唱，又作曲编歌，还写剧本，十分活跃。有一阵她还写诗，新诗旧诗都写，不过只留在自己的本子里，不大示人。我偶然看到过她的一篇仿古五言长诗，自述平生志，还颇有点古风，内容我已印象模糊，只记得有遨游太空、探索宇宙奥秘之意。她由于学习成绩优异，也因为工作需要，在毕业前一年就提前调出任助教，边工作、边继续学完课程，接下来顺理成章地留校任教。到此为止，她的人生可谓一帆风顺，前途即使不成为大科学家，也可望在本专业领域大展宏图，而且生活也丰富多彩。但是事有不如人意者。我们姐妹都是不擅料理生活的，但是以她为最。她的“红”还表现在对衣食之事降到最低水平，连衣服整洁都难以做到。直到上大学，甚至成家以后，在生活上母亲对她还是关照有加。她的鞋子一直是穿家里老保姆刘奶奶做的布鞋。“大跃进”时期她下乡、下工厂较多，鞋子破得很快，刘奶奶做的都跟不上，有时回来鞋帮都散了，用麻绳绑着，刘奶奶看着直心疼。更重要的是，她的健康受到了不可挽回的摧残。那个时期人都有点疯狂，她想必处处带头苦干达于极致，有病痛肯定不会自己就医。直到我母亲发现她发育不正常，强制她去医院检查，最后确诊，才发现她得过妇科结核病，由于年轻，不知何时已自动钙化，但是错过了治疗时机，永远丧失生育能力，名医林巧稚也无能为力。尽管后来她还是结婚成家，妹夫家里兄弟众多，人丁兴旺，申明不在乎她是否能生育，但是这一缺陷对她生理和心理都不会没有影响。

1966年后，像她这样的青年教师（陆平校长曾称她为“我们的才女”）当然在劫难逃，初期必然受到冲击。但是她又不甘心只做“革命对象”，而要做“革命动力”，加入了一派，认认真真地打派仗。详情我不知道，总之又受到过更大的冲击，曾因私下言论被告密，以“恶毒攻击”罪被隔离批判。后来，随学校到江西鲤鱼洲“干校”，可以想见，她在劳动中又是忠实地履行“一不怕苦，二不怕死”，体力付出臻于极限。我只听说她主动与男同胞干同样的活，包括一起扛一二百斤的大包，这是“组织上”也不鼓励的。卒至她的健康再一次被摧毁，落下腰病，不过当时没有显示出来，而是多年后才发作，影响了后半生的命运。1976年后有一段时期她工作恢复正常，业务上有所发挥，思想比较解放，心情比较舒畅。重拾她的专业，发表科研论文，同时还从事科普和科幻小说的写作。1979年她有机会到世界著名的马克斯普朗克研究所（在西德）做访问学者。在此之前我还帮她突击了英文。她第一外语当然是俄文，后来自己学了一点英文，好像还有法文、日文，都只够参考她的专业资料用，不能算“通晓”。我一贯主张成人学外语必须学语法，给她一本最古老的英文语法，建议她不要走捷径，老老实实一章一章弄明白，把所有的例句抄一遍，每一章的练习、问答都全做。这是一本英国人写的语法书，我母亲那一代都用过。她这次听了我的，果然有效，应该算是“通晓”了英语，以后只需增加词汇。这样她出国交流以及在国外的刊物发表论文都不成问题了。她在德国研究一年，收获甚丰，在国际同行中也获得好评。据我女儿遇到的一位与她同时在该研究所的法国同事说，中国封闭了这么多年，没想到资民筠在这一领域的工作和了解的情况竟不落后，到了研究所很快就能进入最前沿的课题。她在国际专业刊物上发表的论文引用率较高，令他们羡慕不已。另外，她到了德国这个音乐之乡，有机会弹钢琴，以乐会友，还遇到一位吹长笛的，两人常常合作，十分愉快。在衣着上她虽然比在国内整齐些，但依然不修边幅。有一次寄回一张照片来，大家发现她两条裤腿长短不齐。她从未去过理发店，在家时由妹夫给她随便剪剪。到了德国，她对着镜子自己瞎剪。研究所的女秘书看不过去，硬拉着她去理发店理了一次发。研究所女性很少，那位秘书对她特别好，看她不擅料理生活，常照顾有加。她还讲过一件逸事：有一次他们集体到外地参加一个学术会议，科学家们可以带夫人，会外安排与会者参观科学展览馆，夫人们则参观时装表演。参会科学家中只有她一位女士，组织者误以为是夫人，就列入参观时装表演的名单。她到了展览馆门口，无论怎样解释，守门的德国人只认名单不认人，就是不让她进那个科学展览馆，她只好硬着头皮跟夫人们看了一场她最不感兴趣的时装表演。

这一年大概是她最愉快、最有收获、生活也最正常的一年。快到期满时，研究所方面希望她留下来，或者至少再延长一年，不过当时国内这方面很严格，延期不归是违规的，这也不符合她的处事原则。另外，研究所内的科研人员都称“×× 博士”，她没有任何学位，当时中国的特殊国情外人也能谅解。有人建议她申请博士学位，以她的水平，走个程序，交一篇论文，通过答辩应该不成问题，研究所领导也鼓励她这样做。但是她认为她现在的助手都是博士，她再去申请博士，有失身份。根据她原来被灌输的观念，学位是虚名，不值得追求，她认为自己早已超过博士的水平，不需要这一虚名。没有想到几年后，时过境迁，她会因职称问题而离开北大。

好景不长，在期满回国的前夕她病倒了。她自干校回来后经常腰背痛，自以为是劳损，胡乱用点药，从不就医。这次剧烈发作，疼痛难忍，行动都有困难，那位秘书强拉她去医院就诊，检查之后，医生就不容分说把她留下住院，只允许平躺不动。原来她罹患骨结核已经相当长时期，有一节脊椎已经快要被蛀空了，如不立即治疗就会脊椎断裂，轻度都会导致瘫痪。德国的医生是对病人高度负责而又有很高权威的，病情如此，他们是绝对不会放人的。而严重到那个程度，只有动手术一途。但是以当时的中国国情，她一个普通学者，在国外动手术是绝对不可行的，只能回国。德国医生坚持，如回国治疗，必须先联系好航空公司，准备担架上飞机的条件，有人看护；国内必须先联系妥医院，病人下机后直接送入病房。没有这个保证，他们就不放人。当时幸好我们的老友杨成绪在驻西德使馆工作，通过他得到了使馆的帮助，满足了上飞机的条件；在国内的我们闻讯后，全家出动，调动一切“关系”联系医院——那时要找到一位主刀专家，而且时间紧迫，很难通过正常渠道实现（现在何尝不是如此）。北大方面也给予了重视，由校医院派出救护车和担架直达飞机舷梯下接人。她总算及时得到了应有的治疗，手术大夫确实是高手，很成功，没有留下任何后遗症。只不过术后要穿金属背心固定，卧床休养达两年之久，相当长的时期内吃喝拉撒都不能自理，全赖他人照料。这一关总算挺过来了。不幸中之大幸是她刚好在德国发作，能及时确诊，并在德国医生的坚持下，有了后来一连串的紧急措施，否则真是不堪设想。

她两年后恢复正常活动，以后短短几年内也还有所建树。在国内外杂志发表过几十篇专业论文，其中还有论文得过国家教委的科学进步奖；写了不少科普著作和科幻小说，科普作品进入中学生的补充读物；科幻小说也得过奖。但是她性格有了很大的变化，原来比较活跃，有不少跨专业的朋友，后来变得越来越内向，越来越少与人交流。一个原因当然是与她长时间卧病有关，有些熟人逐渐疏离，所谓“多病故人疏”；但我认为主要原因是她难以适应改革开放以后市场经济大潮下，人际关系和某些办事规程的变化。她过去真诚相信的一些为人处事的准则似乎无效了，集体主义让位于人人为己而奋斗；理想让位于对物质生活的追求。她在1966年之前的十几年中由于处境特殊，实际上精神是在象牙塔内的，实际存在的另一面现实，她根本看不到。如今长期遏制的人欲忽然爆发出来，使她惊愕，不知如何应对。举一个小例子：有一次她带队与几名师生一同到外地出差，回程火车票极为难买，一般做法是通过当地接待单位，总是有办法弄到“关系”票的。但是资民筠认为这是不正当的，她坚持自己带一名男学生，冒着冷风半夜到火车站去排队买票。这是我听别人说的，至于是否买到了，不得而知。此举当然不会再得到赞赏，而是招来一片埋怨。后来她的坚持原则越来越行不通。

对她一次较大的挫折是评职称开始了，这是长年停止评职称后的第一次，她属于副教授候选人。原来大家都甘当“布衣”，忽然有了“功名”之说，而且这“功名”关系到个人价值是否得到承认。她本来认为职称要自己申请就不应该，客观成绩摆在那里，应该由评审机构评定，主动授予(她还是相信“组织”)。另外，她一向业务突出，自以为如果公平投票，一定是首选。但是结果却让另外一人捷足先登，而那位老师恰好是她从业务到为人都看不上的。可能那时特殊时期遗留的“派性”在他们系的人际关系中还有一定影响。她如果在德国“屈尊”得了博士，自然职称不成问题。她当时不屑一顾，现在却愤愤不平，甚至认为受辱，从此心情总是郁闷，交往圈进一步缩小，最后竟决心离开北大，脱离了她的专业，调到了文化部艺术研究院“比较艺术研究所”，与华筠到了一个单位，当然这与华筠的“关系”不无关系。她仍然有足够的自信，想另外开辟艺术和科学之间的跨学科研究，并且以音乐为切入点。这也不是事出无因。我20世纪80年代初在美国做访问学者时，发现有一本得普利策奖的书，题为《哥德尔、艾舍尔、巴赫——一条永恒的黄金辫带》(*Godel,Escher,Bach:An Eternal Golden Braid*)，哥德尔是数学家、艾舍尔是建筑学家，把他们和音乐家巴赫编在一条辫子里，引起我很大的好奇心，勾出我青年时期曾痴迷的柏拉图名言：音乐与数学是美的最高境界，就买来一读。但是以我的数学程度，读来如天书一般。想起民筠可能感兴趣，回去就把这本书送给了她，果然引起她很大的兴趣。也许这也对她想做这方面的研究不无影响。关于这本“天书”，还有一个巧合的插曲：不久以前我在网上偶然发现此书的中译本，而碰巧主持翻译的马希文的名字我有印象，因为有一度民筠与他交往较多，曾听她提起过。马希文是北大数学力学系的，据说十五岁就考入北大，有数学神童之称，而且也是多才多艺，有跨学科的兴趣，是民筠钦佩的少数人之一。从干校回京后，他们两人都不能回各自的系里工作，却同时被调到北大“文艺宣传队”，马希文任乐队指挥，资民筠作曲、配音。连我大妹华筠也认识马希文，因为华筠从干校回京后赋闲在家，被民筠拉去当顾问。科学人才被剥夺从事科研教学的权利，去搞吹拉弹唱；而专业演员却被赶下舞台，远离文艺。可见荒唐。马希文改革开放以后去了美国，不幸英年早逝。这本天书般的著作的中文本于1997年由商务印书馆出版，到2013年我发现时竟然已出到第7版。此时民筠已去世，虽然中文本我仍然啃不动，还是买下来留作纪念。在写完此段文字后，北大袁明告诉我，有一位美国人莫大伟(David Moser)，现任北大燕京学堂的美方主任，是此书作者侯世达（Douglas R.Hofsdtader）的学生。因为这本书比较艰深，莫大伟曾在中国留学，懂中文，所以被派来与译者沟通，协助翻译。应我的邀请，袁明带他来我家相见。莫大伟当年与民筠交往很多，说她思想活跃，常有神思妙想，虽未参加具体翻译工作，但是经常参加讨论，出过很多好主意，有时大家卡住在一点上，她提出一个建议就可以打开一个新思路，解决难题，那本书的《序言》中列举的译者名字中没有资民筠，其实她对译本是有贡献的。

这种跨学科的研究对民筠来说，需要另起炉灶，她选择的课题是音乐和科学的关系，但是音乐作为业余爱好与专业是不能相提并论的，需要补课处甚多。她心高气傲，想在短期内出成果，谈何容易。她的"跳槽"没有征求过我的意见，即使征求了也未必听得进我的异议。北大的同事和她几个好朋友都认为她这一步走错了，为之惋惜。她原来空间物理的专业水平已经在国内领先，并已得到国际承认，对我国的尖端科技领域十分重要。即使从最世俗的"职称"角度来说，对她熟悉的人都认为她如留在北大，尽管有复杂的人事关系，无论如何，到退休时一定是正教授，而她在艺研院却是以副研究员身份退休的。但是她当时似乎无法忍受本单位的气氛，非走不可。在新的单位她也有初步成果，发表了一些著作，还有一些新颖独到的见解。但是健康和精神状态每况愈下。她近视眼千度以上，有过几次视网膜脱落，目力日益衰退，最后近乎失明。父母在世时我们还经常见面，母亲仍然对她生活尽量照顾。父母去世后，她失掉了纽带，我们住得又远，会面日稀，每见一次都感到她的健康和精神状况有所下降，变得日益迟钝。电话中也讲不了几句话。后来确诊为脑软化，而且发展得比较快。最后几年她在基本失去交流能力后，只有一样事物是最迟向她关闭的，就是钢琴。她只要坐到钢琴边，就还能弹她过去记得的几个曲子，当然不一定完整，在那种时刻显然比较愉快。随着病情发展，能弹的段落日益减少。她最后能记得的是柴可夫斯基的《十一月——在马车上》，这是她原来的拿手保留节目之一，少年时在天津的电台表演过。直到去世前几个月，还能弹出几小节。到最后，昏睡的时间越来越比醒的时间长，终于有一天就此长睡不醒了，终年七十六岁。她老年失智后，一位好友叹息说资民筠从一个极端走到了另一个极端。我觉得她是智商超群而情商有问题。智商基本上是先天的，情商主要是后天养成的，是在某种特定环境的种种矛盾中扭曲了个性。她早期一帆风顺，看似没有受家庭出身的影响，但是那时的主流环境不可能对她没有触动，我感到她内心深处还是有这个出身的包袱，所以要加倍证明自己，在生活上以自苦为极便与此有关，尽管不一定是有意识的。我虽然力主男女平等，但是承认人与人在体力上有差异，从不逞强，而她连这都不承认，否则健康不至于受到那样的摧残。从意识形态光谱来看，她实际上并不“左”，改革开放她衷心拥护，因为可以回归常识、科学，一段时期在业务上可以放手发挥，她为“科学的春天”而兴奋。她有强烈的正义感，特殊时期结束，她心情舒畅，以为可以实现原来向往的清平世界。但是种种现实与她理想背道而驰，埋头学术又常受非学术因素干扰。我常想，她若是“只专不红”也许会好些，最多在某个“拔白旗”运动中受批判，但是作为自然科学而且是尖端科学的人才，特别是改革开放之后，在国际交流中开阔眼界，更可以大有作为。国内外不少科学家不通人情世故，不事家人生产，也不鲜见。在当今的社会，她未尝不可以做一个不食人间烟火的、有成就的科学家。呜呼！“谢公最小偏怜女”，以少年天才始，以老年痴呆终。时也，命也！我只有深深地为我的小妹惋惜、叹息。

原载《随笔》2019 年第 4 期

【主编者言】诗人从江南的秀丽汲取诗情，同时给江南增添了丰厚的诗意。但是所有的江南行都不是专门为诗而去，诗歌多是人生的副产品，为交友、为游历、为理想、为革命……

苏曼殊与江南

黄　轶

“白云深处拥雷峰”——苏曼殊与杭州

1904 年冬天，华兴会在湖南的起义计划失败，曾参与此组织活动的苏曼殊当时在湖南实业学堂任教，便不得不以僧人身份走避杭州。此后，苏曼殊多次旅居杭城，有据可查的就有十四次之多，挂单之处有白云禅院（白云庵）、韬光庵、秋社、新新旅馆、陶社、巢居阁等。风流蕴藉的杭城成了苏曼殊避难会友的洞天福地，西湖则似乎是其梦中佳人，漫游日本时念念在兹的也是“何时归看浙江潮”，而孤山最终成其埋骨之地。

苏曼殊游历杭城，最常住在西湖之畔、与雷峰塔相邻的白云庵。1905 年秋后，他又驻锡此庵，在晨钟暮鼓中作诗、绘画、谈禅、泛舟，写下了著名的《住西湖白云禅院》。

白云深处拥雷峰，几树寒梅带雪红。
斋罢垂垂浑入定，庵前潭影落疏钟。

“白云”和“疏钟”是禅诗和禅味诗常常出现的两个意象，静物也许没有比白云更能体现禅家的闲淡，动音也再没有比钟声更富有诗意和禅味的了。近禅人和禅家对钟声的偏爱在心理层次上是多重的，钟声不但能唤起人们对寺庙的情感，同时也是一种时间定位和地点定位，使诗人在万籁俱寂中获得一种依托感、相伴感；钟声动亦静、实亦虚、动静不二，象征着禅的本体和诗的本体，诗人在对袅袅钟声的体味中，易将宗教情感转化为审美情感，超越于形象之外的绵长诗韵从中流泻。

《住西湖白云禅院》中最有灵气的就是“雪中红梅”和“远钟疏音”了。“白云深处拥雷峰，几树寒梅带雪红”，视觉上：一个远景，幽静的白云庵似乎将静穆的雷峰塔拥入怀中，或也可解读为悠闲的白云掩映着雷峰塔；一个近景，皑皑的白雪中冷傲的红梅独自绽放，远近互衬，化虚为实、化空为色，静穆中蕴藏着活泼，拟人化的“拥”和“带”字，不但生成一种悠然闲静的氛围，在空间上也造成一种空阔的层次感。接着，在释子心空的澄澈中，几杵“疏钟”落音，遥遥传来，纡徐回荡在水面上，“感觉挪移”的修辞方法，将听觉上缥缈神秘、禅意浓郁的钟声，幻化为视觉上徐徐落入白云庵前潭影里的音阶，声音的波动因“落”字具有了一种姿态美，化静为动、化实为虚，时间与空间、虚实与静动交融莫辨，瞬息与永恒同在，禅境与诗境共生。苏曼殊以禅入诗、表现禅思禅悦的诗作并不多见，他很少有向心空门的空静心境，而是惯于将禅宗的“唯心任运”化为一种“自我”的存在——或许唯有水木清华的杭州，唯有西湖之畔的悠悠白云、雪中红梅、袅袅疏钟才能让诗人坠入“澄澹精致”的神秘世界吧。

1908 年初秋，苏曼殊再次赴杭州住进白云庵，和僧人得山、意周由相识到深契；后又移至北高峰下韬光庵，绘《孤山图》《西湖泛舟图》寄赠陈独秀，又绘《听鹃图（二）》拟赠刘三（季平）。《听鹃图（二）》后由友人代书跋曰：“昔人《天津桥听鹃》词云：‘最可惜，一片江山，总付与啼鴂’！衲今秋弛担韬光庵，夜深闻鹃声，拾笔图此，并柬季平一诗，诗曰：‘刘三旧是多情种，浪迹烟波又一年。近日诗肠绕几许？何妨伴我听啼鹃。’”上海华泾人刘三同样是位杭州迷，是苏曼殊恨不能时时随其左右、对床风雨的挚友，所以刘三在函中戏言曼殊："只是有情抛不了，袈裟赢得泪痕粗。"在此期间，苏曼殊还请刘三题写了"楼观沧海日，门对浙江潮"的字幅。两位诗友诗酒唱答，"多情种"伴"有情僧"，不知在西子湖畔留下了几多故事。而刘师培此间所见到的苏曼殊却是另一番行状："尝游西湖韬光寺，见寺后丛树错楚，数椽破屋中，一僧面壁趺坐，破衲尘埋，藉茅为榻，累砖代枕，若经年不出者。怪而视之，乃三日前住上海洋楼，衣服丽都，以鹤氅为枕，鹅绒作被之曼殊也。"此次苏曼殊流连杭城一月有余，直到杨仁山邀其至南京金陵刻经处祇洹精舍担任教习，才束装而去。

杭州城留给苏曼殊的确实并非全是"西湖歌舞"的赏心乐事，也有过惊骇惶然。1909年9月，苏曼殊第八次踏歌杭州，"去逐刘三共酒杯"，还是住在白云庵——此庵当时成了光复会和同盟会浙江分会的秘密联络处。苏曼殊在小楼上挂有一幅手书的小联："小窗容我静，大地任人忙"。岁月静好似乎并不容易，这一年与曼殊旧谊匪浅的刘师培已明目张胆地背弃革命，投靠两江总督端方了。同样隐匿白云庵的亡命客雷铁崖不明真相，以为苏曼殊也随之做了叛徒，愤然投其一封恐吓信。苏曼殊百口难辩，为表清白，匆匆离杭返沪。刘三闻听此事后写诗相慰："流转成空相，张皇有怨辞。干卿缘底事？翻笑黠成痴。"章太炎在《书苏元瑛事》中也曾言及此事："元瑛可诬，乾坤或几乎息矣。"替其澄清。1912年初，苏曼殊从爪哇返国，在上海《太平洋报》任主笔，雷铁崖专程到报馆拜访苏曼殊，彼此恩仇尽泯，惺惺相惜，曼殊作画相赠。

1913年7月，孙中山发动的"二次革命"声势高涨，各地纷纷通电宣告独立。"以言善习静为怀"的苏曼殊以佛教界名义，在上海《民立报》发表《讨袁宣言》，声讨袁氏"甘为元凶"，以致"兵连祸结，涂炭生灵"。但"二次革命"旋而失败，苏曼殊遭上海镇守使郑汝成通缉因而再次避祸杭州。诗人寻幽访胜、品茗食鸡，踽踽独行于颓圮的雷峰塔下，偶尔会捡一块残砖断瓦，但"临瞻故园，可胜怆恻"，于是借钱塘名妓、埋香西泠桥畔的苏小小抒发内心抑郁："何处停侬油壁车，西泠终古即天涯。捣莲煮麝春情断，转绿回黄妄意赊。玳瑁窗虚延冷月，芭蕉叶卷抱秋花。伤心怕向妆台照，瘦尽朱颜只自嗟。”他在诗中以“转绿回黄”喻指革命事业的反复无常，以“冷月秋花”表明自己已经心灰意懒。

苏曼殊喜欢杭州，除了迷恋那里的湖光山色、禅林寺院、佳朋善友，还有美食诱惑着他。苏曼殊最喜欢甜食，而杭州是吃甜食的天堂，他曾记录在杭州“日食酥糖三十包”。苏曼殊最喜江南的八宝饭，1913 年春在安庆教书时曾致函柳亚子：“至小蓬莱吃烧卖三四只，然总不如小花园之八宝饭也。”1914 年初又复柳氏书札：“每日服药三剂，牛乳少许，足下试思之，药岂得如八宝饭之容易入口耶！”糖月饼也是其最爱，1916 年 9 月于日本致徐忍茹信中，还抱怨说：“月饼甚好！但分啖之，譬如老虎食蚊子。先生岂欲吊人胃口也？……余但静卧，以待先生将月饼来也。”信尾再次嘱咐：“望带莲子蓉月饼四只，豆沙饼六只。”在没有甜食可用时，他甚至“生鲍鱼加糖酢拌食”，南社同人、小说名家包天笑曾作诗调侃苏曼殊：“松糖橘饼又玫瑰，甜蜜香酥笑口开。想是大师心里苦，要从苦处得甘来。”

无糖不欢的苏曼殊自 1913 年起常常被“洞泄”等各种肠胃疾患所折磨，但这并不妨碍他一如既往地贪吃甜品，朋友送他绰号“糖僧”，他也乐得自认。1916 年底到 1917 年 4 月间，苏曼殊在沪杭间往返三遭，又东渡探母，6 月中旬回国后居于上海，到冬季肠胃病加深，再也未能离开医院。病骨支离中，盼望着“有痊可之一日”的苏曼殊仍然忍不住偷食糖栗，终于导致不治而驾鹤西归。可以说，是嗜甜这一顽习最终要了诗僧“微命”。

在苏曼殊短暂的生涯中，杭州是他魂牵梦绕、流连忘返的所在，漫游西湖，他每每言曰：“如此大好河山，将来必埋骨于此。”在暂厝破败寥落的上海广肇山庄六年后，南社创立人陈去病、柳亚子开始为苏曼殊寻找墓地，杭州当然是首选。杭州的南社女诗人徐自华慨然捐出西湖孤山北麓一片私园，作为诗僧的安魂处；曾称誉曼殊“率真”的孙中山“赙赠千金”，以成此事。1924 年 6 月 9 日，暖风和煦，湖光粼粼，苏曼殊终于落葬西湖之滨、孤山之阴的西泠桥南塊，墓前的石塔上镌刻着六个大字——“曼殊大师之塔”。他的墓地与其赠诗的苏小小义冢南北相对，与“鉴湖女侠”秋瑾墓园隔水相望，这绝佳的栖息地真真应了曼殊所谓“闻道孤山远，孤山却在斯”的念想，因拜伦译介而与苏曼殊相知的刘半农写下这样的悼诗：“谁遣名僧伴名妓，西泠桥畔两苏坟。”这年9月，雷峰塔轰然倒掉，泉下的诗人可否还在吟诵着“白云深处拥雷峰”？

若说千古流芳的《白蛇传》生动演绎了情天恨海与禅林古刹在杭州相生相克的传奇，而“禅”与“情”冰炭同炉的苏曼殊的杭城缘似乎也暗藏着一条悖论：“暖风熏得游人醉”的西湖，本该是“无量春愁无量恨”的情僧淡忘世事、含杯选曲的风月宝地，却恰恰成了他一次次政治冲击下的逃亡之所。杭州城里秋瑾的杀身成仁、白云庵的庇护志士、光复会的啸傲山林、同盟会的煮酒论英雄、辛亥年的三千援军驰南京……也都暗暗参与了苏曼殊的杭州人生，就连其最终落葬孤山也是仰赖革命同仁的慷慨襄助。

或许唯有这座表面上闲适散淡而骨子里风骨俊朗的历史名城，才能成全“情爱”“参禅”与“革命”如此和谐共存——这才是杭州之于苏曼殊最富意味的地方，而那个容忍情、僧、革命圆融一体的时代也是别有风情的吧？

原载《文汇报》2019年1月22日

“指点荒烟锁石城”——苏曼殊与南京

借甚声华的南京自古乃虎踞龙盘之地，晚清以来更是文人荟萃。作为南雍重镇，南京给予苏曼殊的是三种东西：壮怀激烈的豪侠游、拓升佛学名望的教职、人生第一次刻骨铭心的情缘。

苏曼殊一直是以出世的情怀做着入世的文章，既勇猛精进又淡泊如闲云野鹤。1904年初春，他第一次效法历史上的高僧大德法显、玄奘，只身万里做白马投荒客，劳劳行脚沿蜀身毒道到达暹罗、锡兰等地，在那里研习梵学。这次远游后，苏曼殊在心理上初步告别了“海天龙战血玄黄”的狂飙突进，其国族关怀的方式从“披发长歌览大荒”的义侠行动转向“湖畔枕经”的文化自新，仅前后任职的学校就有十余所。苏曼殊一生多次到南京游历，有三次颇值得一记，即 1905 年担任江南陆军小学堂教职、1906 年中秋冶游南京、1908 年到金陵刻经处梵文学堂祇洹精舍任教。

1905 年夏，苏曼殊应南京陆军小学堂邀请，与刘三自上海赴宁出任英文教员，并会同伍仲文办理江南阅书报社。关于筹办此社，伍仲文曾与苏曼殊言：“窃以先革心者，始可言革命。”他们声气相求，天然契合，晨夕共餐，共同探讨佛学与社会问题。一次，两人一同登临同泰寺（鸡鸣寺），俯瞰玄武湖，远眺钟山路，顿觉尘怀清远，遂作《游同泰寺与伍仲文联句》，“天空任飞鸟，秋水涤今吾”，或许可见其当时情致。对于苏曼殊而言，无论是任教南京陆军小学堂，或是参与阅书报社，都谈不上有多少成就，但其间的交游却对其影响至深。除了与伍仲文深契，苏曼殊还拜会了陈散原（三立）、陈师曾（衡恪），而最为重要的则是结识了赵伯先。

1905 年初，从事反清革命的赵伯先到南京投奔新军，任某营管带，后晋升为标统，成为同盟会主要领导人之一。苏曼殊在聚会上交遇赵氏，二人“相见恨晚”，立即引为知己，常并辔出营，纵马钟山之麓——按苏曼殊自己的说法，是“按剑高歌于风吹细柳之下”“驰骋于龙盘虎踞之间”，望长江盘绕如龙、钟山雄峙如虎，内心充满了“壮士横剑看草檄”的豪迈。或许，此情此景让苏曼殊想起谭嗣同的《潼关》诗：“终古高云簇此城，秋风吹散马蹄声。河流大野犹嫌束，山入潼关不解平。”苏曼殊最为推崇此诗，“不陷柔弱”，与潼关之雄伟正相宜；而诗行间那种悲亢与高昂、压抑与放旷的蕴藉，以及“河流大野”冲荡一切阻碍、雄浑高逸的奔涌气势，不是正与金陵气韵相投吗？这正是“稍陷柔弱”的苏曼殊所钦羡的吧！于是，苏曼殊以《潼关》入题，绘《终古高云图》赠送赵伯先。1907 年，苏曼殊重忆南京游，作《潼关图（一）》《潼关图（二）》，和前两图一样，均题有谭嗣同的《潼关》。

1905 年南京之行后，苏曼殊与赵伯先一直相厚。1906 年夏，苏曼殊曾应刘师培之邀以“苏湜”为名赴芜湖赭山皖江中学堂任教，之后由陈独秀陪同东渡赴日本寻母，8 月一同返国后再至皖江中学堂。但是，此时反清运动如火如荼，芜湖遍地革命风潮，学校无法开课。于是，中秋时节，苏曼殊和安徽怀宁邓绳侯等一起再一次行脚金陵，有缘与赵伯先又一番豪侠行。有感于赵公的盛情款待，尤其是感佩其“澄清天下之志”，苏曼殊为之绘《绝域从军图》，请刘三书龚自珍《漫感》诗于其上：“绝域从军计惘然，东南幽恨满词笺。一箫一剑平生意，负尽狂名十五年。”后来苏曼殊本打算再绘一幅《饮马荒城图》送给赵伯先，但未及兑现二人已阴阳两隔。1911 年初，革命党策划广州起义，赵伯先以其统军资历和卓越的军事才能被推为起义指挥部总指挥，黄兴为副总指挥，但起义以失败告终。5 月，赵伯先在香港病逝，真所谓“出师未捷身先死”。苏曼殊不违前约，1912 年绘成《饮马荒城图》，后拜托朋友带至香港，焚化于赵伯先墓前，以完夙愿。如今，江苏省镇江市有伯先公园和伯先路；丹徒县大港镇还存有赵伯先故居，已在 21 世纪之初修缮一新，对外开放。

在苏曼殊担经托钵的生命经验中，唯有南京，以大写的阳刚塑造过他、改写过他：如果说金陵王气给一向“袈裟和泪”的苏曼殊以气壮山河的熏染，任侠仗义的赵伯先则传染给诗人一种超迈豪情，这也是其一直感怀这段南京缘的内因。

苏曼殊最为看重的另一段南京缘则是 1908 年任教金陵刻经处梵文学堂。1866 年，安徽池州杨文会（字仁山）在南京劝募资金，创办金陵刻经处。这是中国近代第一家由佛教学者创设的集编校、刻印、流通佛典并兼事讲学的佛教文化机构，至今依然延续，影响极为深远。梁启超在《清代学术概论》中称佛学为“晚清思想界一伏流”“今代治佛学者，殆无一不与佛学有关系；而凡有真信仰者，率依文会”。1907 年，杨文会在金陵刻经处开办祇洹精舍，渴望“以英文而贯通华梵”，使“凡圣交参”“佛日重辉”，这与苏曼殊所主张的“沟通华梵”“同圆种智”颇为投契。于是在 1908 年 10 月 5 日，苏曼殊应邀赴南京出任学塾英文教习。祇洹精舍的教职乃“各尽义务，不送修金”，“人人自知分所应为，无主客之分，平等平等，各尽其心而已”。精舍的住处也极其简易，曼殊所住房间是刻经处经典储藏室，四壁琳琅，都是些《华严经》《法华经》等经书，其行榻，便萧然横际在书城里面。杨文会对当时在佛学界、文艺界声名鹊起的苏曼殊很是尊重，经常与苏曼殊切磋佛义，更在他卧病期间为其讲说信徒故事。苏曼殊对杨文会也极为景仰，不仅不计报酬地在精舍授课，还为其翻译往来梵文书信、文件，并多次在书信及笔记中对其开办学堂事赞赏有加，后来更将自己在精舍的经历改头换面写入《绛纱记》，小说中的阳文爱就是指杨文会、瑛即作者自指：“时阳文爱、程散原创立祇洹精舍于建邺，招瑛为英文教授。后阳公归道山，瑛沉迹无所，或云居苏州滚绣坊，或云教习安徽高等学堂，或云在湖南岳麓山，然人有于邓尉圣恩寺见之者。乡人所传，此其大略。”

胸怀“佛日再晖”之志的苏曼殊在研习佛学上与章太炎多有切磋，但苏曼殊的追求既不同于章太炎实用主义的“用宗教发起信心，增进国民之道德”，也不同于后来小乘佛教的李叔同的个人修为，更谈不上传统意义上的“普度众生”，主观上佛学是他心灵的休憩地，客观上佛学又是一种学问。待其交游面越来越广，渐渐认识到佛义的精奥以及梵文作为重构印欧诸语言关键语种的重要意义，苏曼殊开始深入研习印度文字和文学，佛教在他已不纯然是一种精神向度上的避风港，重译佛经等成其“反抗平庸”的生命追求，这也是他愿意担任精舍功课的原因。到 1908 年年底，他“尽瘁三月，竟犯唾血东归”。这次任教经历，也使苏曼殊的人生观念发生了变化，不仅收敛了早期那种革命狂热，也改善了他对“五浊恶世”的悲观绝望，继而进入了文艺创作的高峰期。苏曼殊在佛学界地位也不断拓升，蜚声于世，1909 年，章太炎在恳请杨氏接待印度婆罗门师时，书函中也曾借重苏与杨的交情。

教书、交游、谈佛论禅，但以“天生情种”著称的诗僧邂逅风月无边的秦淮胜景，不撞出点火花来那一定索然无味吧。南京，慷慨地带给了苏曼殊一段有情有义的佳话。1905年，在南京陆军小学堂教书时，苏曼殊偕同刘三一起浪游秦淮，结识了河上校书金凤，交谊颇深，但出于身份特殊而无法绾结同心。1906年春，苏曼殊自南京赴长沙任教，记起金凤曾出素绢索画，但画作未成而急于逃离欢场的金凤已匆匆他适，留给苏曼殊的是“美人泪眼尚分明”的追忆。这是诗人平生第一次羁縻于情网，念之甚切而无望，苏曼殊因之补做《渡湘水寄怀金凤图》。因南京城有莫愁湖，此后苏曼殊便借助古代“石城莫愁”的典故“张冠李戴”，以“莫愁”指代金凤。1906年中秋重游金陵期间，苏曼殊念念不忘旧情，二人偶有幽会，邓绳侯曾作《忆曼殊阿阇黎》一诗记之：“酒家三日秦淮景，何处沧波问曼殊？”在祇洹精舍任教时，苏曼殊与金凤仍有通信。离开南京赴日本后，诗人作《柬金凤兼示刘三》二首，问询“莫愁此夕情何限”；幽梦无凭，作《集义山句怀金凤》：“收将凤纸写相思，莫道人间总不知。尽日伤心人不见，莫愁还自有愁时。”苏曼殊一生情根难断，最为钟情的女子除了这位南京秦淮的歌女金凤，还有东京调筝人百助枫子、上海北里的花雪南。苏曼殊为她们写诗作画吃花酒，一挥千金，即便在重疾期间还不忘委托友好“善护群花”，真乃痴子，而他在革命者、诗人、佛之子、人之子多重身份之间的痛苦纠结，也正是其“多愁善病”的根由所在吧。

“我本负人今已矣，任他人作乐中筝”的苏曼殊，最终是“契阔死生君莫问，行云流水一孤僧”。孤窗无那，愿得有诗暖你！

原载《文汇报》2019年3月13日

【主编者言】有了名气而成为标杆，总要被比附追攀，“威尼斯”三个字就被不少地方拿来譬喻、形容自己。但是威尼斯的厚实文化内涵无法模仿，还有它所引发的无尽遐想。

在威尼斯遐想

樊　星

啊，这就是风景如画、典雅高贵的威尼斯！

那么多年过去了，在阳光下波光粼粼的大运河依然那么波光粼粼，清亮喜人，依河而建的教堂、剧院、大楼依然那么庄严肃穆，而在运河上穿梭的大大小小船只也依然那么热热闹闹。威尼斯青春常在、永远不老的奥秘是什么？

威尼斯是世界闻名的水城。117 条纵横交错的河道，由 400 多座长短不一的桥连成一气。一条弯弯曲曲、贯穿全城的大运河，又以宽阔的气势汇合了条条河道，流向浩渺的亚得里亚海。运河上是川流不息的水上快艇和“水上的士”贡多拉，为络绎不绝的游客提供交通和旅游的便利。运河两岸，高大的教堂、政府机关、博物馆和平民百姓居住的民居鳞次栉比，呈现出错落有致的美感。那一处处简易的码头则将游客引入古老的石头铺就的街衢巷陌，小巷中常常藏着气派不凡的旅店与豪宅，令人想起那句唐诗：“曲径通幽处”。不宽的街面上密集排列着数以百计的小餐馆和出售琳琅满目纪念品的小商店。而那些小店中最多的，是五光十色的面具店。这是威尼斯一道独特的风景：各式各样的华丽面具是每年一度的威尼斯狂欢节的流行经典符号。据说威尼斯狂欢节可追溯到 1700 多年前。来自欧洲各国的贵族在这里看演出、看游行。有的说是为了将自己的尊容伪装起来，以免被人认出；有的说戴着面具就可以和当地民众融合在一起，不分彼此。那面具有的是夸张的动物脸谱，有的是令人惊悚的鬼怪神情，还有的是美女帅哥的永恒微笑，都拥挤在一扇扇明净的橱窗中散发出神秘的气息，吸引着熙熙攘攘的游客们。由此形成了威尼斯的“面具文化”，热烈而神秘，魔幻也眩目。看着那些色彩斑斓的面具，我忽然想到了在中国民间广为流传的傩戏。傩戏有“中国戏剧活化石”之称。傩戏中演员戴的傩面具多鬼神形象，于狰狞、凶悍的脸谱中寄托了人们祛邪避祸的心愿，极具视觉冲击力。还有藏戏，也是戴着面具表演的地方戏。对了，还有川剧中的“变脸”。中国戏剧多有脸谱，所谓“红脸”（如忠义的关公）、“白脸”（如奸狡的曹操）、“黑脸”（如正直的包公）、“花脸”（如丑角）等，都在标明角色的身份、性格的同时，也给观众以古旧沧桑、神秘新奇的审美体验。而川剧的绝活“变脸”则是让一个角色在眨眼间变化出各色脸谱，表达出剧中人心理、情绪的迅速变化。这一绝活的瞬息多变也是借助一张张面具神不知鬼不觉实现的，因此达到魔幻效果，引起轰动。如此看来，同是假面，意义不同：威尼斯人在假面的伪装下释放狂欢的热情，可谓戴上假面，人人都是演员；而川剧演员则是通过变脸赢得观众的喝彩，可谓借助变脸，娱乐大众。至于傩戏和藏戏的面具，还富有神秘的宗教意味。假面因此而丰富多彩也耐人寻味。

威尼斯是举世闻名的“狂欢节之城”。威尼斯狂欢节每年都以万众穿上光怪陆离的艳丽时装，戴上千奇百怪的假面，载歌载舞、尽情作乐释放出大众的激情，也彰显着威尼斯的城市精神——活着就好！快乐就好！来自四面八方的游客在购买纪念品时也常常选择最具有威尼斯特色的假面，威尼斯假面因此不需广告也迅速走向了世界。

威尼斯是水城，一派柔美、妩媚的风情。街道逼窄，却古色古香，石头铺就的路面足以触发人们的思古幽情。店面不大，却风情万种，各种明信片、冰箱贴、假面具争奇斗艳，惹人流连。条条河道上来往穿梭的快艇、贡多拉，也都小巧玲珑、五光十色。然而，渐渐地，我注意到，威尼斯有威尼斯的威武雄壮。这是威尼斯城市精神的另一面。

拿破仑来过威尼斯。他在见到圣马可广场时发出了由衷的赞叹："欧洲最美的客厅""世界上最美的广场"。此言由一位几乎征服了整个欧洲的法国皇帝发出，耐人寻味。这座广场永远游人如织。还没有走近广场，就可以通过人流的涌动感受到广场的强大气场。一走进广场，你就会发现它的雄伟、崇高、壮丽难以言表、叹为观止。广场上有一座楼名叫"拿破仑翼楼"，就是拿破仑占领威尼斯时所建。这座以拿破仑命名的大楼与相距不远的那尊骑着战马、挥舞着战剑的意大利之父维克托·伊曼纽尔二世的青铜像彼此呼应，为广场增添了英武之气。这青铜像使人想起罗马的威尼斯广场上维克托·伊曼纽尔二世威严的青铜像，两尊塑像都凸显出灼然可感的意大利民族意识，凛然而庄重。维克托·伊曼纽尔二世像的下方，还有一座手持权杖、振臂呼唤的女性塑像，她的身边，是一头正在怒吼的飞狮，进一步烘托出浓烈的威严之气。这座广场因此为水城增添了辉煌壮丽，而且散发出浓浓的历史感和民族尊严感。

广场得名于基督教圣徒圣马可，他是《新约·马可福音》的作者。庄严华丽的圣马可教堂在气势上似乎不如梵蒂冈的圣彼得大教堂、巴黎圣母院、科隆大教堂那么恢宏，那么肃穆，却自有金碧辉煌、熠熠生辉、神采飞扬的独特气派。特别引人注目的是，这座里里外外镶嵌有许多宣传圣经故事的马赛克贴画的教堂曾经是威尼斯的中心，然而在后来长达一千年的不断扩建中，它的周边渐渐耸立起众多的宏伟建筑——从紧邻的原总督府到与大教堂对面而立的高高的钟楼，从与钟楼比肩而立的静静的图书馆到近在咫尺的两根高高的花岗岩石柱，石柱上立着气势夺人的威尼斯守护神飞狮和圣狄奥塑像，宣示着威尼斯的威风凛凛、不同凡响。这头飞狮也出自《圣经》，据说代表马可。威尼斯的狮子雕像非常多，仅圣马可广场就有 14 座。其中，打开《圣经》的飞狮是正义与和平的化身，也是久负盛名的威尼斯国际电影节的标志。众多的建筑使整个广场没有突出的中心，而是呈现出连绵起伏、浑然一体、巧夺天工、美不胜收的绚丽多彩，令人不由得惊叹连连，不断拍照。意大利人深厚的宗教情感、民族情感，又与弥漫在广场上的人间烟火气浑然天成融为一体——那些生意兴隆、人气鼎沸的精品店、咖啡店、小吃店、纪念品商店，还有那些悠闲漫步的鸽子一起，相得益彰，蔚为奇观。到了冬季，近在咫尺的海水常常会漫上广场，却也因此为灯火辉煌的广场增添了如梦似幻的浪漫情调。那些风格华美的建筑在海水的衬映下更显得摇曳多姿。当年，航海家马可·波罗就是从这里驶向世界的。辽阔的亚得里亚海与圣马可广场上的这些教堂、钟楼、塑像彼此依偎、互相辉映，更多了万千气象，无限风光——华美、艳丽、璀璨、雄奇，而且充满灵动之感。真有人间天堂的感觉！

当神圣的教堂在外观上也散发出金碧辉煌的光芒时，我感到了这座教堂的不同一般；当庄严的教堂与世俗的官府、众多的精品名店连成一片时，我也感到了意大利人在宗教情感与世俗享受之间的豁达情怀。而那些引人注目的飞狮形象，连同意大利之父的挥剑塑像，则不断强化着威尼斯的威武精神。圣马可广场因此而独具风采，不拘一格又异彩纷呈，威武庄严也华丽惊艳。

威尼斯还因为莎士比亚的名剧《威尼斯商人》而声名远播。威尼斯的一处名胜里亚托桥就是《威尼斯商人》故事的发生地。多少人慕名而来，在此徜徉。白天，这里总是人头攒动；到了晚上，这里也一直流光溢彩。

莎士比亚的许多剧作故事都发生在意大利。据统计，莎翁37部剧作中就有13部故事发生在意大利——《罗密欧与朱丽叶》的悲剧故事就发生在离威尼斯不远的维罗纳；《维罗纳二绅士》写的也是维罗纳故事；还有《奥赛罗》的悲剧故事也发生在威尼斯；而《尤利乌斯·恺撒》的悲剧则发生在罗马。此外，《暴风雨》的故事主人公，也是米兰公爵。一位英国诗人，写的许多故事都发生在意大利，可见意大利的巨大魅力。我因此想到了爱尔兰女作家伏尼契的名著《牛虻》，也是一部讲述意大利革命者的好书。那本书，曾经给《钢铁是怎样炼成的》一书的作者以激励，在中国也曾经影响过一代有志青年。

许多学者认为，莎士比亚一生都未曾离开过英国，他的剧作中关于意大利的故事应该多半来自道听途说。然而，有一位美国法律学者理查德·保罗·罗却执意要找出莎翁在意大利的足迹。他利用二十多年的业余时间走遍意大利，展开了奇妙的文学之旅，以莎翁的十部戏剧（《罗密欧与朱丽叶》《维罗纳二绅士》《威尼斯商人》《驯悍记》《奥赛罗》《仲夏夜之梦》《终成眷属》《无事生非》《冬天的故事》和《暴风雨》）为指南，找到几乎每一个场景的确切位置，然后写了一本书《寻找莎士比亚：探访莎剧中的意大利》，证明莎翁不仅到过意大利，甚至非常熟悉那里的山山水水。此书已有中译本，2014 年由上海译文出版社出版。虽然，他的考证也不能成为解开莎翁是否到过意大利这一谜案的定论，然而，莎翁的“意大利故事系列”足以表明他对意大利的心驰神往、相当熟悉。就如同英国作家笛福没有到过中国，却在《鲁滨孙漂流记续集》中安排鲁滨孙的环球旅行从北京出发，横穿西伯利亚到俄罗斯。其中就写到了当时欧洲人还非常陌生的黑龙江。还有丹麦作家安徒生，也没有来过中国，却写下了《夜莺》那样的中国故事。阿根廷作家博尔赫斯没有到过中国，居然说过“我感觉，我一直在中国”，还写过《长城和书》一文，文中他把秦始皇焚书和修筑长城联系在一起，表达了这样的奇思：“空间范畴的长城，和时间范畴的焚书，是旨在阻挡死亡的有魔力的屏障。”堪称神秘奇思。他还写过《女海盗金寡妇》那样的中国传奇故事。尽管如此，像莎翁这样能够写出十多部意大利题材戏剧的，在世界文坛也不多见。莎翁让世界对意大利产生了浓厚的兴趣，而意大利也给了莎翁充足的浪漫灵感。

这，也就是来意大利旅游的人们在观光的同时常常会有一种特别的文学感的原因所在吧！是啊，多少地方都因为文学家生活过、旅游过，还留下了脍炙人口的诗歌、游记和小说而魅力倍增……

今天的威尼斯一直是旅游的大热门。天赋的水城，古老的传说，辉煌的广场，好客的居民，都使这里一直吸引着世界各地的游客。然而，一旦从热闹的人流中抽身出来，拐入曲径通幽的居民区，便会感到出奇的寂静。如果不是偶尔有居民从那古旧的门中进出，你简直会以为这是一座没有居民的城市。这座不大的城市面积不过 5.9 平方千米，常住居民据说只有 6.7 万，每年却有约 1900 万人次的游客来此观光。

了解威尼斯历史的人们都知道，威尼斯最鼎盛的年代是在中世纪。威尼斯共和国一度有过迅速崛起、不断扩张的历史，曾经称雄亚得里亚海，甚至与教皇发生过纷争。只是因为十五世纪海上新航路的开辟，加上十八世纪末拿破仑帝国的打击而衰败。然而，一个国家在政治上、军事上衰败了，却可以在经济上、文化上长期葆有青春的活力，这，便是威尼斯给世人的又一启迪吧！

去威尼斯旅游的人们，常常会去附近的两个小岛观光。这两个小岛，一个叫布拉诺岛，因为岛上的房屋被居民涂上鲜艳的七彩颜色（据说每年都涂一次，有的还在房屋外墙上画上色彩鲜艳的儿童画，比起现在到处可见的“涂鸦”美观多啦）而有了“彩色岛”的别名。想想看，色彩斑斓的一排排小屋，多么有童话王国的感觉！还有一个叫穆拉诺岛，因为岛上家家户户制作七彩的玻璃工艺品而有了“玻璃岛”的外号。这里的玻璃制品五光十色，琳琅满目，让人流连忘返，也好像在童话世界一样。这两个小岛都给人以“世外桃源”的感觉，安宁，又别有洞天。来来往往的观光客给小岛带去了一阵阵热热闹闹的气氛后，居民们会守着这份天赐的安宁“慢生活”，一代又一代，一直到永远。是啊，哪怕是一座小岛，也可以超越种种喧哗的新潮，守住自己的艺术特长，做出独此一家的特色来。这特色就是旅游的品牌，就是生活的法宝。

威尼斯电影节也举世闻名，是威尼斯的又一名片。电影节的举办地就在威尼斯附近的利多岛上。这座岛有“欧洲的夏威夷”之称，是英国诗人拜伦曾经居住过两年的地方，诗人还写过一首《威尼斯颂》，对“威尼斯败亡了”的历史感慨不已。这里也是德国作家托马斯·曼的名作《死于威尼斯》的故事发生地。根据这部小说改编的同名电影也曾经蜚声影坛。故事讲述了一位德国作家在威尼斯度假，因为邂逅一位美少年而精神一振，最后因此丧命也在所不惜。作品深刻揭示了人生与文学的微妙哲理：无论是追逐文学还是生活的幻美，都可能遭遇危险。这样的故事很容易使人想起歌德的名著《浮士德》。《浮士德》的主题就是上下求索，在不断超越中完成生命的不断升华。而《死于威尼斯》则写出了另一层意味。是啊，这世上，多少人的探索到头来终结于悲剧！据说利多岛迟至十九世纪才开发，平时幽静可人。到了每年的八九月间，这里就成了电影人嘉年华的所在地。一年一度的威尼斯国际电影节是世界上第一个电影节，开张于 1932 年，在国际影坛久负盛名，与德国的柏林电影节、法国的戛纳电影节同为国际三大电影节。中国导演张艺谋执导的电影《秋菊打官司》《一个都不能少》曾两次荣获威尼斯电影节最佳影片奖——金狮奖，美籍华人导演李安也因拍摄电影《断背山》《色·戒》而曾经两获此奖，还有中国导演贾樟柯的电影《三峡好人》也荣获此奖，这些都是华人电影走向世界的重要标志之一。而威尼斯电影节又是威尼斯双年展的一个组成部分。威尼斯双年展创办于 1893 年，以展览现代艺术而闻名，是世界上最著名的艺术展之一。威尼斯曾经是文艺复兴时期的一颗明珠。著名的威尼斯画派就拥有乔凡尼·贝里尼、乔尔乔内、提香等大师。他们为威尼斯增光，也为威尼斯留下了崇尚艺术的宝贵传统。即使威尼斯的政治地位下降了，它的艺术尊严仍然通过威尼斯双年展、威尼斯电影节乃至“彩色岛”“玻璃岛”流芳后世。高贵的艺术、从容的心态真是可以战胜时间、超越历史的。

因此，威尼斯就有了许多让人看不够的看点，也因此成为世界文化名城。离开威尼斯时，我感到自己还会再来……

原载《群言》2019 年第 10 期

【主编者言】对种子的观察、联想和思维的链接，加之自己与种子的有关经历，赋予种子以文化生命。为的是借题发挥，抒写情怀，试图将一首借物咏志的古诗做成现代加长版。

有翅膀的种子

万华伟

一

林中的静谧，不会因为鸟啼而紊乱。树根爬过松软的土层，覆在上面的叶子，心有不甘地褪去了本色，略微残存着上一个冬天的萧瑟，唯有枝头那一层萌动的绿意，散发出少女一样的生气。

我仰卧在枯叶间，那似朽非朽的叶子，在微风里扬起霉烂的气息。屏息听来，枯叶覆盖的土层下面，“噼啵”一响，那是一粒种子破壳的声音，接下来是无数种子破壳的声音，像一曲合奏，云朵背后的一场暴雨，隐藏在河流之下的澎湃，每一个音符都激荡着生命的光芒。那是春天的声音，草木萌动，万物歌唱。我闭上眼睛，在春风里憧憬，陶醉在花开的汪洋。

那无数破壳的种子，从哪儿来，随风落在这儿，又带了什么样的梦？多少个日日夜夜，它们蛰伏在冬季的土层里，等待漫长的生长轮回，那孕育的过程，又经历了怎样的严寒风雪？飞翔在风里的种子，一旦飘落融入土壤，便注定一朵花开，一棵树的成长。它坚硬的外壳，带着坚韧执着，不畏任何艰难，穿山越岭寻找它最终的归宿。那必定是适合它生长的土地，是一片贮藏梦想的地方，积蓄最后的能量，等待春风吹度一跃而出——带了缤纷的颜色、张扬的梦想，在春天里恣意绽放。

这是种子最后的寓意，借春风生长，春天又借花草而绚烂。自然神奇的力量，从来都不是独立的个体存在，它们相互依存，共融共生。它们在安静中私语，又在安静中追寻个体的存在，在和谐中实现各自的灿烂。共融和谐的力量，那样的顽强，那样的惊艳，超越了人类的想象。

因为种子的存在，世界光明灿烂，充满了魅力和遐想，那一荣一枯的生命张力，无不呈现出生命的寓意。我们留恋五彩的绚丽，也感悟于枝叶的荣枯，大自然用无声的语言洗涤我们的灵魂，带给我们启示。一如人类的生命过程，相同的时间，不同的过程。

假如没有了种子，也就意味着水的缺失，空气的流散，丧失了芬芳肥沃的土地，没有了生命的绿色，没有了人类依存的大自然。人类和动物，将面临一场劫难。或许自然能够离开人类，人类却无法离开自然环境。离开和谐的自然环境，人类面临的就是灭顶之灾，将付出巨大的代价。这是种子和大自然对人类无私的回馈。

二

这个世界上，任何生命的存在，都有寄托和意义。

在故乡的每一年春天，祖父都会把种子播到肥沃的田里，等到秋天变成灿烂的稻谷。我目睹了种子成长为稻子的过程，那样短暂，又那样漫长。发芽，分蘖，拔节，抽穗，扬花，灌浆……这是水稻成长的历程，每一生命的成长，都充满了仪式感。祖父常在饭桌上絮叨，禾发芽了，长叶了，分蔸了。话里满是喜悦，那时我们并不理解祖父的心情，只是看到他高兴，我们也高兴。成年后，总会想起祖父饭桌上的话，明白了那是祖父在守候种子，那心境像孩子仰望一树青桃、一蓬红色的桑葚一样。而孩子们不像祖父那么有耐心，等不到成熟，便摘下青涩的果子。等到祖父说，散籽儿了，那时候，稻子成熟了，就到了收割的日子。收获的稻谷，又成为无数的种子，帮助我们度过艰难的日子。预留下的种子，祖父会在来年播种入土。

秋后祖父挑选稻谷的种子，会选择一些中意的蔬果，取出里面的籽儿，一直贮存到来年播种的季节。贮存的方式，简单而异样，不用瓶罐，或其他容器，而是掺和在泥巴里，搅匀之后糊在墙壁上。这样的种子是幸福的，就像一个人在风雪呼啸的冬天，睡在昏暗温暖的屋子里。部分种子会露出表层，阴干后的颜色浅于泥巴。这种贮存方式十分有效，从未出现过霉变虫蛀。春天一来，祖父会揭下墙壁上的泥团，掰开揉碎，连同泥土一块儿播到地里。

记得在祖父掏空葫芦、取种黄瓜的日子，外面没有了可吃的蔬果，我偷吃了一根祖父未来得及取种的黄瓜，一根泛黄的老黄瓜，酸酸的味道，没一丝嫩甜。祖父发现后，笑着说你吃的是开春的黄瓜秧苗儿。父母一面嘟囔着，一面要动手，我吓得往外跑去。祖父一面撵一面喊，慢点儿。他跟着我，一直跟到太阳落山，盯着我拉下一泡屎，笑着说黄瓜秧苗又回来了。祖父是一个乐观豁达的人，他就地和泥杂了粪便，折一荷叶托回去，“啪”的一声糊上墙壁。

不同的种子，给了我不同的记忆。又何止爷爷在守候种子呢？飞翔的鸟，奔走的兽，跳跃的虫子，各种动物都在守候着大地上正在通往成熟的种子。日子漫长，它们一天天地数着日子，从春天一直数到秋天，它们望穿秋水，交头接耳，种子怎么还不熟呢？到底哪一天会熟呢？种子成熟的那一天，就是它们的节日，它们的年。那必定是和人一样的，放下了手中的活计，精心装扮一番，欢呼雀跃，万众歌唱，庆祝又一年的丰收。然后，它们大快朵颐，把自己的胃填满，直到胀得像一面鼓。它们不怕把胃撑破，它们有的是时间，慢慢消化着种子带来的幸福。即将进入冬天的时候，再把种子一粒粒收回家去，储存起来。到了漫长的冬季，一群鸦雀，一窝老鼠，众多叫不出名的鸟兽，各自守着落叶下、草丛里或者洞穴中的一仓种子。手中有粮，心中不慌。有吃的在，心理和生理上都有了依靠，日子平和踏实。冬天再漫长，风霜雨雪再严酷，最终都败给了一仓种子的温暖。

从春到秋，因为种子，大地万物复苏，有了无限生机。飞鸟守候种子，野兽守候种子，春天守候种子，祖父守候种子。守候的方式不同，但方向相同。万物感谢春天，春天感谢种子，祖父感谢生活，感谢大自然的慷慨馈赠。与其说守候种子，妥帖地说是守候希望，守候生活。生活中很多事是需要回头的，一回头就切换了全新的视角。当我们回过头来审视种子的时候，才发现渺小的种子的身上，折射着伟大和慈悲。

有了种子，就有了依靠，日子从容踏实，冬天再漫长，也敌不过守候种子的温暖。

三

风，给种子插上隐形的翅膀，是种子飞翔的动力。种子无法选择目的地，被或弱或强的风，随时随地抛掷。在陌生的土地，适应新的生存环境，抱紧发芽的梦想。无论肥沃和贫瘠的土地，不因选择而自弃，一样蓬勃着生命。它渴望着远方，有的种子达到远方，多半种子无力企及远方。像人类，都向往诗和远方，与诗和远方结缘的，只是少数勇敢的脚步，大多数人的结果是终老山林。而对于种子和人而言，远方未必就有适合发芽的土壤，有松软而且饱含钙磷钾的养分。种子期待自由的飞扬，恣意的旅途，充满对远方的憧憬，只是想在春风里绽开一朵花儿的妩媚，长成一棵参天大树。然后在风风雨雨里畅想大地和天空，深情，辽阔，那么自由，或者看着一众生灵在身边无忧无虑地生活。这是一粒种子梦想的结果，飞过山岭海洋的目的。它们有着诗一样的灵性，诗一样的情怀，诗一样与人类密不可分。人类和种子一样，有着共同的情结，都在追逐着诗情，犹如水和空气弥散在大地和天空。

种子是渺小的，小到甚至没有容积率。但它坚硬的外壳，经得起摔打、抛掷与撞击。它紧裹着生命的内核，积蓄着能量中的梦想，在春天到来之前，顽强地蛰伏于土层。不管是冰冷的土壤，或是雨水的冲刷，它坚信春天的到来和春风赋予的璀璨。

种子凭借信念，和外壳一样坚实的毅力，在风里跌跌撞撞，飞向远方。没有根的留恋，只有飞翔的渴望，像吉卜赛人，用整个一生，飞蛾逐火一般，完成对陌生土地的向往。骨子里浪漫的成分，犹如夜空中的星辰，接受一双又一双眼睛的遥望。一粒种子，也是浪漫的，它或许掉落山谷、河流，甚至山川以外更遥远的大海。它无法选择方向、目的地，只记着远方；没有回程，没有故土——只有远方。那远方才是它经风历雨重生的地方。无所谓漫长飞翔的过程，无畏土层的结构，只带着一颗坚定的心；发芽生长是无期的，只要有一隙能让它落下的土壤，这就是它和自然的约定；它不会违约，大自然也不会辜负于它，这是一场无约之约，生命之约！

在茫无涯际的草原上，风长驱而过，不分白天黑夜，柳树几乎没有生根发芽的机会。但是某一天，一旦在草地上隆起一些土堆，形成一道屏障，穿插迂回，随后就会发现，有柳树在它的周围生长出来。因为这种屏障不仅可以收集种子，而且还能对植物进行保护，从而使它落下脚来。柳树沿着土堆生长，就好像杂草沿着河岸生长一样，对它们来说，土堆就是河岸，而草地就是一个水波荡漾的湖泊。在这里，它们不仅享受着沙子的保护和温暖，还能用它们的根从草地中吸收水分，使它们的生长得到极好的保护与鼓励。

大自然是敦厚的，它会在不同的时段以不同的方式敞开大门，等候一粒种子的光临，就像人吱呀一声推开大门，恭候阔别已久的故人，然后用它无限的温床，孕育出无限的生机。

种子和人不同，它是没有乡愁的，随土而安，无处不故土。那旺盛的生命力，不屈从于土壤，不屈从于风雨。漫长的孕育生长过程，只为成为自然中浩瀚草木树丛中的一分子，好使自己回归母体，与大自然不离不弃。大自然才是根系，才是家和故土。

种子飞翔迁徙的过程，也许很短，也许漫长，不管长短，这条路上都布满了陷阱。有的会被风遗弃掉落在河流中，逐浪沉入河底潜入泥沙，等待河水枯竭，河床裸露，才有重生的机会。幸运者会落在滩涂，潮湿的泥沙，会伸出手来，剥去它们坚硬的外壳。那脆弱的生命，一旦受到外力的摧残，会迅速死亡。少数存活的种子，承受过太多的苦难，洪水，干旱，风雪，饥饿的牙齿，只有幸运地躲过这些之后，才能在来年生根发芽。抛掷在山谷的种子，随风在更坚硬的石块间，撞得头破血流，在石缝中苦苦寻找生存的土壤，经过了重重搏击，才实现自己的梦想。落在沃土中的种子，是幸运的，快乐地成长，备受人类呵护，梦想的花朵开得馥郁芬芳，但是这样的幸运，不会垂青每一粒种子。

种子渺小普通，正是这些种子，让人类有了归宿。坚守应有的本位，融入辽阔的大自然，成为自然界不可分割的一部分。

四

种子是有顽强生命力的，在沙漠，在悬崖，在地球的每一个角落，一点水，一片泥土，都可以怒放自己的生命，为自己，也为这个世界。

有天早晨起来，我发现书房地下的瓷砖缝里长出了一根嫩芽，白如纯银，细若发丝，它的悠闲和从容让我感到吃惊。我知道它并不是要和我抢地盘，只是无意中发现了这块地方。它并非想来探视我的生活、共我的悲喜，只是觉得这个地方可以让它长出一根芽来。我们经常感叹，世界真大。这个真大的世界对于种子来说，不是别的什么，就是一捧泥土，一捧可供生根发芽的泥土。

春天赋予种子复苏的使命，种子回馈给春天绿色世界。

没有什么力量，能够阻止种子的萌芽成长。无数种子会在接近发芽的状态时霉烂，无数种子也会破土而生，纷呈出美丽的颜色。它们取代凋谢的植物，顶替一份缺失的绿色，不让充满生机的世界，有一丝缺陷，有一分遗憾。它们伫立于地平线上，在阳光和风雨中，一样坚韧挺拔，以优雅或雄壮的姿态，亮出生命的旗帜。我们内心那美好的部分，都源于对生命蓬勃的感动。

在春风扬起的那一刻，活跃的种子萌动了，在春雨的催发下，钻出松动的土层，开始了一场生命的追逐。春天的太阳，带升了地表的温度，种子在温暖的土壤里，蠕动生长，最终看见了太阳，看见了陌生的世界。每一个种子带来的生命，都在阳光和春雨里，欢呼新生，期望灿烂。

在山川滩涂，在田野屋顶，在每一处细小的缝隙，都能看到种子发芽和顽强地生长。这是大自然的奇迹，是人类赖以生存的万物。人类与大自然相互依存的关系，越来越紧密。人类渴望回归大自然的目的，和种子一样执着。

在同一片蓝天下，人类与大自然相互共生。

对于生命的理解，种子和人类，有着相同的愿望。不畏惧任何恶劣的环境，不畏惧风雨，执着地完成生命的蜕变。那是化茧成蝶的灿烂，是大自然中最美丽的风景。

种子的嫩芽，柔软而脆弱，但风雨雷电，却无法将它折断。它能够穿过坚硬的土层石块，拨开稠密的草丛脱颖而出。人的头盖骨结合得非常紧密，生物学家和解剖学家用尽了一切方法，要把它完整地分开，都没有成功。后来忽然有人发明了一个方法，就是把一些植物的种子放在要解剖的头盖骨里，给予温度和湿度，使种子发芽。一发芽，这些种子便以可怕的力量，将一些机械力所不能分开的骨骼，完整地分开了。种子神奇的力量，远过于人类对大自然的征服。哪怕是冰雪世界，依然可以感受到，蛰伏在冰层下面的种子，正在孕育诗一样的绿色世界。那悄然萌发的生命，是人类的希望。

最先感知春天脚步的，是仰望蓝天的种子。伴随复苏的那一刻，低吟浅唱，那是春天的序曲。春天唤醒了沉睡的种子，等候千年的生命。千万颗种子，在第一声春雷里醒来，恢复生命的张力。

1951 年，在辽宁普兰店泡子屯村的泥炭层里发现的古莲子，在地下静静地睡了一千多年，它们并没有死亡，依然有着饱满的生命。1953 年，在北京植物园栽下古莲子，隔年的夏天，它们开出了粉色的荷花。种子穿越千年，在泥土里沉睡，拥有顽强的生命力。千年的古莲子，当时机到来，照样焕发出生命的灿烂，发芽成长，开花结果。我们惊讶种子的力量，那不屈的生命力，令人类叹息。这是生命的复活。

种子的力量，在大自然中无处不在。

一棵普通小草，结出的种子在一万粒至十万粒之间。一株美洲豚草，五小时内结出八十亿粒草花粉。小草那么卑微，那么弱小，谁会想到它竟有如此旺盛顽强的生命力。那几万几亿粒种子潜伏在泥土里，像整装待发的战士，只待一阵春风，一霎春雨，随时就会化作万顷波涛。

弱小与强大，高贵与卑微，屈从与抵抗，这些充满悖论的语义，都以和谐的形式深藏于种子的内心。一粒种子的世界，幽微，复杂，有山重水复、有千丝万缕的路径，蕴藏了无限的可能。最小的种子，五万粒山杨种子四克，二百万粒斑叶兰的种子一克；一颗红杉的种子仅零点零零五克，而高达一百四十多米，接近五十层楼高，寿命长达五千年的世界植物巨人——红杉树，却由它孕育而出。

五

每一个人都是大自然中的一粒种子，每一个人生，都是萌芽成长的过程。我们倾听种子萌芽的呼吸和呐喊，与种子私语，相互探究对方的世界。种子的梦想，与人类的梦想，除去更纯粹之外，还更强烈坚定。种子的执着，值得人类思考。

1905 年，荷兰人强占了摩鹿加群岛，为了垄断岛上的豆蔻（一种制造名贵香料的原料），下令严禁将豆蔻种子携带出岛外，违者处死。没过多久，其他岛上竟也长出了豆蔻，荷兰人大为恼火，以为是当地土人偷出了种子，向岛外传播，对他们严刑拷打甚至肆意屠杀……后来才发现，传播种子的，原来是岛上的鸟，还有风和海水。

殷红的血，宣告了种子的无辜和人类的罪恶。在一粒种子面前，人类的阴暗、贪婪、残忍，最终成为一个愚蠢的笑柄。

他们是大自然最渺小的种子，又是世界上最卓越的种子。

种子的智慧是无言的，是空与色的反观。它不仅仅延续了自身，还延续了所有动物的生命，延续了大地之上的烟火，延续了一个世界。它以圣徒献身祭坛的方式，实现了一种救赎般的普世价值，这是儒家的"仁"，是种子的宗教和哲学。

沉默的种子，慈悲的种子，坚强的种子，一直在叽叽喳喳地说着话，它们对风说，对雨说，对阳光说，对鸟兽说，也对我们说。风懂了，雨懂了，阳光懂了，鸟兽懂了，唯独我们不懂，因为我们还没有找到最好的翻译，听不懂它们说的话。

地载万物，沉稳宽厚，唯种子也传承了这样的秉性。

种子是大地的语言，如果有一天我们真正懂了，我们也就成了种子。

原载《厦门文艺》2019年第3期

【主编者言】写树，当然实际是写人，写人的命运和心路历程。作为一种象征，作为一种心灵投射和情感寄托，树悄悄立在离我们或远或近的地方，编写着与我们相同的生命密码。

以一棵树为起点

连 亭

站在一棵树下

我曾在一个小剧场看过一个演出，那次小剧团演出的是贝克特的《等待戈多》，据说他们选择此剧，是因为需要的道具少，只需要很少的演员和一棵树，并且剧中没有女主角。我不知道贝克特在场的话他会怎么看，无知的人被自己的无知蒙蔽了，一点也想不到此剧的复杂，于是又在人间演出了另一桩荒诞的悲剧。

在等待戈多的两幕剧里，整个舞台的背景只有一棵孤零零的树。两个等待戈多的人，频繁地做着毫无意义的事，等待着不知会不会到来的人，一个他们从未见过毫不了解的人。整部剧里，除了情绪，无法记住演员的任何事，因为他们在舞台上做的本就是无意义的。但是我记住了那棵树，它始终站在舞台上，看着一切发生。

剧终散场，我看到道具员把一根不知从哪里找来充当树的歪木头，扔在了剧场外的垃圾堆。这根歪木头，曾经是一棵真正的树，人们把它从大自然夺取过来，变成一根歪木头，在短暂地让它回忆一段作为树的时光后，又把它抛弃了。

我一直对那根歪扭光秃的木头印象深刻，似乎是因为自从我们站到人生这个舞台上时，就是一棵等待戈多的树。

在人生这个舞台上，我们背后的图景如此清晰又如此模糊。我们似乎永远是在黄昏中一条小路上的一棵树下等待的人，尽管无望，也一直在等待的人。等待“戈多”这个朦胧虚无的幻影，这个梦魇中的海市蜃楼，任由它决定我们的命运。

尽管荒诞，我依然觉得等待中的戈戈和狄狄是可爱的。他们等待中面临的环境如此恶劣，只有一棵快枯死的树，精神如此濒临绝望，他们依然在希望和憧憬戈多的到来。此时的“戈多”成了绝望中的精神寄托，无望的等待具备了感动人心的力量。我想这就是人生的意义所在。

我时常觉得，人类的力量不在于执着本身，而在于知悉处境之后依然怀揣着憧憬而执着。犹如被风吹到悬崖边的树，依然孤独地站在那里，寂寞而又倔强，既像是即将跌进深谷，又像是要展翅飞翔，最后站立的姿势都留下了风的形状。即使被雷电从树尖到树根齐刷刷劈掉半边，只要还活着，它就仍然直直地挺立着，春天到来时长满青青的枝叶，还是一整棵树那样高，还是一整棵树那样伟岸。

人生流寓于树，似乎并不是可悲的事。

如果《等待戈多》是人生的隐喻，那么我们所做的事，也可以视为“站在一棵树下渴求与等待的过程”。树尽管濒临枯死，依然是一双“非占有的保护之手”，并始终陪伴在身边。尽管它远不能成为避风港，也依然是一种保护，在那缺乏保护的舞台上。人类或许没办法在没有树的环境中生活。在大地上看到树，犹如看到伸向上帝的手。

戈多的树，或许是上帝派到舞台上的使者，又或者是上帝的雕像本身。上帝用绿叶装饰了树，今天，或许明天，戈多就会到来。而我们心中记得圣地的地图。

于是，我还站在一棵树下等。等一个将要出现或不会出现的人。

我身旁的这棵树，它的年轮像岁月的皱纹，又像我所有的心事。它长了那么多年，粗粝的树皮如同这个民族过于沧桑的记忆。它向空中伸出无数的手，不停地摇动，正如我一般想要抓住什么。

我时常希望自己能像树一般宁静。因为过于膨胀的事物总是在光芒中酸化，而那虚弱的巨人越来越像紧紧贴在一起的孩子。每一棵树都是自己声音的囚徒，把嘴巴深深埋入地里的树，它喝的是雨水的阴影，人们称此为沉默。树是能将水土稳固的最佳物种，它们将水的阴影转化成一圈又一圈的年轮。

我经常感觉我需要一棵树，一棵会开花结果的树。花朵是树木的狂欢，果实是树木狂欢后的馈赠。

树以年轮计算它的时间，而我用文字梳理我的岁月。人生荒诞，事物转瞬即逝，文字给人类提供了一种向“更强大的实存”内部“逃去”的方式（里尔克语）。这些年，我写下的文字像树的年轮般一圈一圈地扩大，内心始终充盈着一种淡淡的、倏忽远逝的、近乎通明又近乎悲伤的感觉。文字是岁月赠予我的花朵。我想花一直开，日落时她们还是合上了心房，风中若有若无的香也了无痕迹。

我又一次站到树下，这时我的身旁多了一朵由文字浇灌的小花。围绕着花儿，一只蝴蝶蹁跹起舞，为什么只有一只？它的家在哪里？有另一只蝴蝶在等着它吗？它为何徘徊不去，不怕巨大的黑暗不久就要覆盖回家的路吗？花自顾自地开，不是每一朵花都会结果。蝴蝶自顾自地起舞，不是每一只蝴蝶都有另一只蝴蝶在守候。我所写下的字，不过是梦里的呓语。

小村大树

我从没见过任何一个没有树的村庄。树于村庄，是一个浩繁的存在。

松树，苦楝树，石榴树，枣树，柿子树，芭蕉树，柳树，杨树，柏树，乌桕树，梧桐树，柚子树，橘子树，桉树……那么多的树，点缀在山间、门前、屋后、院中、田垄、河边……在乡村，树木在山岭上比石头更长久，又如同人类那般年轻。

树比人多，甚至比任何一种动物都多。有许多树能长成大树，尽管村民的很多生存必需物要从树那里获取。盖房屋、板床、牛车、扁担、柴火、晒衣杆等，都要从树身上得来。从树身上取下的枝干，构成村庄的各种零件。

村庄里的树很多，房屋就显得很少。这几年，房屋深深地隐藏在树林之中，一个比一个孤独。房屋里，通常是守着孤灯的老人，他们总是早早地卧床，却很难睡着，第二天天没亮又早早地起来。他们在世上要做的事情越来越少，醒着的时间却越来越多。

于是，老人们接二连三从比烟更细的房屋中走出来。我曾经在树下见到过一个百岁老人，她这样经历过清末、民国、新中国的老人，已经很久没露面了。像她这样的老人是不该出来的，她太老了，让人觉得世界到处是隐忧和危险，老屋才是属于她的地方。这个老人，她弯曲的影子单薄，扁扁地缩成一团，在秋风中晃来晃去，整个秋天都被折弯了。

我站在树下看老人的时候，桥上的一个人，同我一样，也正看向老人。似乎我们都感受到了某种必然的终点。我们终将老去，成为下一个老人。而此刻的我们，会成为老去时记忆里的某个片段。很多故事，是从回忆才开始的，也是从树的倒影或者树的声音才开始的。树进行着大自然晚秋的声响，与宇宙中其他的声音隐秘地汇合，这是生命之间最好的交流状态。我没有跟桥上的人说一句话，树在我们之间沙沙沙地响，我也没有跟老人说一句话，树在我们之间沙沙沙地响。我知道，这个老人，她出来，一定是因为某一段回忆苏醒了。屋子总是装不下苏醒的人。

多年来，我从未和人说起过村庄中一棵平凡的树，一个平凡的人。我希望他们在言说之外丰富着，因为语言如此乏力，他们的形象会因为简单的勾勒而损伤。可是，他们在我身后沉默地轰然倒塌了，于是我开始后悔，后悔没抓住他们，没为他们留下任何影子，他们就用倒塌制造出一生中最大的声响，响彻村庄。他们倒下后，村庄更加寂静，我的世界更加寂静。

于是树在我心底埋下的种子发芽了，它们在我的记忆里潜滋暗长，成为我不可忽视的大树。

记得村庄里有一棵大榕树，不知是哪个年代的人手植，或者只是一只鸟衔落的种子，今已亭亭如盖许多年。据说大清朝时，它已经有三个人合抱那么大了，太平军从金田起义后，前往桂林经过它，恋土的士兵曾扯下它几张叶子，放在嘴边，一首婉转的茶歌就从那叶子飞出了。黄埔官兵们北上时，或许也曾见过它的身影。而大扫荡的日军，则实实在在地在它身上留下许多弹洞，如今在树下玩耍的孩子，偶尔还能在草丛中捡到弹壳。“大跃进”时，曾有人提议要砍掉它当柴烧炼钢铁，村里的老人视之如命，拼死守护，才保住这棵村庄的神树。后来树下斗死过一个人，后来那个人被村民封为树神。如今，这棵树已有六个孩子合抱那么大，曾被台风刮断两根碗口粗的树杈，亦被雷电劈掉小半边树冠，但它依然挺立在村庄里，撑起半个操场大的树荫，农人闲暇时就在树下乘凉、下棋、聊天。

小时候，我常站在大榕树下，等父亲归来。那时，邓小平爷爷已经在中国的南海边写下诗篇，中国紧接着捧出万紫千红的春天，我的父亲在广东崛起的一座座城里，挣那座座金山边角剩下的血汗钱。他常常在正月元宵后的春天出发，直到雨雪霏霏的年前才回来。我知道一年中的大部分日子，我不会等到父亲，但我就喜欢在树下等的感觉。和我一起等的，还有一些老人，他们多半已经没力气到地里干活了，只好一天天地走到树下来，既像是在等远在他乡的儿孙，又像是在等自己的离去。

在那些等待的日子里，我发现村庄中的生命全都依存于树。有的命里必取名为树生，有的得认树为干爹干娘，并常年祭祀供奉才能养大。

我还发现，村庄中总有一些人越来越像树般不可缺少，人们依赖他们，就像依赖那些土生土长的树。他们，或笨拙，或木讷，或迟缓，或五大三粗，多多少少有着树的坚忍，里里外外沾点树的精神，这些秉性使得他们像村庄的树标，一切以他们为中心、为方向，才能找寻到村庄的秩序。

村主任，一个退役的大兵，到来时如同一粒从风中飘落的种子。他生得牛高马大，一脸胡子，额方面阔，长相有点凶，实际上为人和脾气极好。他在村庄生根后，颇有人缘，孩子们多半认他做“亲爷”，村民们有什么事都请他裁决。他时常从薪水中拿出部分钱给孩子们买课本，街坊邻居为鸡鸭猫狗的事闹矛盾，他说几句在理的话，评理断案，人人都服。他是村庄稳固的树标。

背着木箱行走山间村道的草药医师，整日跟细菌、病毒打交道，成天与树皮草根厮混在一起，深深地懂得什么树皮能治好哪个村人的病，什么草根与哪个婆娘的病症对应。仿佛在他手上散发香气的草根树皮，是整个村庄的病历本。我们只需弄懂他的草根树皮，就能了解整个村庄的健康状况。他是村庄安好的树标。

瓦屋土墙里的木老师，不英俊，不潇洒，会背唐诗宋词，晓得加减乘除，村庄的孩子都靠他开蒙。他原不是这个村的人吧，竟也落地生根啰！娶了个会耕田种地的婆娘，生了一对爱爬树的孩子，几度春秋，鬓已成霜。谁家的孩子叫什么名字，谁家的孩子写错别字，谁家的孩子爱哭鼻子，他了如指掌，说起来如数家珍。他是村庄成材的树标。

人人都说，村庄中能见到最多人的地方，是大榕树下；想知道村庄的纹理，去看看那些像树的人。

大城小树

大城有高楼、豪车、公路、霓虹灯、商场，有吃喝拉撒、喜怒哀乐。熙熙攘攘，纷纷扰扰，名利场中手起刀落，光怪陆离中万金如土。芸芸众生，众生芸芸，左右不过是生老病死四个字。

生、老、病、死，在大城也是不可避免的命题。再坚固的水泥，也终将老化。再高大的楼房，也躲不开风雨。再先进的科技与医疗，大城里的人也逃不开生老病死。这四个字，仿佛轮回的魔咒，谁也免不了，连死物如土石的大城也不能。不仅如此，这四个字占全已是大幸，而有的只得其中之“生”“死”，而无“老”“病”之机会，襁褓之中则夭折；而能够“生”“老”“死”而无“病”的，似乎从来没有。这四个字，只一个“生”字稍带喜庆，“老”“病”“死”与人如影随形，也与城如影随形。

因而，人们还想在大城保留一些持续的东西，比如泥土，比如在泥土上种一些树。这些树，是他们从城外强行搬进来的，由于水土不服总有些营养不良，但毕竟算得上是树。大城有了树，仿佛装了无数鲜活的净化器，人们在呼吸中，也仿佛觉到了光合作用的律动。

没有树的城市是不可想象的，正如没有鸟停歇的树是悲哀的。我一向不喜欢缺乏绿化的城市，霓虹闪耀、车水马龙的繁华热闹，若是没有树作为衬托，也只是没有生气的热闹而已。堆满楼、车的大城是死的，而树的加入，激活了城市。树静止时，如大城恪尽职守的卫兵。树摇动时，荡漾出轻微的波浪般的乐声。在树的一静一动中，大城获得庄重和脉动。而这庄重与脉动的布景里，常常少不了鸟的身影。在大自然中，鸟是跟随树生活的，人们把树搬到大城，就把鸟引来了大城。叽叽喳喳的鸟声，给大城增添一抹轻灵的亮色。

树本来长在乡野，由于人之关系，移进了大城。大城里的树，或许是旧的结束，或许是新的开始。冥冥之中，似乎是注定。或许只是一些微不足道的瞬间，比如树变换了风的走向，比如树接住了病房窗前的一缕目光，比如树读懂了匆匆行人的疲累，一切就有了不同的未来。树的每一次摇动，每一次呼吸，无法预知，无从抵抗，不经意间已将大城悄然逆转。于是，水泥砖瓦不再冰冷，生老病死不再艰难。

一直以为，是树把天上的灵气输送到地面。作为连接大地与天空的桥梁，树勤恳地充当大地与天空的使者。即使在大城里树与树的联系已经被我们阻断，无法连成森林。

在大城，人是容易忽略深受其裨益的树和鸟的。这是因为，树没有楼高，鸟鸣时声音也容易被汽车的噪声淹没。在大城，似乎人与树，各有各的存在，人和鸟，各有各的活法，可较之于人，大城更亲近于树和鸟。树是大城的佛性，鸟是大城的神性。

鸟类一出世，就具有俯视人类的高度。在漫长的日子里，它们始终在比人高的树上歌唱、捉虫、睡觉、孵蛋、生活，我们从来都只是仰望，而很少去惊扰，与其说是因为鸟，不如说是因为树。树拉开了鸟与人的距离，就隔开了一个缓冲的安全地带。但这并不意味着人类与鸟之间没有关联，在相安无事的岁月，人总会在不经意间为鸟而激动，比如有时经过一棵树，听到鸟鸣周匝，我们的耳朵会突然醒来，我们的头会不自觉地抬起来，对鸟投以欣喜的目光，对树发出由衷的赞叹。我们混沌的兴致一下子活过来，突然哼出一些遥远的曲调，仿佛自己又变回那个新鲜的血肉丰满的人。

我时常对大城里的树投以惊叹的目光，虽然它们脚下的泥土那么少，但它们的枝叶依然繁茂，始终朝着天空和阳光的方向延伸。走在大街上，坐在公交车上，站在窗前，我总在凝视所见到的一棵棵树，树也同样以宽容和悲悯的目光注视我。

我发现，不管人们在不在意，他们越来越离不开树了。在家里睡眠和在写字楼办公，他们需要树吸音。在公园与河边晨练，他们需要树来辅助吐纳。在车站候车，他们需要行道树来站岗和维持秩序……

我发现，越来越多的人，认为他们的寿命与树有关联。他们以树喻长寿，好像是树使得沉重的生命有了依傍。越是上了年纪的人，越是着急往树奔去。每当清晨和傍晚，社区里的大爷大妈，都郑重其事地从家里出来，走到公园里，走到广场上，走到任何空旷的地方，专心而虔诚地抱着一棵树练习吐纳。

前阵子我的一个朋友在大城添新居，费尽心力地将老家的一棵月桂搬进新家的花圃。我去看了这棵月桂，它已经有腿胳膊那么粗了。朋友说，这棵树是断不能割舍的，倘若不能将它带来，宁可回老家也不进城。这话未免夸张，却具备心理的真实。我想起大作家苏童也曾为“三棵树”耿耿于怀过。从小为没有属于自己的树抱憾的苏童，1998 年突然在城里拥有了两棵树。苏童在《三棵树》的文章里说，这两棵树弥合了他与整个世界的裂痕，让他确认自己是幸运的，这是父母和朋友都不曾做到的事。我的朋友，并不像苏童那样是个名作家，但他与树的感情，和苏童是一样的。

我曾在医院，倾听将近一个月的树声。那时我生的病，不是什么大病，却得住院，得手术，手术后又得住在白惨惨的病房里，年纪轻轻的人怎么受得了呢。况且，又不能看书，不能见很多的人，一天到晚或躺着，或靠着，无聊得很。我多么希望能跟外界多一些交流啊，只要能够冲破狭小的病房，什么都是好的。闭上眼睛祈祷，我听到了一棵树的声音，沙沙沙，沙沙沙……我还听到了鸟儿的声音，叽叽啾啾，叽叽啾啾……我睁开眼睛向窗子看去，见不到树，偶尔能看到鸟儿掠过窗玻璃的身影。我想，那窗子底下必定是站立着一棵树的，不然哪来的沙沙沙声与鸟儿的歌声呢？我问从外面回来的母亲，母亲说：“是呢，是一棵碗口粗的杉树。”等我能从病床上起来走动时，就时常到住院楼下的院子里，看那棵杉树。它挺拔，秀丽，竟隐藏着一个鸟窝，我猜想那里边一定卧着雪白的鸟蛋。呵，一棵医院的树上，有生命正在悄悄地孕育萌发！一个清晨，我在病房里醒来，听到沙沙沙的树叶声中，夹杂着雏鸟的欢叫声，急忙下楼去看，只见鸟妈妈正给小东西喂食呢！医生说，我心态好，对治疗积极配合，手术后恢复得特别快，可以提前出院了。我竟有点舍不得那棵住着鸟窝的树。呵，我幡然醒悟，我的康复是它们赐予的呢！

从医院出来，我又走在大街上，走在一棵棵树之间，树还是那么生长着，大城还是那么繁闹着，似乎毫无变化，亘古永恒，又似乎不管我离开多久，它们依然在此等待啊——

一天深夜，我加完班走到一株泡桐树下等末班车，昏黄的灯光照着我，也照着树。莫名地，眼前这一片月色般的灯光在内心浮泛开来，回望来时的寂静大街，那一棵棵挺立在大城的树，好似一个一个的人。

我是一棵树

大地上生长着许多树，它们常常沉默地静立在离天空最近的地方，谁也不知道它们怎么长出来的，也不知道它们将会长得多高多大。通常，它们以一粒种子为起点，种子不知是风带来的，还是鸟带来的，但一定是从另一棵树那里来的。

在我出生的地方，人们往东、往西、往南、往北都能遇到树。树在房前屋后，在田间地头，在山沟土坡，在石边水畔，甚至岩石峭壁的缝隙里。树是一种众多的存在，以至于人仿佛只是树的陪衬。人始终走在树的影子下，走在树的沙沙声中。人的脚步是在离开一棵树，又是在走向另一棵树。人们在树面前，感到清爽自在，嗓音像鸟一样清脆，心像风一样舒展。

我想正是因为大地上有树，我们才甘愿死后化入泥土，否则还不如撒入海中无根无痕算了。一棵优美的树，或许才是我们最终真正要去的地方。

我时常觉得我像一棵树，总是恋土，仿佛有根；总是拼命地伸展，仿佛有枝叶；总是循着固定路径又总在旁逸斜出，仿佛主干和枝杈。毫无道理的，我以为我就是大地上的一棵树，实际上我比树差远了。树能深入大地，我却不能；树能结出种子，我却不能；树能不停地长出可爱的绿色，我却不能；所有树能的，我都不能，这令我多么惭愧！

我在梦中变成了一棵真正的树。先是在黑暗中破土而出，接着举着两片豆芽似的叶子沐浴阳光雨露，然后长高、长大。我开出花朵，许多的蝴蝶围着我群舞，许多的蜜蜂围着我嗡嗡成阵。我结出果实，引来叽叽喳喳的鸟儿，招来馋嘴的孩子，他们的到来不是一种索取，而是一种信赖。我抵抗住雷雨大风、动物啃食，在天地间自由自在地伸展，最终成为一棵参天大树。

实际上，我不过是依赖于树的一个凡人罢了。从一出生，就和树牵扯不清的凡人，一个在襁褓中差点夭折靠着树才活下来的凡人。那时，我才一岁，害了很重的病，所有的人都以为活不成了，连母亲都要放弃了。一个算命先生说，我命里犯浑，要找到一棵梧桐树，再找到一个八字相扶的干爹，由干爹年年带着我给梧桐树祭祀，我方能活下来。于是，抱着死马当活马医的态度，他们给我找到了池塘边的一棵梧桐树，以及一个能谈能唱的中年民间艺人。我奇迹般地活下来了，因为一棵池塘边的梧桐树。

因为树，我的生命得以延续。在一棵梧桐树的庇佑下成长，肢体越来越挺拔，像树干；手臂越来越壮实，像树枝，头发越来越繁茂，像树叶；脾性越来越接近于梧桐树上的鸟，非梧桐不栖。渐渐地，我再也离不开一棵树，尽管它不高大，只是一棵边远村落的平凡得不能再平凡的树。这些年，我还有许多东西需要从树那里获取，比如树的生命力，树的脾气，树的品格。我与树的关系，因为大城的介入已变得复杂，可是却一如既往地紧密。我身上的一些部件在大城慢慢发生了变化，而树连接着我赖以生存的力量源泉。我相信，每一棵树都和某个人存在隐秘的联系。

几天前，母亲告诉我，那棵被我认作干爹的树、一直庇佑我的树，被人伐倒了，枝干并未被大用，村民只是肢解了将其当柴火燃烧。我感到一种奇异的错觉，仿佛它的平凡是因为将一切美好都给了我。这些年，我离它越来越远，仿佛不再需要它，这或许让它感到伤心，可它在累得倒下去之后，仍然奉献出自己的枝干。它就是这样一棵树，在它面前，我永远是那个需要保护的孩子，当我羽翼丰满，它就安然倒下，有如功德圆满。它就是这样一棵树，不祈求任何人记得它，甚至曾经落脚的鸟也对它毫无印象，它始终默默站立，直到倒下的一瞬。

的确，我的那棵树已经化为灰烬，而我仍是它的孩子。其实，那棵树倒下后，还有很多的树在发芽、生长，在无怨无悔地输出它们的爱，尽管它们最后的结局也不过是倒下。

我继承了一棵树，并将长成一座苍色的森林。

原载《雨花》2019年第8期

言说

【主编者言】把“书”写进书里，可参与情节推进，也可作象征、隐喻，巧妙揭示作品的文化内涵。本文再把小说的主角、作者拉进来，“书”的底蕴愈加丰厚，挽歌之声惊心动魄。

关于书的挽歌

刘剑梅

历史上有许多小说都把“书”当作故事里的一个必不可少的部分。有一类小说特地让小说人物展示他们所读过的书，让我们看到是什么样的知识和思想构筑了他们的心灵图景，比如包法利夫人，安娜·卡列尼娜都很喜欢读书，比如索尔·贝娄的小说人物经常旁征博引，在各种哲学和文学经典中自由出入；还有一类小说则把写书当作小说的一部分情节，比如阎连科的《四书》中的一个主要人物“作家”就在写一本关于思想和人格“变形”的书；另外还有一种小说，纯粹把“书”当作一个最重要的主题来书写，比如赫拉巴尔的《过于喧嚣的孤独》。

赫拉巴尔是捷克的一位重量级作家，连昆德拉都很佩服他。赫拉巴尔自己是个法学博士，可是却不喜欢法学，反而干了许多跟法学完全无关的工作，比如仓库管理员、列车调度员、保险公司职员、废纸回收站打包工、舞台布景工等，还曾经自愿报名到克拉德诺的钢铁厂参加两年的义务劳动。虽然自己是知识分子，可是他热爱底层人民，喜欢听他们的故事，欣赏他们的粗犷之美，认为他们的语言，“就像是上帝的恩赐，现实的粗鲁和狂野之风直接冲我吹来。”他的大部分小说作品，如《我曾侍候过英国国王》《严密监视的列车》都深深地扎根在坚实沉重的生活中，并且加入幽默、调侃、揶揄的语调，结合了沸腾的生活气息和睿智的反讽。不过，他最打动我的一本小说，是他用了将近二十年的时间书写和反复修改的《过于喧嚣的孤独》，这真是一本可以传世之作，他自己甚至说："我为它而活着，并为写它推迟了我的死亡。"这部小说并不长，但是非常有力量，用的并不是底层人民粗犷的语言，而是优美的书面语，完美地结合了抒情和思想、叙述和寓言，不仅是一部绵绵不断的"忧伤的叙事曲"，而且是一部超越时代的关于人类共同命运的小说。

《过于喧嚣的孤独》其实是一部关于"书"和"书的命运"的小说，也可以说，它不仅是一部关于文字、阅读和思考的小说，而且是一部超越国界、涉及整个人类的人文精神衰败的小说。小说的通篇都是废品回收站打包工汉嘉的独白，是他自己讲述的对"书"的爱情故事。三十五年来，汉嘉的职业就是用压力机处理废纸和书籍，但是在处理这些垃圾——"书"的过程中，他的身上"蹭满了文字，俨然成了一本百科辞典"，无意中吸收了大量丰富的学识和思想，这些知识和思想已经不知不觉地融入他的血液，渗透进他的大脑和心灵。作为废品回收站的打包工，汉嘉一边毁灭书一边吸收书中的精华——这一充满悖论的形象本身蕴藏着一个巨大的隐喻。它暗指书对于人类的意义：书是像垃圾一样，终将被人类所遗弃和淘汰？还是书会拥有神奇的力量，把人们从如同垃圾一样混乱不堪的现实中提升到美好的精神世界，为我们推开永恒的一扇门？一方面，汉嘉是"书"的屠夫，在到处爬满小耗子的肮脏的废品收购站里，亲手破坏人类的典籍，当他开动机器去碾压那些美丽的图书时，"我仿佛听到了人骨被碾碎的声音，古典名著在机器中被轧碎恰似头颅骨和骨骼在手推磨中碾磨一样，我仿佛在轧碎犹太教法典中的词句：我们犹如橄榄，唯有被粉碎时，才释放出我们的精华。"另一方面，他日复一日地做这一工作时，都在读书，比如他读康德的《天国论》时，"每次只读一句，含咳嗽糖似的含在嘴里。这样我工作的时候心里就注满了一种辽阔感，无边无涯，极为丰富，无尽的美从四面八方向我喷溅。"于是，书中的思想不知不觉地让他的内心变得更加美好起来，思想会扑扇着翅膀在他的周围飞翔，如同灯油一样点亮他心中的那盏灯。

扎根于生活的赫拉巴尔，在废品回收站的打包工汉嘉身上展示了深邃的哲学内涵。书让汉嘉有了“心”，让他即使在臭味难闻的垃圾站工作，对希腊的美的观念一样会产生强烈的渴望，让他的头脑中“流动着生机勃勃的、活跃的、孕育着生命活力的思想”，让他生活在梦境中，生活在美丽的世界，生活在追求真理的思想花园里。汉嘉一边把伊拉斯谟的《愚人颂》、席勒的《唐·卡洛斯》、尼采的《看那个人！》像血淋淋的肉一样打包，做着“屠夫”一般的机械性的工作，一边思索着深刻的哲学思想，思索着耶稣和老子所代表的不同精神。赫拉巴尔在比较耶稣和老子时，用的是非常具象和生动的语言来表述深邃的思想，以轻驭重，包含着作者多年来的感悟，写得实在漂亮极了，短短的几段话就形象地概述出耶稣和老子的思想精华。汉嘉在苍蝇乱飞的恶劣条件下，按动着压力机的电钮，他似乎看到压力机旁站着一位举止优雅的年轻人，那是耶稣，随即又站了一位满脸皱纹的老人，那是老子。

我看见耶稣在不停地登山，而老子却早已高高站在山顶，我看见那位年轻人神情激动，一心想改变世界，而老先生却与世无争地环顾四境，以归真返璞勾勒他的永恒之道。我看见耶稣如何通过祈祷使现实出现奇迹，而老子则循着大道摸索自然法则，以达到博学的不知……

我看见耶稣信心十足地命令一座高山后退，那山便往后移动，老子却用一张网覆盖了我的地下室，是一张难以捉摸的才智织成的网。我看见耶稣有如一个乐观的螺旋体，老子则是个没有口子的圆圈儿，耶稣置身在充满了冲突的戏剧性的处境中，老子则在安静的沉思中思考着无法解决的道德矛盾……

我看见耶稣像一个刚在温布尔登网球赛中取胜的冠军，老子则身穿布衣站在那里指着一块未经雕琢的粗木料。我看到耶稣是个花花公子，老子则是个腺体不全的老光棍。我看到耶稣举起一条手臂，以唯我是从的强有力的手势诅咒他的敌人，老子却逆来顺受地垂下双臂，仿佛垂下一双折断的翅膀。我看到耶稣是个浪漫主义者，老子则是古典主义的；耶稣有如涨潮，老子却似退潮；耶稣像春天，老子则是寒冬；耶稣体现的精神是爱邻居，老子则是空灵的最高境界；耶稣是朝着未来前进，老子则是退到本原。

在那个臭气熏天的垃圾回收站，汉嘉一边压碾着满载各种人类思想的书籍，一边思考着耶稣的前进的时间观，以及老子的向后看的返回本原的时间观，他梦想着让这两种观念结合，这何尝又不是赫拉巴尔的人生哲学观呢？他徘徊在进步和向后看的两种人生姿态之间，徘徊在入世和出世之间，徘徊在拯救和逍遥之间，内心充满了感伤和悲剧感，不停地思考着人类的出路等形而上的问题。即便汉嘉读了这么多的书，他并没有变成一个书呆子，而是常常感悟，把知识跟生命结合在一起；即便他常常重复老子的“天地不仁，以万物为刍狗”，他却懂得仁慈，懂得人要有善良慈悲的心，他为被盖世太保带走的茨冈小女孩感到悲伤，因为他知道比天道更可贵的是同情和爱，比康德的“头上的星空和内心的道德律”的理性要求更重要的是出自内心的同情和爱。也就是说，他无论读了多少书，都知道潜藏在书本之下最珍贵的东西，还是一颗心——那熠熠发光的人文精神是一颗仁慈的心。

汉嘉成天在苍蝇成堆、耗子成群、恶臭熏天的废品回收站工作，书像潺潺流进他身体中的清水，洗涤包围着他的尘世的污浊，净化他，养育他，所以他对书充满了感情。

在我心里有一盏小小的羯磨灯，瓦斯冷却器中的小火苗，一盏永恒的小油灯，每天我把思想的油注入这盏灯，是我劳动时不由自主地从书籍中——就是我装在皮包里带回家去的书籍中读到的思想。因此，我走回家那有如一座燃烧的房子，有如燃烧的马厩，生命之光从火焰中升起，火焰又从木头的死亡中产生，含有敌意的悲痛藏在灰烬的下面。

汉嘉享受抚摩纸张的乐趣，通过柏拉图、亚里士多德、赫尔德和黑格尔等的书籍漫游古希腊，漫游世界。其实他从没有度过假，却对人类世界有着充满智慧的清醒的认识，这一切都得益于他天天工作之余的阅读，正如老子所说的“不出户，知天下；不窥牖，见天道。其出弥远，其知弥少。”然而，天道终究还是不仁慈的。可悲的是，科技的进步，巨型压力机的出现，把汉嘉的这点微小的快乐完全摧毁了。社会以飞快的速度向前发展，小压力机很快就要被巨型的压力机所取代了，像汉嘉这样传统的打包工，还能在废书、废纸堆里无意中获得学识和思想，还会生活在西西弗斯情结中，体会生存的荒谬感，懂得停下脚步阅读，还能在阅读中感到幸福，在阅读中反观自己，提升自我，思考生命的意义。而操纵着巨型压力机的青年突击队员们，则如同机器人一般，虽然拥有强壮的身体，可是对自己要碾压的书没有“情”，没有“心”，他们对一本书的产生和制作的复杂过程一无所知，不知道一本书要经过作者多久的酝酿思考才能写就，不知道一本书还要有多少人编辑、校订、插图、排字、看校样、改排、再看校样、再改排、印刷、装订、阅读、批评等，每一个程序都要人们倾注许多心血、时间和生命，他们对此没有亲身感受，所以面对将要被毁的书籍若无其事，无动于衷。那巨大的压力机，代表着新的时代、新的世界的来临，就像是后工业时代的象征，是不可阻挡的科技进步的象征，而那些操纵巨大机器的工人，对书极其冷漠、“无情”“无心”，完全成了异化的人。

汉嘉看到那巨大的压力机——历史进步的车轮，滚滚向前，让人变得冷酷无情，对待书就像对待传送带上将要被宰割的鸡和鸭，撕开书本如同撕裂鸡和鸭的内脏一样野蛮，无视每本书的生命，无视艺术，无视美。天道不仁，汉嘉实在看不下去了。最后，他选择倒在自己的压力机里，跟德国浪漫派诗人诺瓦利斯的书，一起被碾碎，像塞内加一样，像苏格拉底一样，从容对待死亡。他说：“我仿佛注定要在自己制造的刑具上认识最后的真理。”他选择跟这些书同样的命运，以这种惨烈的方式向新世界告别。汉嘉最后异常决绝的自杀，如同一个行为艺术，是一个“反潮流”的行为艺术姿态，对即将丧失人文精神的新时代不再留恋，对不珍视书的将来不再盼望。

《过于喧嚣的孤独》是我读过的对“书”抒发情感的最美的一个爱情故事，是一首优美而悲伤的叙事曲。赫拉巴尔喜欢在悖论中探求难以把握的真理：美与丑、高贵与低贱、新与旧、进步与保守、黑暗与光明、喧嚣与孤独、幸福与悲伤、耶稣和老子、思想的天堂和生活的地狱，全都并置在这本小说里，充满张力，既有抒情之美，又有思想之美。最可贵的是，虽然整部小说都是关于书和关于思考的故事，作者用卑微而高贵的心带着我们浏览从古至今的书籍中那些打动汉嘉的哲理和思想，但是作为读者的我们，一点都不觉得干涩，反而能够感受到思想的灵动，感受到赫拉巴尔笔下“有情的思想”是一种超越时空的存在。

这部小说是对“书”的留恋与告别，对整个人类不可阻挡地走向“单面人”的工具理性统治的新时代的抗议。《过于喧嚣的孤独》完稿于 1976 年，由捷克官方出版社 Odeon 于 1986 年出版，然而，赫拉巴尔所表达的对整个新时代将丢失书、丢失人文精神、丢失情、丢失心的预言和警告，到我们这个时代似乎已然成为现实。汉嘉使用压力机的时代，还有空隙和缓冲的余地，他还能在工作之余阅读，还能在把“书”压成包之前，抚摩着书的温度，咀嚼和回味着书中的思想，与书依依不舍地告别，他还没有沦落成压力机的奴隶，还是有情之人；可是我们的时代，还有多少人对书仍旧怀有这样一份深刻的感情？有多少人已经“被物所役”，爱手机远远超过爱书籍？老子所讲的返回本源，庄子所批评的“有机事者，必有机心”，其实珍视的都是不被外界所污染和奴役的心灵和本然本真的存在，这也是汉嘉读了这么多书后，得到的最高贵的领悟。他最后告别世界的姿态，就是选择了老子的“返回本源”。

王德威在一篇《文学才是香港历史最后的隐喻》的文章里，谈到当代香港文化生活的十个关键时刻，其中提到许多著名的香港作家，比如侣伦、张爱玲、西西、李碧华、董启章、李欧梵、金庸、刘以鬯、陈冠中等，但是他也特地提到了一个不见经传的人物——青文书屋的老板罗志华，认为香港文化史不应该遗忘这位渺小而执着的出版人。2008 年 2 月 4 日，青文书屋老板罗志华在自己苦苦经营的小小的仓库中清理图书，居然被排山倒海的书活活压死了，而且他的尸体到两个星期后才被人发现，已经有了味道。虽然罗志华是一个生活在香港的真实人物，而汉嘉是赫拉巴尔笔下的小说人物，可是两个人物却如此相像，他们身上都担负着新时代背景下关于“书”的沉重的隐喻：他们是在后工业时代苦苦挣扎的爱书人，在功利主义至上的社会里，他们对“书”和人文精神的坚守弥足珍贵，最后，他们都为自己心爱的书献出宝贵的生命。虽然他们是被滚滚前进的历史巨轮所无情抛弃和碾压的人，但是他们用生命为我们演奏了一曲令人难忘而悲伤的关于书的挽歌。

人们把劳心者、知识人等称作读书人。无论如何，书本确实跟精神紧密相连，或者说，书就是人类精神价值创造的一种产物。即使金钱世界或专制机构把它扔进垃圾堆，它与人类仍然息息相关。人类，除了本能地需要灌满胃肠以外，还本能地要求头脑思索、心肺灵动，也就是本能地需要书本。这恐怕正是写作者和读书人让书本变得有血有肉的缘故吧。书本是任何权力机器都无法碾碎的，再强大的机器也是徒劳——它们可以碾碎书的外壳和纸页，但是碾不碎书本中包含的充满智慧的思想和精神。

书，在“爱书人”汉嘉的手中，是有形、有情、有心的，在他的抚摩中不仅有温暖的体温，而且会散发思想的火花和灵魂的芬芳；书终会发黄，人终会逝去，但是书中的思想和精神是永恒的，永远都不会枯萎，不会变色。

原载微信公众号《海风堂主》2019 年 9 月 26 日

【主编者言】我们也做调查，但多是预设了褒贬结论，为某种理念的张目寻找依据。看看人家的处心积虑，看看他们的坚持不懈，看看他们的广泛深入，我们需要反思的是调查本身。

低徊风云同一天

——从“东亚同文书院”中国调查说开去

冯天瑜

一、日本考察中国：从学习到觊觎

中国近邻日本长期注意于中国文化、中国国情，调查中国是其基本国策。

日本对于中国的调查约分两个阶段。第一阶段是平安时代（794—1185）以来对于中国的学习性调查，派出遣隋使、遣唐使、遣宋使，通过留学生和游学僧考察中国，主要研考内容是汉字文化、儒学、中国化佛教、律令制度以及生产与生活方式。比如佛教，日本现在到处都是寺庙，不是禅宗就是华严宗，可见他们学的是中国的佛教，而不是印度的佛教。再如制度，日本从平安时代以来发展的“养老令”制度，就是从中国唐代学的。

通过对于中国的调查学习，日本文明迅进，由落后中国五百年、三百年再到两百年，大概到江户时代，已追上中国。能够做到这一步有很多原因，包括向西方学习，其中最重要的是向中国学习，向中国学习入手就是调查中国。这是日本人调查中国的第一个阶段，为了学习中国，抱着学习的态度，老老实实、认认真真地到中国来进行调查。

第二阶段是明治（1868—1912）以后。学习西方有成的日本逐渐形成以侵略中国为目标的大陆政策，对中国的调查规模扩大，而目的则由学习中国转成窥探，以为侵略中国做准备。其调查采用西方经营殖民地、半殖民地的方法，如统计学、文化人类学方法，等等。由于地缘、文化、人种的相近，此期日本对于中国的调查比欧美更便利也更细致深入。日本的军部、通产省、外务省、各大财团、新闻单位都有对于中国调查的系统，其中重要的有两个机构："南满铁道株式会社调查部"和"东亚同文书院"。

日俄战争后，日本掠取中国东北南部铁路控制权，建立了南满铁道株式会社。1906 年以降，"满铁"设调查部，它在建立之初就设定了极高的标准，将日本各方面尖端的人才都集中起来，而且提供非常优厚的条件。日本战败后，这些人都到日本各个大学去，像京东大学等。有人说，这就好像是从一个现代化的大工厂到了一个小手工作坊部，可见当年"满铁"调查部标准之高。"满铁"的中国调查，以东北为基点，延及华北、华东，留下巨量调查报告和研究论著，成为日本、欧美研究近代中国的一大资料来源，现被视为汉学名家的美籍华人黄宗智、美国人杜赞奇的中国华北、华东乡镇研究，多取材于斯。中国学者也广泛利用"满铁"材料。

跟"满铁"齐名，但调查活动持续时间更长、调查地域分布更广的，是"东亚同文书院"的中国调查。相较"满铁"，"东亚同文书院"中国调查被利用程度较低，几乎是"藏在深闺无人识"，这是一大疏忽，因为"东亚同文书院"中国调查的历史警示和现实启迪都是巨大的，无视于此确是我们的损失。

我在世纪之交开始，前后有七八年时间，在日本讲学、做研究，我访问的大学是爱知大学，也是机缘巧合，因为它的前身就是"东亚同文书院"。

二、"东亚同文书院"中国调查的历史警示与当下启迪

"东亚同文书院"的源头，可追溯到欲以日本为盟主来抗拒西方势力的"兴

亚论”者荒尾精。他于1886年创办汉口乐善堂，此堂作为日本明治时期“经略中国”的传奇人物岸田吟香所办上海乐善堂的支店，以经营药材、书籍、杂货为掩护，开展“中国调查的试行调查”，范围重在西北、西南地区。汉口乐善堂《外员探查须知》规定，探查人物包括君子、豪杰、长者、侠客、富豪，并将其姓名、住址、年龄、行踪详加记载。调查内容则包括各地山川土地形状、人口疏密、风俗良否、民生贫富、被服粮秣等。荒尾精于1889年返国，向参谋本部提出二万六千字的《受命书》，对中国的朝廷、内政、人物、兵事，以及欧洲英、法、德、俄等四大国的对华策略做了详细分析。可见，汉口乐善堂已经在详细有序地对中国进行系统调查、专科调查。

1890年，荒尾精又在上海创设“日清贸易研究所”。同年底，荒尾精在陆军士官学校时期的校友根津一继任所务，该所招收一百五十名日本学生入学，以研习中国语言、了解中国商事习惯及社会状况为务。学生修业四年，前三年为学科，最后一年为实地调查与实习。这种方式已是日后“东亚同文书院”的先声。因运营资金枯竭，“日清贸易研究所”于1893年8月停办。

1899年，日本东亚同文会会长、“亚洲主义”者近卫笃磨公爵来华，与两江总督刘坤一在“兴亚”上一拍即合，遂于1900年5月在南京成立“南京同文书院”。近卫笃磨主张的“亚洲主义”，与福泽谕吉“脱亚入欧”政策不同，二者是明治以后日本基本国策的两个方面。“亚洲主义”主张日本及其他亚洲诸国团结起来与西方对抗，这一点对中国颇有吸引力，孙中山先生在相当一个时期内是接受“亚洲主义”的，当然他的“亚洲主义”是希望以中国为首。

因义和团事起，1901年4月，同文书院迁至上海，更名“东亚同文书院”，是专科制的首任院长根津一。学生从日本各府县招考，每府县两名，学生享受公费待遇，修业三年，主要学习汉语，以及中国历史、政治、经济等课程。“东亚同文书院”被日本知识青年视作“幻的名门校”，心向往之。1939年，“东亚同文书院”由专科学校升格为大学，命名为“东亚同文书院大学”。它是四年制的，前三年完全学习中国文化，包括文字、地理，后一年以实习的名义对中国进行调查。1945年日本战败投降，上海“东亚同文书院大学”关闭。

“东亚同文书院”的学生，从第一届开始的每一届学生，获得中国政府许可证，以三个月至半年时间，数人结成一组，或乘车坐船，或骑马徒步，所谓沐雨栉风，风餐露宿，足迹遍及中国城乡。有的调查组直接目睹中国近现代的大事变：如辛亥武昌起义，辛亥四川反正，革命军处决端方，北洋军阀混战，二次革命间的江浙战争，上海攻防战，“五四运动”后全国范围的反日浪潮，1928年的“济南事变”，等等，并都留下了观察记录。

“东亚同文书院”的旅行调查，在每期调查实施前，都由专业教师拟定调查题目，指导学生进行调查方面的理论、方法及相关专业学习，尤其是接受调查方法指导，然后编成旅行队出发，如第六期生的晋蒙队，第九期生的鄂川队，第十期生的香港北海队，第十三期生的山东辽吉队，等等。调查的内容，涉及中国各地经济状况、经商习惯、地理形势、民情风俗、多样方言、农村实态、地方行政组织。具体调查项目包括：地理（沿途形势、气候、都市、人情风俗、交通运输、税关），经济（经济单位、资本家、劳动者、田园及住宅、农业、畜牧业、林业、矿业、工业、物价、生活水平、外人企业及势力），商业（贸易状况、商贾、公会、度量衡、货币、金融、商品、商业惯例），政治（现在政情及过去政情）。记述方式除文字，还有图表、素描速写、照片等。这些见闻材料，又由学生整理成《调查旅行报告书》，作为毕业论文，并开展宣讲报告活动。

从1901年到1945年，“东亚同文书院”“东亚同文书院大学”的五千余学生先后参与中国调查，旅行线路七百条，遍及除西藏以外的中国所有省区，每一届学生的调查线路便如蛛网般分布于中国南北、东西，有的还涉足东南亚的菲律宾、越南、爪哇等地和俄国西伯利亚及远东。调查旅行历时最长的一次，是二期生林出贤次郎1905年的新疆调查旅行，共二百七十四天，跋涉天山北路，直抵中俄边境伊犁。

“东亚同文书院”较之“满铁”的调查，时间更长，“满铁”将近四十年（1906—1945），“东亚同文书院”若从前身汉口乐善堂算起，调查中国几近六十年（1886—1945）。其调查范围之广大也超迈“满铁”，“满铁”仅限于华北、东北、华东，而“东亚同文书院”着眼于全中国乃至俄国和东南亚。

“东亚同文书院”的调查，对于中国的山川形胜、自然资源、政治结构、经济运行、民情风俗乃至各省人的性格特征，都有细致了解。参加调查的学生提供旅行日记和调查报告。书院据以整理编纂，产生大批资料文献和研究著作，并提供给通产省、外务省、军部利用。日本对华商战和军事侵略屡屡得手，与其由“满铁”“东亚同文书院”等机构提供系统的、巨细无遗的中国调查颇有关系。反之，中国对日本和中国自己的了解则大而化之、粗疏零乱。中日之间存在着严重的国情“信息不对称”状况，这是一个极大的历史教训。

戴季陶的《日本论》里面有一句话，非常令人痛心。他说中国对日本人来说，就像放在砧板上的一块肉，被切成一片一片，清清楚楚，而日本人对于我们来说还是一整块肉。晚清中国驻日本外交官黄遵宪写了一部非常有价值的著作《日本国志》，分析日本变革的经过及其得失，借以提出中国改革的主张。它的基础是日本的社会调查，重点是调查明治维新，非常有价值，1887年已经成书。他将书送到“总理衙门”，却被束之高阁，那时候中国瞧不起日本，不将它放在眼里。黄遵宪在书里面写得清清楚楚，日本通过明治维新发展非常强大了，中国要重视。《日本国志》在19世纪90年代初期没有什么影响，到了“甲午战争”中国战败，赔款白银两亿两后，才将其译成中文，并说黄子的书出得太晚了（尊称他为黄子）。梁启超先生写了一篇文章，说黄子的书早出十年，我们不至于战败赔款。当时有了这样的书，国人也没有重视它，束之高阁。相反，日本竭力调查中国，调查之后军部、工商部门、外务省等又做深入研究，将中国弄得一清二楚。日本对我们了解得很清楚，我们对日本不甚了解。这种情况下，我们与日本打交道，吃亏的会是我们。

“东亚同文书院”的中国调查，对我们还有一个重大的启迪——怎样做社会调查。一是要做长时段的、系统性的研究调查。我们不能说现在没有做调查，但通常的做法是，为了某个特定的目的，派几个人去做调查，这样的调查解决不了大的问题。日本动辄就是几十年的、系统的调查，“满铁”四十年，“东亚同文书院”加上它的前身有六十年，还有它的海军系统，对中国的调查都是几十年，外务系统更不用说。二是要做到精细与专业的结合，将每一个领域都进行系统的调查，积累大量丰富的材料，而且不停留在调查阶段，还要对这些材料做系统、深入的研究。

以“东亚同文书院”为例，它出了多少研究成果。它的每一届学生去调查，皆须撰写两种文字充作结业书：一是见闻性的旅行日志，称为“大旅行记”；二是专题调查报告，称为“大旅行报告书”。由历届学生的旅行日志汇集编印为年度旅行记，书名都是很优雅的中国典故，叫《虎风龙云》《金声玉振》《乘云骑月》《出庐征雁》《南腔北调》等，到侵华以后书名就有了穷兵黩武的味道，比方叫《靖亚行》。调查报告经加工整理，出版有多种调查报告书，如《山东省石炭调查》《上海附近食料品市场》。以后，又对调查报告做综合研究，编纂有一系列的出版物，如《清国商业惯习及金融事情》《“支那”经济全书》《“支那”省别全志》等。

这些资料数量巨大，真可谓是浩如烟海。调查报告现存两个地方，一个是爱知大学。1945 年日本战败投降后，返回日本的东亚同文书院大学的教职员和学生商议重组大学，并接收从汉城（今名首尔）的京城帝国大学和台北帝国大学返日的部分师生及资料，于 1946 年在爱知县丰桥市建立爱知大学。今日的爱知大学作为日本中部的一所文法大学，其规模远超“东亚同文书院”，专业及学科也遍涉人文社会科学各方面，它承继“东亚同文书院”积累的有关中国问题的丰富资料及中国现地调查传统，“中国学”是其优势和特色之一。

另一个是中国国家图书馆。以前视“同文书院”中国调查为禁区（本人有直接经历）的情况大有改善，近年国家图书馆出版了“东亚同文书院”编纂的五十巨册《中国省别全志》，二百巨册的《东亚同文书院中国调查丛刊》，二百四十巨册的丛刊续编，我为三书写了长篇导言。国家图书馆做了一项很有意义的资料汇集介绍工作，为今后的研究、利用奠定了基础。近三四十年来，以国家图书馆为例，类似情况的文献整理出版颇有成绩，这应视作改革开放以来的一项重要成就。

目前我们对外国还是知之甚略，特别是在政治、经济、文化上知之甚略，还说不上系统、深入。我们一定要急起直追，其中一法，便是向强敌学习，借取其调查方法，利用其调查材料，独立自主地持续、系统地调查自国与他国。

六年前，我曾经在我们湖北省提了一个建议——开展调查研究，现在已经出了调查丛书，包括《湖北省籍企业农民工生存状况调查》《湖北省开展“三万”活动调查》《资源型企业社会责任调查》等。这项工作值得我们长期坚持做下去，其他省份也可以做这样系统的工作。这是从“东亚同文书院”的中国调查所得到的启发。

三、调查研究的两大敌人：主观诉求与唯上唯书

最后，我想谈谈调查研究的两大敌人：一是过于强烈的主观诉求，这往往会湮没社会调查的客观性。此类教训甚多，今当防范；二是唯上、唯书而不唯实。从揣摩上意出发或从现成结论出发去收集材料，必将导致调查走入歧途。立足唯上、唯书的调查是虚假调查，只能蒙蔽上位者的视听，欺瞒社会公众的认知。

关于前者，我举一个日本的例子来说明。前面我说了日本的调查研究做得很好，虽然他们的目的是为了向外扩张。现在我讲一个发生在日本的考古学丑闻。日本一个考古学者藤村新一，三十年里以极高的效率频繁创造日本旧石器时代考古的惊人发现。凡是他带队到某一个考古点去，都必有重大发现，将日本的旧石器时代从一万年提到了几十万年。日本学界、政府、老百姓都兴高采烈、兴奋异常，而且把藤村新一的新发现都写进了他们的历史教科书。后来暴露了，2000 年 11 月藤村新一又要率队到某一个考古点去，日本媒体每日新闻去采访，

他们在考古点安装了红外线照相设备，事先没有告诉他，藤村新一照例将事先经过处理的“重大发现”埋进去，他不知道有红外线摄像机，被抓了个正着。他承认过去有一百五十九次都事先埋藏了“文物”。这是一个特大的丑闻，日本各大媒体都给予了极大的关注。

事后，日本人总结教训，有人说是因为探测检测手段不够先进，有人说是因为迷信权威。2001年元旦，日本的一些学者主要来自爱知大学、名古屋大学，也有东京大学来的，大概有七八个人，中国学者邀请了两三个人，我是其中之一，也来谈论这个问题。会议找的都是历史学家，并不是考古学界的，因为这件事太热了，大家都来研讨以总结教训。大家发言之后，他们说请冯先生谈谈看法。我说，你们总结教训都没有说到点子上，我说之所以会发生这样的丑闻，是因为日本全民从学界、官界到老百姓，心态都有问题，有一个非常强烈的主观诉求，就是想证明日本的历史越悠久越好，越跟中国没关系越好。藤村新一这一套东西正符合你们的口味，他的东西出来大家都相信。这是强烈的主观诉求，压倒了客观调查精神的结果。

关于后者，过去陈云同志讲“不唯上、不唯书、只唯实”。调查研究如果唯上、唯书，就直接宣告了它的终结。上面领导已经说了，书上已经有了结论，通过调查研究来论证结论，这叫什么调查研究！过去有一些人搞调查研究，被形象地称为两个口袋都有东西：左边的口袋里有，右边的口袋里也有，领导想表扬就掏这个口袋，领导想批评就掏另一个口袋。

原载《书屋》2019年第2期

【主编者言】对社会、经济、城市的分析和判断放在历史的基座上，也置于文化的视野中。随笔的内容本就不应囿于文史，其意义在于充盈的精神力量和满具张力的文笔。

三城记：近观香港，远看上海，反思深圳

清和社长

过去几十年，中国大地上演绎了一段城市化的疯狂舞曲。城市的前途、楼市的命运以及亿万家庭的财富，都卷入其中。如今，大都市圈的追捧与内地城市的收缩同步进行，共同演奏一曲“冰与火之歌”。

哪些城市将衰落？哪些城市又将崛起？如何正确地判断一座城市的前途？城市犹如磁极，未来，将会有更多人奔赴城市圈；城市亦是器皿，哪里是我们的容身之所？

近观香港，远看上海，反思深圳，以国际之视野、理性之思维，探寻中国大都市演变之轨迹。

香港
大国思维｜国际城市

中国内地人对香港的评价比较奇怪，容易呈现左右两极，难有中立客观。在“九七”之前，很多内地人以仰视的态度看香港，追捧 TVB 港剧、宝丽金流行曲、武侠小说以及各种服装发式时尚。

“九七”之后，尤其是2003年开通自由行后，情况开始发生微妙的变化。一方面是内地乘着入世大势，经济快速发展，深圳开足马力追赶香港，内地富豪越来越多；另一方面是香港发展的脚步开始放缓，越来越多内地人去香港旅游、扫货，前些年内地富人横扫香港爱马仕、百达翡丽、周大福等，让香港人目瞪口呆。

随着去香港的内地游客越来越多，内地人对香港的了解增加。越来越富有的内地，对香港的崇拜快速下降。自由行促使大量内地人涌入香港，两地矛盾愈演愈烈，港府只能通过立法来制止一些行为，比如奶粉限购、打击水客、降低深圳通行证入港次数等。

两地矛盾爆发后，媒体喜欢添油加醋激发国民情绪，如此内地与香港的情感，再也回不到过去。两地人其实对对方都不甚了解，但都喜欢用情绪化的语言与非理性的思维来看待对方。当香港奢侈品、房子被内地人买下，港岛山顶开始讲国语，内地人对香港逐渐产生了一种俯视感。从仰视到俯视，不过十余年时间。

最近这一两年，尤其是去年深圳GDP首超香港，不少学者大谈香港问题，鼓吹深圳。有趣的是，不少学者对香港的认知与研究，与新闻编辑差别不大。对香港的认知，多数来自香港影视剧，走马观花的自由行，“棺材房”“蝗虫论”等新闻报道，经不起推敲的经济数据，还有一些莫名其妙的盲目自信。大致言论是香港颓了，被房地产绑架了，云云。

香港，这座城市，内地人初来看它，确实没啥惊奇，甚至有些轻视它。但是，如果你对它了解越深，越不敢轻言武断，甚至保有几分敬畏。

中国自古都是一个大国（至少人多地广），我们已习惯于用一个大国的思维去思考一个城市或一个国家。我们很少人想过，像新加坡、斯里兰卡、梵蒂冈、瑞士这些“小国”是怎么思考问题的。

举个最简单的例子，中国很多人开店创始，一家店还没开起来，就想到全国开一万家店然后上市。这是因为中国的市场足够大，过去赚钱太容易。而香港人，祖祖辈辈都只经营一家店，他们不会想到开连锁、扩规模，因为香港市场就这么大。如果你跟他说，要有大格局、大视野，走入内地、奔向全球，他们会觉得你太飘了。所以，香港很多店都开得很好，很多小店的美食做得精道美味，这是一种工匠精神。

香港这座城市，我们容易以大国思维视之。所谓大国思维，包括两个方面，一是大而全，二是纵深感。

很多人批评香港，制造业衰落了，整个城市只剩下房地产和旅游。香港，制造业衰落，确认无疑。但是，香港的金融、国际航运、商贸、高端知识服务以及生物医疗等非重工科研，一直保持着亚洲顶级。

一座城市，不可能发展大而全的产业链。一个城镇，有一两个支柱产业，即可成为全国百强镇，如中山古镇灯饰，东莞长安五金模具、虎门服装。一个城市，拥有几个大产业，即可成为经济强市。如佛山顺德的家私家具、机械装备，深圳的金融、物流、高新技术。

香港，这一弹丸之地，一座只有700多万人口的城市，不可能像中国内地一样，既发展金融，又发展制造业，搞全产业覆盖。

在20世纪七八十年代，香港确实发展过制造业，但以轻工业为主，当时香港的劳动力价格相对美国不算太高，而且劳动人口较多。如今这座城市高度老龄化，工人稀缺，工资水平高，不可能发展普通制造业。所以，香港制造业转移到内地，是市场自然淘汰、产业梯度转移的竞争结果。

在20世纪六七十年代，纽约市中心也有大量工厂和库房，蓝领工人住在市中心，富人和白领住在郊区，市中心成为肮脏、犯罪滋生之地。但后来金融发展起来，工厂和工人都迁移出城，这座城市如今没有制造业，但是没有人敢轻视纽约。

一座城市发展全产业，实际上也违背经济规律。根据李嘉图比较优势理论，一个国家、一座城市，只发展自己比较优势最大的产业，把一两个产业做好就非常有竞争力。

纵观全球，能够覆盖全产业链的国家，也就只有美国、英国、日本、德国以及中国五个国家。中国的制造业体系比较完善，但在高端制造领域依然缺口很大。就连韩国都没有建立全产业体系，三星占据了 20% 韩国 GDP，几大财阀控制了经济核心，但不能说韩国这个国家日薄西山。

香港的金融、国际航运、商贸、高端知识服务以及生物医疗等非重工科研，这五大产业都是亚洲顶级的。在亚洲，几乎很难找到一个城市具备五大顶级产业，能与之匹敌也就只有新加坡、东京。香港优良的深水港、高效的国际航运服务，金融、人才及商贸自由港，这三大优势短时间内很难被替代。如果中国内地有一座城市达到这一高度，每个人都会为之振奋。

第二种大国思维就是纵深感。什么叫纵深感？当年拿破仑打到莫斯科，俄国人坚壁清野，火烧连城，然后跑到乌拉尔山乡下躲起来。这就是纵深感。

很多人认为，香港人居住在"鸟笼"里，香港富豪的千呎（英尺）豪宅，还没深圳一个中产的房子大。香港人的居住环境太差，生活太不幸福了。如果在乡下，你看北上广深也是如此。深圳千万豪宅还没有乡下一个客厅那么大。为什么人们还都往大城市跑？

城市，没有纵深，无法回农村，反过来只会越来越集中。香港，没有纵深，没有农村，没有地可扩展，唯一的办法只能填岛。香港的面积只有北京的十五分之一，人口却是北京的三分之一。我们现在感觉北京很拥挤，要分流人口，想想香港人是怎么活下来的。所以，香港用了北京十五分之一的地，解决北京三分之一的人口居住，纵观整个亚洲国家及城市，也是凤毛麟角的。

香港是怎么解决居住问题？

香港的房地产是高度市场化的，内地资本、国际资本都可以进入香港买楼、炒楼。所以，香港的房价是随行就市的。港府的政策是，有钱人自己买房，没钱人政府提供公屋和居屋。

香港的公屋和居屋福利房，与内地完全不同。只要年满 18 周岁的无房者即可申请，不少公屋和居屋的位置和公共配套都不错。公屋平均等候时间为 4.7

年，长者为2.6年。换言之，香港市民正常情况下平均五年内即可获得政府公屋福利房。

所以，我们很多人被影视剧和新闻里面的“棺材房”所误导。住在唐楼里、“棺材房”里的市民，一些是信用破产，另一些在等候公屋和居屋。这座城市，没有纵深，只能在这弹丸之地想办法解决居住问题。纵观全球经济发达体，经济水平达到这一高度、人地矛盾如此之大，还能配置如此完善的福利房的国家及城市也是极少的。

我们习惯于用大国思维看待这座城市，但却没有用国际思维衡量这座城市。

香港与北上广深以及内地其他城市，最大的区别是，它是一座国际都市。国际都市是一个完全自由化的国际市场，资本、人才、物流、商贸、信息自由进出，港币自由兑换。这座国际都市，自开埠以来，经历了无数次经济风暴、国际风浪的冲击。

所以，香港今天的竞争力和地位，是从国际竞争中角逐出来的，是从无数次危机中历练出来的，也是国际资本尤其是亚洲资本和人才共同选择的结果。

香港楼市、金融资产、港币以及财富，都是国际市场说了算，由国际市场定价。港币紧盯美元，是相当硬通的货币。曾经紧盯美元的拉美国家、亚洲国家都因为无法跟着美国经济节奏而崩盘。自从1983年香港实行联系汇率制度以来，港币一直盯住美元，港币对美元坚挺说明香港经济的坚挺。这说明香港具备相当的国际竞争力。

当然，一定会有人提到“九七”金融风暴时，北京施以援手才得以挽救港币。关于这个问题，前总理朱镕基曾经公开说过，不能小看香港的联系汇率制度和金融体系。实际上，越是开放的城市，越是国际化的城市，越不怕金融危机的冲击。这种城市具有相当强的自愈能力。新加坡、韩国、日本以及过去的香港，都经过亚洲风暴或国际性经济危机，最后都能够自我修复。相反，封闭的城市，最怕危机。

中国内地这几十年飞速发展，北上广深崛起，香港日渐式微，深圳GDP总量超过香港，但是这不能说明北上广深比香港强，因为北上广深的竞争力并没有经过国际市场的检验。前些年太极传人被格斗武士打得满地找牙，这并不是说太极不行，而是格斗的实力是经过擂台检验并一次次地打出来的，而太极是套路功夫，没有经过实战检验。

如果中国门户全面开放，货币可以自由兑换，资本、人才可以自由进出，汇率市场、利率市场自由波动，北上广深的资产由国际市场定价，中国内地城市及企业到国际市场还能保持这种竞争力?

举个最简单例子，最近深圳南山区出现了亿元豪宅，如果中国内地市场开放，你有一个亿，会选择在深圳买房，还是香港、纽约、旧金山、伦敦、东京、新加坡买房? 前两年，天津在挤 GDP 水分，如今长沙也在挤，房价一直没涨。假如中国内地市场全面开放，深圳的房子、资产、GDP 以及人民币本身，还是这个价吗? 我想，这就是一个巨大的问号。

当然，最后必须深刻地说一说香港的问题。近 20 年，香港没有想象的那么差，但也没好到哪里去。这座城市，依然具有强劲的经济竞争力，但整座城市的吸引力却逐步在下降。但是，香港的问题并非表面的“被房地产绑架”、李嘉诚的“城”。

香港的核心问题是，香港的精英流失严重，以李嘉诚为代表的本土资本、人才及企业大量撤离，政府治理及社会治理能力倒退等一些不可描述的原因，随着精英流失和新移民的加入，香港的精英文化、法治精神、狮子山精神在衰落。

高房价给香港带来的问题并不是市民买不起房，而是掌握香港土地的港府没有足够的能力解决人地矛盾，开发大屿山岛受阻，公共福利下降，导致社会矛盾尖锐。

所以，这座城市只要掌控五大产业，在亚洲依然具有相当的竞争力，但是市民的生活状况很难得到改善，甚至社会矛盾会在内部腐蚀这座城市的竞争力。

香港，是一座不能高看，也不可低估的国际都市；近观，方可。

上海
创业思维｜职业理念

上海的狭隘、排外和“高冷”，给很多人留下不好的印象。与深圳的开放包容截然不同，上海人的优越感渗透到骨子里。这是这座城市的问题，也是这么多人看衰上海的原因。

很多人拿杭州来气上海，问上海，你们为什么出不了马云，出不了阿里巴巴？面对这些质疑，上海一直保持“高冷”，这个有点像深圳，不管别人怎么质疑，都懒得回应。或许，这两座城市都太忙了，忙于赚钱干实事，无暇顾及口舌之争。

这些年，中国明星城市的成功，如深圳、广州、杭州，都得益于市场经济和创业文化。深圳是一座典型的创业型城市，广州则有大量的商贸市场，杭州诞生了阿里巴巴，于是我们很习惯于用普通市场思维和创业思维去判断一座城市的未来。若以此为标准，那么深圳、广州、杭州，则比上海更有优势。前面三个城市像年轻力壮的小伙子，后面则似乎步入中年。

我们似乎随处可见上海的“中年富态”，这座城市高端奢华、豪华洋气。上海欢迎外资、外企，尤其是跨国公司，小资本、小公司、创业公司入不了他的法眼，不少上海大学毕业生能说一口流利英语，似乎是为外企准备的。所以，有人说，上海充满了打工文化，而深圳到处都是创业激情，一个西装革履，一个则打了鸡血。于是，一座创业的城市比打工的城市更有前途，一座激情的城市比冠冕堂皇的城市更有前途。

但是，创业与打工，本土企业与外资企业，小资本与大资本，其实都是市场文化，只是层次、规模以及表现形式有所不同。深圳科技园、福田 CBD，存在小技术公司、本土创业公司、私募基金公司，上海陆家嘴则云集不少跨国公司、公募基金、国际金融巨头。其实，这两者并没有太大的区别，只是面对的市场不同。

打个比方，澳门巴黎人里，一楼热闹非凡，很多客人在玩各种赌博游戏，15 楼则冷清不少，少部分包厢里，藏着几个国际大佬在玩大的。这不能说明哪些市场好，哪个市场差。就像白马市场人山人海、讨价还价、竞争激烈、充满活力，万象城则客流稀少，几十个国际大牌长期霸占。但不能说明万象城就比白马市场差。

上海，是近代中国最早开放的城市，在 20 世纪前几十年便是十里洋场，当时电影在欧美与上海同步上映，它成为远东重要的国际都市。今天，上海依然是外国人、外资企业、跨国企业首选的中国城市。深圳的国际化程度，跟上海比完全不是一个级别。上海的国际化地位，目前中国还没其他任何一个城市可取代。只要中国继续对外开放，上海的重要性就只会加强而不是削弱。

任何一个大都市，经济水平达到一定程度，都会从创业文化走向职业文化。纽约、东京、伦敦、香港都不是，也不可能是创业型城市。全世界顶级的这几个城市，都是高度职业化的城市。某种程度上说，职业化程度越高，这座城市越发达。

目前，深圳的创业文化浓厚，但是随着深圳不断发展，大企业越来越多，职业化程度就会越来越高，同时创业型企业就会被挤出，创业文化自然就会淡化。纵观历史，伦敦、纽约、东京，几乎每一座大都市都经历过这么一个过程。

每座城市都有自己的定位、优势和角色。上海，只负责“高大上”。这座城市是中国内地最好的对外窗口，它的任务是为中国大地吸引更多的外资、外企，辐射整个长三角经济圈。上海其实对标纽约，外企、跨国企业、大企业、高端职业人才则选择上海。这是一座逐步走向成熟，正在走向世界的中国大都市。

只是这座城市玩的是“神仙打架”的游戏，不太亲民，远离群众，再加上原本的孤傲、高冷，让很多人感觉难受。若你携百亿巨款，这座城市定然会奉你为座上宾。同理大型企业，自然也往这座城市集中。

当然，有人会怀疑，这座没有活力、创新、创业及激情的城市难道不会没落吗？高端城市的竞争不是比人口，而是比人才；不是比跑腿，而是比脑力；不是比声音大，而是比智慧深。旧金山不过 80 多万人，整个旧金山湾区不过 700 多万人，纽约也不到 800 万人。深圳 10 家私募基金募资 10 个亿，和上海一家投资银行投资 10 个亿，二者有什么区别？深圳可能 1000 家小投资公司竞争，上海可能 20 家大投资银行竞争，二者也没啥区别，只是竞争的层次、规模、烈度不同。

上海的竞争，是一种于无声处的竞争。杭州的崛起，不会替代上海，反而会强化上海。杭州以及长三角城市圈的创业文化、制造体系，与上海的职业文化、金融市场、高端经济相匹配。

上海的真正对手，不是杭州，也不是深圳，而是以香港为首的粤港澳大湾区。我们说，上海的国际化都市地位很难被替代，但是这个前提是在中国内地。如果加入了香港，尤其是香港逐渐融入大湾区，那么上海的第一国际窗口的地位则将受到挑战。

香港的国际化程度远比上海高，若香港强化与内地的联系，那么或许会有更多资本、企业、人才从香港进入大湾区、中国内地，而不是上海。香港、澳门加入大湾区后，珠三角的竞争力前景，要强于长三角。与上海相比，香港成熟的国际市场、金融航运优势、科研体系以及欧美文化认同，更能带动珠三角走向开放，走向国际，为中国改革开放时代的增长极继续注入动力。

深圳

过去思维 | 未来挑战

看香港，视野要开阔一些，国际化一些；看上海，需要站得高一些，格局大一些。那么，看深圳，则需要更多的谦卑和反思精神。

过去四十年，深圳可以说是中国的一个奇迹。放眼世界，深圳的崛起也是叹为观止的。这是一座没有明显弱点的城市。深圳的金融、科技及制造产业突出，经济实力强劲，财政收入充足，城市优美，气候宜人。这城市，富有活力，积极进取，敢于竞争，创业文化浓厚，追求创新、自由、平等。每年大批青年人奔赴这座城市，年新增人口接近 50 万。

但是，正因为如此，深圳才需要更多的反思。思考过去四十年成功的真正因素是什么，未来还能否如此快速发展。毕竟“树不会一直长到天上去”，我们容易犯的错误是，以过去四十年大跨越的发展思维去丈量未来。

从国际历史来看，美国“镀金时代”、二战后的日本和德国，曾经经历过三四十年的高增长时期。但是，大多数国家在持续高增长四十年之后增速都会放缓。最近几十年，美国、日本以及香港，每年的经济增长速度都远低于中国内地。毕竟从零到八十分容易，从八十分到一百分很难。

未来，深圳还能否像过去一样跨越式发展？

深圳过去的成就，得益于其“一张白纸”。在这张白纸上，各地人才进来，没有历史负担，没有文化牵绊，没有盘根错节的人际关系，人与人之间在这里因生意而打交道，这座城市逐渐成为中国市场文化最发达的城市。

深圳，因市场经济而兴起。这座城市，人人追求公平交易、创新创造及契约精神。与传统文化古城、首府城市完全不同，这座市场文化的城市，吸引了全国各地年轻人在此打拼。这是一座私营企业、小人物实实在在干出来的城市，没有大国企、跨国巨头的眷顾。这就是这座城市内在的竞争力。

所以，深圳吸收了全国人才红利、人口红利，以最小的投入收获最大回报。过去深圳不需要建大学，投入资金培养人才，每年都会有大批毕业于北京、西安、武汉、上海等城市的大学生投奔而来。深圳以年轻人居多，政府在过去很长一段时间都不需要花钱建太多医院、养老设施，甚至不需要建太多学校。

简而言之，来深圳的年轻人，只干活，只创造财富，但是极少给政府添麻烦，极少占用公共资源。一直以来，深圳财政富余，社保富余，大量资金可以支配。这座城市负担极低，但收入极高。这就好比人年轻时，生病少干活多，享受少创造多，家庭自然比较富有。但是人终有老去的一天，深圳是否应该未雨绸缪？

目前，深圳人口的平均年龄为 33 岁，深圳应该是全国最年轻的大城市。但是，这批年轻人不少都已经有孩子，或计划生孩子。现在全国上下都在为“生孩子”发愁，深圳却拥有巨大的幼儿优势。但是，培养幼儿成才，深圳还需要大量的财政投入。

与北上广相比，深圳的人口规模不是最大，面积也小得多，教育资源和条件不是最好的，但是在园儿童（52.4 万）和中小学生（155.3 万）人数却是最多的。深圳中小学及幼儿园的教育资源紧张，教育水平无法与北上广相比。

这意味着当下以及未来，深圳教育的公共财政投入需要大幅度地增加。

目前深圳各类幼儿园 1771 所，公办园只有 68 所，占比仅为 3.8%。最近深圳政府推出学前教育发展计划，将大力发展公办幼儿园。计划明年将新增 900 所以上公立幼儿园，教师工资全部翻倍。到 2020 年，全市幼儿园总量预计要达到 1967 所。其中，公办园和普惠性民办园占比 80% 以上，全市公办园约 984 所。

教育硬件可以在短时间内解决，但是教育软件则需要时间沉淀，以及持续的大量的财政投入。

除了教育，深圳的医疗资源也极为紧缺，全市医疗水平与北上广不在一个层次。随着幼儿人数的增加，不少年迈的父母也跟随子女来到深圳，如此幼儿和老人数量的叠加，使得深圳的医疗资源更加紧缺。

过去年轻人来到深圳，体弱多病的人少，深圳的医院以及医疗水平长时间处于薄弱状态。如今，医疗需求大幅度增加，医院又无法像学校在短时间内投入建立。医院的投入及维护成本远远大于学校。医疗技术的进步，与医科大学的积累深度关联。深圳没有强势的医科大学，很难在短时间内将医疗水平提升到北上广的程度。

所以，教育与医疗，是钱的问题，但光有钱还不够，还需要持续投入以及时间积累。

深圳，这座城市，吃了四十年的人口红利、人才红利，如今依然享受着这种红利。但是，红利的另外一端，是这座城市的软性基础设施薄弱问题逐渐凸显。深圳未来需要为之前的红利买单，需要投入大量的医疗、教育资源，给深圳建设者以及儿女、老人提供更好的公共服务。

如果这座城市无法提供与之匹配的公共服务，那么它的吸引力就会下降。深圳房屋均价是 5 万多，广州才 3 万多。同等价位，你可以在广州买更好更大的房子，孩子上更好的学校，享受更好的医疗资源。深圳的工资收入，与广州差距并没有那么明显。你会选择广州还是深圳？

同等价位购买一套深圳的学位房，但是孩子接受的教育水平不如北京、上海，考入一本大学的概率也远低于北京、上海。广东的一本录取率只有 10% 左右，而北京达 30%。如此比较，你还会选择深圳吗？

目前，深圳在重症病方面的医疗技术远不如北上广，如果人老生病了，还得去广州看病，这必然会降低这座城市的吸引力。

当然，如今每年依然还会有大量的人加入“深漂”行列，但老深圳人目前都能强烈地感受到，深圳的医疗、教育资源紧张，教育水平跟不上，软基础与这座城市的实力完全不匹配。

深圳，这座城市也逐渐在走向成熟。如今，深圳关内房价超过 6 万，创业成本已大幅度提高，大企业不断入驻深圳，职业文化逐渐走强。老一代深圳人逐渐也在此扎根，他们可以为自己的下一代铺路搭桥。这座城市慢慢也会走向本地化，外来人口减少，充分竞争的趋势也会减弱。

如上海一样，深圳将来走向职业化、稳定化，说明这座城市在走向成熟。这并没有什么不好，但是前提是这座城市必须能够负担得起自己，也就是不再完全依赖于外来人口的人才红利——本地应该具备一定实力的高校，并培养大规模的人才。但是，目前深圳的高等教育水平还比较低。高等教育的投入，需要金钱，也需要时间积累。

过去的深圳，就如一个20多岁的年轻人，卸掉所有包袱，一路狂奔，以最低的成本创造最大的价值。如今的深圳，逐渐成家立业，拖家带口，甚至沾亲带故，吃饭的人多了，干活的人相对少了。

对于深圳来说，一个不太好的消息是，深圳的家庭杠杆率是北上广最高的。深圳不少家庭承担着高房贷，实际上在透支当下和未来的消费，以及上下两代人的教育和医疗储蓄。

所以，在深圳落脚的人，过去及当下赚的钱，要为将来做好打算。日子还长着，深圳就像一个孩子刚出生的家庭，将来花钱的地方还多着，必须未雨绸缪，为将来打算。

这座城市，需尽快补上软基础设施的课，加大教育、医疗等公共投入，将深圳建设成为一座属于深圳人的城市，打造成一个高度城市化的城市。

后　记

当今世界，评价一座城市，不再单以产业论城市，也不再单以城市论城市，而是以城市圈论城市。我们说纽约、旧金山、东京很强，意思是纽约湾区、旧金山湾区、东京湾区很强。如果单纯把纽约拿出来，用单一城市及产业的思维看待这座城市，很多人会得出“城市空心化、过度金融化”的简单结论。

我们现在说纽约，实际上指纽约湾区大都市区，由纽约州、康涅狄格州、新泽西州等 31 个州联合组成，拥有四千多万人口。这个世界第一湾区，拥有发达的金融、制造业、科研技术，世界一流的高等教育，良好的自然和人文环境以及完善的城市基础。纽约的金融和国际航运极为出色，而康涅狄格州是美国传统的工业重镇，新泽西的制药及生物科技发达、普林斯顿大学和贝尔实验室聚集于此。

所以，未来看待一座城市，应该具备城市圈格局，以国际思维、市场理念和未来视野来衡量，如此更加理性，更加客观，更加本质。

上海的前途取决于长三角城市圈，上海干好第一国际化都市的事。香港和深圳的机会来自粤港澳大湾区，香港已没办法像过去一样大踏步往外走，而应该想办法如何与内地城市融合，做好带领内地城市走向国际的带头大哥；深圳只要弥补软性基础的短板，自然可乘大湾区之势而起。

原载微信公众号《智本社》2019 年 5 月 14 日

【主编者言】今年选本最短的一篇，谈的却是社会发展的大话题——科技与文化、科学家与人文学者。论述者不可能就此中关系下结论，却有说得是否在理的不同。此文应属于在理之列。

科技创新与智力军备竞赛谈判

刘华杰

六十年，对于人类历史而言，不算短也不算长。大约两代半的时光，足够人们想很多事、做许多事。但是要让我们在这么短的时间内长记性，深刻总结经验教训，时长恐怕还不够。

斯诺（C.P.Snow）讲的两种文化的矛盾，在1959年时已经比较明显，在那之前就已经有所表现。此矛盾是诸多现象的反映，代表着长久以来不同文化传统之间的差异和冲突。抽象出两种文化，只是一种简化的手法。未必只是“两种”，但讲两种逻辑上对比明显，比较容易发挥。之后又有人谈第三种文化等，实际上其中的两种、三种不是定数。自伽利略、笛卡儿以来的近现代社会中，一种新的描写自然、解说自然、操纵自然、改造人类的理论和方法出现了，横扫一切，所向披靡，取得了人类认知的正统地位。后人把这种趋势简单地称为科学推进。在非常宏观的层面上看，近现代与中世纪有什么差别？差别就在于科学取代了基督教，是全方位的取代。这里面有诸多简化的说法，必须交代一下。其中的科学并不是指全部科学，只是指其中占主导地位的自然科学和数学方法。所涉及的人群范围、地理，也并不是真正的全部人口和全球，但涉及了绝大部分。相关的近代诸多变化中，科学扮演的角色越来越突出，于是在两种文化或多种文化中，角色是不对称的，科学文化一枝独秀。

科学一枝独秀，并非如普通百姓直接观察到谁在风光、红火，而是知识分子、企业家、政治家从思想史、文化史的思考中辨识出来的。百姓无法直接看出科技，他们看到的是表象，比如明星的表演，声光电的表现，对于文化的冲突，他们追踪不到其中的科学成分。科学技术事物，对于大众只是诸多界面不够友好、自己无法切入并表现自己的事物之一。

这有什么奇怪的？百姓不是专家，当然不了解科学的内容、地位以及对日常生活的渗入。但是，这就是问题的麻烦之处。两种文化或多种文化中，科学已经“分形”（fractally）地浸入到社会的方方面面：教学、建筑、交通、媒介、食品、健康及日常生活的其他方面。斯诺当初抱怨的现象，有了改进还是变得恶化？斯诺考虑的两个对话代表科学家和人文学者，在这一甲子中，都已更多地使用科技；纳税人对科技创新的主动或被动支出达到了空前的程度；而人文领域在此期间并没有得到等比例的资金和舆论支持，对此科学家还有什么不满足的？实际上，多数科学家依然不满，比 1959 年时更加不满！他们觉得人文学者依然不够了解科学，不够支持科学，觉得整个社会的科学化程度还差得远，甚至局部有倒退；在他们眼中民众愚昧无知。

从局外人的角度观察，科学在这六十年中也有许多新变化。首先是基础理论、基本原理没有太大的变革，但其他方面进展迅速。在我们这个时代，通常说的科学指科技，科学与科技在我们这个时代没有根本差异，两者深度结合；为了描述这种现象，科学社会学家造了一个不太流行的词“技科”（techno-science）。这些容易理解，重大科学定律的推出带有相当的不可预见性，一个甲子可能太短了，不足以说明什么。但是，就是这样，科学在原有的原理所开拓的方向和应用方面迅速推进，无孔不入，也可以说成绩斐然。这足以表明基础科学成就持久有效、后劲十足，科学上的发现、发明一旦做出，就是不可逆的，而人类和其他动物、植物、菌类及无机界，都要被迫面对人类的科技创新。

此创新深刻地影响到了他们、它们。影响到什么程度？远比人们想象的要厉害，以至于地质学家提出“人类世”（Anthropocene）的概念，再加倍折腾下去，地球盖亚系统承受不了了。生态环境问题，主要就是由于科技的发展造成的，从演化论角度看它是差异演化的结果，即人的演化与周围环境的演化不同步、双方感觉越来越不适应。并非所有打着科技旗号的创新都是应当推崇的，不幸的是目前大部分创新“机心”太重。依靠科技，保护和治理环境，目前只是小打小闹，宏观上可以忽略不计。有了问题，科技界并未感觉到有什么不对劲，反而激发了斗志，因为问题对于科学从来不是问题，反而是进一步加速发展的理由、动力。其他领域，也多少沾染了这类自我打气的精神胜利法，但远不如科技界。“不知止”，在人文学者看来是有问题的，当然只是一小部分，因为大部分人文学者也不知不觉被科学化了，虽然在对方看来化得还不够。圣雄甘地说过一句话：There is more to life than in creasing it's speed（生命的意义不仅仅在于提高速度）。最早我是在伦敦地铁上看到的。我想，甘地说得非常有道理，这句话就充分表现了两种文化在今日的张力。简单、平和的用词，却表现出了对某种趋势的不认同，人为何要如此折腾？更快更高更强，究竟是为了什么？显然不是如我们的祖先那样为了获取食物而锻炼自己，让自己强壮、跑得快从而能活下去、生活得好一点。我们今日追求那些竞技指标已经脱离原始的自然背景，成为一种为了指标本身而给自己不断加码的新型游戏，一部分人在此游戏中获得快感或者剩余快感（参照剩余价值而言）。

不知止，也就不知耻。止，是动态的平衡，不是指固定不变。部分人文学者呼吁的不是停下来，实际上也不应该停下来，而是适当减速。放慢脚步，才能做到动态平衡。追求平衡，是一种正当要求，而非过分的诉求。然而，现代性的逻辑与这种平衡矛盾，科技与现代性为伍，提供了现代性的基本价值观。

武器、电脑、手机快速升级，后两者几乎是最近三十年中特有的现象，但以科技为基础的快速升级，绝不是现代性社会中可以简单避免的事情，因为不对称的两种文化中独大的一方坚决不同意。在最近的中美贸易冲突特别是华为事件中，人们似乎能更多地看到科技扮演的角色。关于科技，人们常常有诸多逻辑上不相容的叙述框架，一方面说它客观之至，另一方面说它主观之至。实际上，科技是人的科技，没有人，特别是没有其中的一部分人，就不会有诸多竞赛、冲动、兴奋。

智力军备竞赛好不好？人们的看法很不同。科学主义者认为比较好，觉得还应当加油。部分人文学者则认为不够好，因为它持续打破平衡，让人们疲于奔命。这些人文学者反智吗，非理性吗？恐怕不是，智力、理性这些概念并不能总在小尺度算计上使用。

观念不同怎么办？

我认为有些事情可以通过谈判部分解决、暂时解决、推迟激烈爆发，就像面对核军备竞赛，人们可以坐下来谈判一样。世上本无核武器，是人造出了它们。核军备竞赛充满了智力，也有快感，但毕竟不是闹着玩的，玩到一定程度大家都感觉有必要缓和一下。谈，不等于一次就谈成了；谈成了，不等于不会撕毁协议，还要反复谈。对于核以外的“致毁性”不很强的其他智力竞赛，也要谈，谈的难度更大。

谈，判断的主角是谁？科学家还是人文学者？当下，他们都没有资格，他们都是劳力、苦力，最多在背后为谈判提供若干论据、数据、理论。研发新型民主和谈判理论，对人这种动物来说，可能是现实需求。

文化冲突的缓和，不仅仅涉及知识问题，还涉及好的全球民主手法。这便是半个多世纪前斯诺演讲让我思考的事情。现在不是推波助澜的时候！

原载《中国科学报》2019 年 7 月 12 日

【主编者言】我有一些德高望重的朋友曾拒绝微信，但是拒绝没有意义。同任何新事物一样，一年年过去，眼见得拒绝的人数不断减少。新事物的缺陷却推动着新事物不歇前行。

微信时代的学术

王 贺

青年科学家赵佩老师的微信公众号要开张了，嘱咐我写几句话，权作开场白。我想，这是我的荣幸，于是不自量力应承了下来。

赵老师自德国留学归来，先后在复旦、同济工作，主要从事材料和电化学这一前沿领域的应用研究。这和我熟悉的近现代文史研究相去万里。彼此的学术训练、背景和研究对象、理论、方法等差异极大。但必须承认，我们仍然同属一个广义的学术共同体，分享学术作为志业的光荣与梦想，也面临着学术工作与高等教育全球范围内的竞争、机遇与挑战，同时置身于今天急剧变革的学术生态之中。这其中，一个极为重要的变革，也许就是微信这一基于移动互联网应运而生的即时通信工具所带来的。

自腾讯公司于 2011 年 1 月 21 日推出微信以来，这一智能终端免费应用程序除了有向用户提供即时通信的基础功能，也以朋友圈、公众号（含订阅号、企业号、服务号）、小程序、微店等多种形式，为我们带来了海量的资讯、知识和不断拓展的用户体验（如线上社交、购物、休闲等）。特别是公众号，不仅为其与读者提供了一种新的信息传播方式，构建了与读者之间更好的沟通、管理模式，也由于微信用户本身的迅速增加，在近三四年来出现爆炸性增长的趋势。

据独立媒体“Morketing”发布的《微信 2018 影响力报告》显示：“公众

号的注册总量已经超过2000万个，截至2017年9月，活跃的公众号数量为350万个。”中国产业信息网的相关报道也披露：“2017年微信登录人数已达9.02亿，较2016年增长17%，日均发送微信次数为380亿，微信已成为国内最大的移动流量平台之一。”尽管这样的数据可能仍然很难充分说明公众号在今天互联网世界中的重要地位，但在日常生活中，我想，有许多人和我的感受一样：日常使用微信的频率，已经远远超过电话、短信、电邮及其他即时通信工具；微信公众号也不仅早已超越了传统媒体，而且正在取代门户网站、博客、微博等昔日所谓的“新媒体”。

可以说，微信是中文互联网领域一个伟大的发明（如果我们可以忽略其模仿对象WhatsApp、Path等）。受益于这样的技术革新，不少学界中人也创办了自己的个人公众号。在其上发表自己的文章、分享同好的佳作、传递新鲜的学术资讯，而我们每一个微信用户，也都或多或少，订阅、阅读过这些公众号的内容，并且已经感受了它给予我们的好处。进一步来说，微信对学术工作本身的及时更新，学术规范、伦理的重构（例如，如何引用微信群组或朋友圈中他人的言论、表达，就成为一个重要问题），学院学术与普罗大众的沟通，学术与知识的民主化乃至信息经济、知识经济的发展，都具有革命性的意义。

但在另一方面，面对微信日渐显现的保守性，我不由得不怀疑、担忧：它将会把我们带向何方？这种保守性首先是指，随着微信帝国的崛起，商业的逻辑、工业主义和资本主义的逻辑已然不再被掩饰，而变得极为露骨、强势，这使得用户在信息消费和享受生活便利的同时，不得不逐渐让渡自己被尊重的需要、充分保障隐私的权利，等等。

例如，2018年12月21日微信最新发布的版本中，我们一旦点击公众号推文文末的“好看”按钮，这篇文章就会出现在朋友的“看一看”的界面，而且会在文章标题之下同步显示有哪些朋友认为“好看”的信息。但问题是，许多时候，我们究竟是否希望让微信通讯录上的所有人知道自己觉得此文“好看”？无论我们的回答是什么，新版微信已经成功地消灭了用户悄悄“点赞”的权利，而让你无法选择。

也正如网络观察家所指出的："好看的本质是另外一种朋友圈。在朋友圈，你的微信好友转发，会成为你的信息流的一部分。而好看，则是你的微信好友点击好看，会成为他的信息流的一部分。你有没有注意到一件事：你的好友正在成为你的议程设置者？再进一步，你手上是有一个开关的：不看 ta 的朋友圈 /ta 的好看。所以，好看和朋友圈一样，都是一种社交分发。"（魏武挥《我们该如何获取信息》）

与这一现象并行不悖的是微信审查制度愈益严厉的趋势，已给公众号造成极为显著的影响。与自然科学领域的公众号相比，社会科学类公众号是重灾区。众多的公众号被永久封禁，大量的文章"因违规无法查看"，许多文章因为存在着微信官方所认定的敏感词而不得不以图片等形式发送，或仅允许阅读而被限制分享、转发，等等，影响了它的传播范围。更重要的是，针对图片消息和群组、个人朋友圈的审查机制已经被发明、使用。

不过，即便如此，从目前的形势看，对于中文学术文章、资讯的传播来说，微信公众号仍然是一个不坏的选择。这不仅是指微信公众号利用智能手机、移动互联网所提供的基础设施与条件，可以传播包括学术文章、资讯在内的一切信息，或者说它作为新的信息传播方式与新的读者沟通、管理模式，对我们有很强的吸引力，还指的是，它为学术文章、资讯等任何信息创造了随时随地无障碍阅读的环境的同时，还有效地弥补了微信朋友圈和群组基于熟人、私人网络的信息分享机制所存在的天然的局限。也就是说，假如我们的通讯录里没有一个朋友，至少还可以有公众号。

无论是作为其他学术公众号的联合主办者，还是一个普通的公众号读者，我自己正是通过诸多微信公众号，得以及时拜读海内外师友们的力作、新作（当然，通过手机阅读长篇论文仍然是一个不小的挑战），第一时间知道自己关心的领域又有哪些新书出版、会议即将召开，并尝试与公众号文章的作者、读者尽可能地保持联系。

在这个意义上来看，今天的学术与我们的时代、社会之间的关系，比以往任何一个时代、社会都要紧密，呈现出“强连接”的状态。由学术期刊、著作、团体所代表的传统学术世界，似乎正在让位于公众号学术这一“复杂网络中的强连接”所想象、重绘的新的知识版图。一百多年前，流亡日本的梁启超说：“今日欲改良群治，必自小说界革命始，欲新民，必自新小说始。”（《论小说与群治之关系》）今天，我们同样也许可以将其赋予“新小说”魔法般的力量，寄托在公众号写作身上。

但这并不意味着我们没有碰到别的麻烦和困难。对于学者个人主办的学术型公众号而言，是定位做一个自媒体还是一个相对严肃的学术发布、交流平台？如何保证内容的学术性，避免无条件地迎合读者，或成为商业营销、主流意识形态的奴仆？如何在促进学术、知识传播的同时，不再制造各种有形无形的信息鸿沟、生产新的权力关系和等级制度，让我们以及我们所处的社会、社群变得更加多元、包容、健康？

对于主办者个人来说，最初的学术激情抑或“网络分享成瘾”的冲动过后，是任其自生自灭，或选择注销，还是不忘初衷、砥砺前行？如何合理分配个人用于学术研究与运营公众号的时间、精力等无疑都是需要思考、应对的问题。如何思考、解决这些问题，既与一个公众号的成长有关，也直接地介入了今天这个微信时代学术、知识的发展。

对于我们每一个读者来说，如何获取信息变得相当重要。包括微信在内的众多软件、平台所采用的“社交分发”和“算法推荐”等信息分发机制，已经成为决定用户获取信息的主要“把关人”（传统学术、知识生态的“把关人”由学者、作家、编辑、教师等专业人士所担任）。例如，你在某购物网站的购物记录，成为专门为你准备的同类商品推荐的范式；从你的手机里“窃取”的短信和通讯录内容，成为你“可能认识的朋友”；如果看过数条某位艺人的视频或新闻，不久就会有算法推荐系统推荐给你关于此艺人的其他视频或新闻……

过于依赖“社交分发”和“算法推荐”的读者、用户，其阅读品味、思想观念等都很容易走向单一、偏执，很难容忍异己的声音，以致出现“信息茧房”的可能性会不断增加，从来没有机会反思、挑战、修正那样自以为是的观点，甚至，有些学者认为，这也导致了群体极化、政治极化的现象。尽管 Levi Boxell、Matthew Gentzkow、Jesse M.Shapiro 等人在《互联网是否导致政治极化？人口统计学证据》（*Is the Internet Causing Political Polarization? Evidence from Demographics*）这一研究中反驳了此种观点，不仅否定了上升的极端化趋势和网络使用之间存在直接联系的说法，且对新媒体、数字媒体在其中所扮演的备受诟病的角色表示怀疑，但这似乎无法减缓我们的担忧。

不仅桑斯坦所描述的“个人日报（daily me）”现象已成为可能，在“算法推荐”机制之下，让我们不舒服、不感兴趣的内容几乎从来不会出现；让只有多个好友点赞、评论过的广告，才出现在我们的朋友圈，否则，它将永无露面之日。“社交分发”则与之相配合，让我们多了另一个不用点赞、评论的朋友圈，但如上所论，这也只是被通讯录好友点过“好看”的信息流。“看一看”、朋友圈、微信公众号，因此构成了微信三大信息流。

与“社交分发”相比，“算法推荐”是基要的、更关键的。但无论何种“算法推荐”机制，它们都有一个“物以类聚，人以群分”的基本假设，认定喜欢相同物品的用户更有可能具有相同的兴趣，更不用说，它利用大数据精准地掌握你和朋友们共同的兴趣、爱好。等而下之者，则有“大数据杀熟”现象的四处泛滥。

这就好像，互联网是一条河，我们每个人在享受着河流和沿岸的美景，以及它提供给我们的各种便利的同时，我们忘了自己其实是在裸泳。能让我们不再裸泳的，除了法律和相关制度的建立、健全和完善，个人媒介素养和数字素养的提升，也许还有一个力量，就来自学术，亦即微信中专业、负责任的学术内容。虽然它同样不可避免地成为被“社交分发”和“算法推荐”机制所处理的信息、对象，但在同时也内蕴着一种打破“信息茧房”，促进信息获取和流动的平等、民主，乃至建构“网络共和国”的力量，这也就是昔日我们所谓的思想的力量、观念的力量。

至于事实如何，毕竟还需要更多的观察、研究和解释。不过，在我看来，这一信念也回应了所谓的严肃、认真的学风有助于政风、世风之转移的那种观点。

从这个意义上来说，相信不少读者和我一样，乐见并期待着赵老师的公众号能够越办越好（无论是为着促进与同行的交流，还是向公众传播更多的科学知识）。但我们也同样期待有越来越多的学者，在勤谨从事本业之余，可以放弃偏见、放低身段，拥抱这个充满不确定性但同时也充满想象力的未来。

未来，属于热爱生活，满怀理想、情怀和希望的每一个人。

原载《书屋》2019 年第 4 期

【主编者言】城市化的进程推动着大小城市疯狂地奔跑。跑得快就难免匆忙中落下点什么，或者轻率地丢弃些什么。当我们终于驻足回头，会发现好些东西不得不反身寻找。

城市更新，别丢了文脉

袁　瑾

城市学家芒福德说："城市是文化的容器。"文化是推动城市前进的动力，也是人类实现认同的方式。在城市发展史上，不同时代累积下来的胡同、牌坊、院落、民居、街道等构成了城市文明的基本形态。这些宝贵的文化遗产，不仅是活着的传统，还是代表城市独特性的历史文脉。然而，在急速现代化的过程中，城市不断经历着更新的考验。人们一方面渴望创新和发展，大量拆除或改造那些历史建筑和遗迹；但另一方面又不得不承受传统流逝，文脉断裂带来的痛苦。这无疑构成了当代城市文化发展的悖论，也是城市更新中必须正视和急需解决的现实问题。

城市更新要尊重历史文脉

近些年，伴随国家和各级政府越来越重视历史传统街区的保护和开发，具有地方特色的老街老巷逐渐成为打造城市名片的亮点。这些老城区在旅游产业的拉动下，摇身变为光鲜亮丽的商业街或文化风情体验街，在短期内刺激了当地经济的发展，但由于缺乏对历史传统的充分了解和尊重，以及片面追求经济效益的行为，导致许多历史街区的建设千城一面，不仅景观雷同、业态混乱，而且还夹杂了不少粗制滥造的假古董和伪民俗，成为广受人们质疑和抨击的“城市病”。

据调查显示，像凤凰、大理、丽江、榆次等古城商业街的游客人数正逐年减少。这些依靠单纯商业模式建立起来的旅游景点，早期曾红极一时，现在则明显停滞不前。例如凤凰古城被游客称为“一个被商业化武装到牙齿的地方”，因为这里的核心区竟然有接近 90% 的房子是商用屋，就连人上厕所也要交一两元钱，“如厕”已成为当地非常赚钱的买卖。伴随原住民大量外迁，凤凰的原生文化不复存在，大街上弹的是尤克里里和非洲鼓，网红店里卖的是来自外地产的纪念品，当外来商业文化成为当地主宰时，沈从文笔下的《边城》自然已消失殆尽，人们对古城的兴趣也所剩无几了。

之所以会造成上述问题，一方面是由于过度商业开发，那些缺乏特色的景区迟早会让游客产生审美疲劳；另一方面，正是因为在开发的过程中，许多历史街区失去了原有的生活风貌，使得开发本身也停留在肤浅粗糙的初级化发展水平，因此也难以实现对传统文化资源的深度挖掘和精品打造。这种恶性循环是历史街区建设中普遍存在的怪圈，也是阻碍当代城市发展的一大沉疴。

从城市更新的角度讲，在进行传统文化资源开发时，人们经常会谈到文脉延续。文脉延续是好事，但问题是如何延续？这绝对不是一件容易的事。以建筑遗产活化为例，活化的对象既有历史久远的古城街区，也有工业时代留下的车间厂房。活化的途径首先是对外观进行更新，如“改造、改进、维修、修复、翻新、美化”。光是这些概念已让人目不暇接，而它们之间的细微差别，恐怕只有专业人士才懂得其中的奥妙。由于更新工作关系到经济发展、社会民生、公共服务等各个方面，其错综复杂的问题绝非个人或某一领域能单独解决，所以到底该如何保护和延续城市文脉，其实一直都是世界各国面临的难题。

中国在这方面也经历了十分曲折的过程。例如广州人民南历史文化街区改造项目，从 20 世纪 80 年代初开始，政府对旧城进行小规模的简单修补，虽然没有破坏文脉，但也谈不上保护。到了 90 年代，政府引入开发商改造旧城，虽然新建楼盘在短期内改善了经济民生，但大拆大建之后，对中心城区的空间尺度和风貌破坏极大，文脉几乎断裂。因此在 90 年代末到 21 世纪初，政府吸取教训重新规范旧城更新的原则，如 1999 年旧城改造不再让开发商参与，而是由政府和房屋业主共同承担。这个时期，政府不仅对建筑和街道进行改造，最重要的是树立了以人为本的精神，对于文脉保护和延续具有非常重要的意义。从 2006 年到现在，旧城改造政策进一步调整，由过去政府或开发商单方面主导模式优化为政府为主、开发商为辅的综合模式，通过一系列环境整治、建筑和街区修缮，使得社会得到发展的同时也实现了文脉延续。上面所讲的这些，无论是付出的代价，还是取得的经验，都足以成为今天新一轮城市更新的参照样本。

微更新有望引领老城复兴

要实现历史文脉的延续，必须就不同文化遗产进行富有针对性的保育。既要保护遗产的外部物质形态，也要培育它的内在文化价值。在更新形象的同时，更要让它与日常生活发生联系，恢复其社会功能，从而实现“活”下来的能力。因此任何急功近利的行为，特别是那些以更新之名对历史街区进行的混乱开发，注定是对城市文脉的一种变相破坏。

正因为过去经历了太多大拆大建带来的文脉断裂之苦，今天的城市更新越来越倾向于采用“微更新”的方式，即在保持城市肌理的基础上，对已有城市空间进行小范围、小规模的局部改造，从而实现空间活化与地方振兴的目的，如北京 751 时尚设计广场、上海 M50、深圳 OCT-LOFT 华侨城等文化创意园。这些创意园的前身多为被废弃或闲置的厂房，经过简易设计和细微改造后，被更新为美术馆、展览馆、艺术家工作坊、书店、联合办公室等文化空间。由于各种艺术文化元素的融入，原本破旧的工厂蜕变为靓丽的城市风景线，有的还成为新的文化地标，不仅美化了城市，也丰富了市民文化生活，提升了空间品质。

微更新不仅在工业遗产活化方面应用广泛，对历史建筑遗产的活化也有启示意义。截至 2018 年，全国共有 135 座国家历史文化名城，其建设的核心内容就是保护与发展历史文化街区，如有“老字号天堂”之称的北京大栅栏、被誉为“苏州古城活标本”的平江历史文化街区，以及号称“明清建筑博物馆”的福州三坊七巷等都是现在家喻户晓的星级景区，也是街区更新较为成功的案例。但总体而言，历史文化名城的发展并不乐观，因为有将近 20 个城市没有历史文化街区，18 个仅有一座历史街区，近一半历史文化街区不合格。

在如此庞大的不理想数据面前，必须承认历史建筑遗产的保育形势还相当严峻。但如果单纯依靠和等待政府统一规划、全面更新，恐怕也不是富有成效的选择。事实上，通过引导民间力量参与街区建设，通过街区业态多样化发展，倒是值得借鉴的思路。

例如广州新河浦历史文化街区以“东山小洋楼”著称，拥有广州现存规模最大的、中西结合、低层院落式近代民居建筑群。近几年来，由于民间承租者和保育人士的共同努力，年久失修的历史建筑得到精心修复，如老建筑馨园已活化为著名的古建筑酒店，成为向国际友人展示岭南文化风貌的重要记忆场所。同时由于新兴文创产业的集聚，这里也逐渐形成“艺术生活社区”的氛围。现在的新河浦宁静优雅、绿树成荫，颜色斑斓的民国花砖与满洲窗掩映在红砖洋楼里，画廊、当代艺术馆、民宿、小剧场、儿童艺术空间、西餐厅等，散落在街区各个角落，还有每月举办的“东山艺术市集”，更是吸引了大量年轻人慕名而来，整个街区焕然一新。

新河浦的成功得益于历史传统与现代文化的充分融合。通过政府的良性政策指引和民间自发的微更新，就能促成整个街区生活风貌的显著提升。历史文化街区本应朝着循序渐进、自然集聚的文化生态模式发展，打造宜居宜业宜游的新格局才能实现可持续发展的目标。

记忆重建是城市更新的灵魂

尽管文化创意产业为城市带来了生机，政府所追求的“老城市新活力”梦想似乎也不再遥远。但遗憾的是，即便在貌似更加人性化的微更新过程中，城市记忆的流失依然严峻。在由政府和企业主导的更新中，往往只是对建筑外观和功能的更新，而建筑所承载的生活故事、个人经验、地方信仰等宝贵的历史记忆，由于当地民众的缺席，往往被漠视和淡忘了，这不能不说是当代城市更新莫大的悲哀。

例如成都的宽窄巷，据说是蓉城的会客厅。它既是当地最具典范性的历史文化商业步行街区，也是首个院落式情景消费体验街区，但凡外地游客过来，必到此一游。走进宽窄巷，会看到许多牌匾，上面写着关于房屋历史的介绍。这些牌匾作为街区记忆的讲述者，本应如实反映原屋主的身份，但一位从小在窄巷子长大的胥女士看后却非常生气，还写过文章批评，因为牌文里居然把她的曾祖父写成奶奶的丈夫，那奶奶岂不是嫁给了公公。后来景区改了这块牌匾，但改的结果是把这位奶奶又写成公公的女儿，怎一个乱字了得。

上面所举的并非孤例，在许多历史文化街区和文物建筑遗址，如果稍加留意，都不难发现类似的错漏，甚至是闹剧。这些乱象背后，不仅暴露了当事人的无知，更反映了城市更新中记忆重建的危机。我们不禁要问，城市更新的目的是什么？是为了更新而更新吗？如果是这样，干脆一切推倒重来，让历史沉默就好。但这显然不符合事实。更新的目的说到底是为了记忆，为了那些忘却的记忆。比如童年时代街边的小吃、屋顶的飞鸟、门前的花香、唢呐的声响，这些记忆都属于每个活生生的个体，而所有个体记忆汇聚在一起，就是城市的历史。可以说，没有记忆的人是残缺的生命，没有历史的城市也不过是无根的建筑群。

诗人余光中在《乡愁》中写道“小时候，乡愁是一枚小小的邮票……/ 长大后，乡愁是一张窄窄的船票……/ 后来啊，乡愁是一方矮矮的坟墓……/ 而现在，乡愁是一湾浅浅的海峡……”这首诗之所以感人，是因为它书写了记忆。记忆是什么？记忆是思念，记忆是乡愁，记忆是我们的精神家园。英国作家约翰·罗斯金在《建筑的七盏明灯》中，把诗歌和建筑这两者看成是克服人类遗忘的有力征服者。从这个角度讲，每一栋历史建筑就好比一首珍贵的诗篇，历经岁月沧桑，最终汇成城市的史诗。

所有建筑遗产都是人类记忆的守护者，它们时刻提醒着我们是谁，我们从哪里来，我们要到哪里去。因此，记忆重建才是城市更新的灵魂。如何重建呢？重建的开始，当然是要学会发自内心的尊重和热爱我们的文化遗产。今天的现实是，许多珍贵的历史建筑已找不到它们的来由和名字，因此抢救历史记忆，建立历史档案，是我们重建记忆的当务之急。其次，寻找这些老建筑的故事和街区的传说，记录那些珍贵的口述史，通过文字、图像，还有大众传媒还原历史现场，让历史记忆嵌入我们的日常生活，让今天与昨天对话，记忆便有了生命。

最后，值得一提的是，无论是王宫还是民居，都有其特殊的文化价值，关于它们的记忆并无贵贱之分。但我们往往只记录名人的记忆，却遗忘普通人的记忆，这本身就是一种巨大的记忆缺憾。每一栋历史建筑都是一座活态的博物馆，都应得到理解和重视，即便是最不起眼的寺庙和店铺，也是历史赐予后人的神圣空间。这样的空间可以唤醒我们的记忆，滋养我们的心灵，激发我们的情感，最终让我们结为一体，实现认同。

原载《光明日报》2019 年 7 月 17 日

【主编者言】“那一届商人”必定与“那一届”社会相适应，是“那一届”社会催生的产物。“那一届”社会给他们舞台，也给他们种种局限。他们的命运展示着“那一届”社会。

西门庆那一届商人的欲望与恐惧

刘晓蕾

《金瓶梅》的故事源于《水浒传》。后者是绿林好汉的世界——打虎、倒拔杨柳、打家劫舍，大碗喝酒大块吃肉……作者关注的是好汉们的“非凡”人生，对普通人没什么兴趣。在《水浒传》里，被一笔带过的西门庆、潘金莲、王婆、郓哥们，在《金瓶梅》里却是主流，构成了市井百态。

《金瓶梅》的地点，是山东清河和临清，《水浒传》里的武松故事，却发生在山东阳谷。人物、故事都是移植的，为啥要改地点？答案也许很简单：在阳谷，西门庆创建不了他的商业帝国。明代，临清才有繁华的漕运码头，才有故事。

所以，《金瓶梅》的世界里，有做小买卖的，说媒拉纤的，开店的，上层也在卖官……全民皆商，这是一个喧闹的商业空间，传统的乡土生活消失了。

王婆开茶馆，还兼职媒婆、卖婆、牙婆，“马泊六”……买卖人口、拉皮条，什么钱都敢赚。潘金莲一叉竿打到西门庆，她想着钱来了——又是“挨光计”，又请潘金莲过来，最后又建议毒死武大……一共赚了多少呢？西门庆一次性给她 10 两，还有一套送终衣裳，以及每次幽会打酒买肉赚差价，前后也超不过 20 两。

为了这点钱，赔上一条人命，真让人唏嘘。

西门庆死后，吴月娘让王婆带走潘金莲发卖，她要价105两，最后只给了月娘20两。可惜，这笔横财，她来不及消受，就死在了武松刀下。

以贪财始，以贪财终，王婆也算死得其所了。

古语有“人为财死，鸟为食亡”，但传统的乡土社会，发财的机会太少。《金瓶梅》里，空气中处处荡漾着金钱的气息。

王婆的同行有薛嫂、文嫂、陶妈妈，还有李瓶儿的奶妈冯妈妈，李瓶儿要死了，她还忙着给西门庆和王六儿拉皮条。她们能说会道，最懂客户心理。第七回薛嫂向西门庆介绍孟玉楼，首先说：她手里有一份好钱。南京拔步床两张，现金就有上千两，四五箱子家私……最后才说年龄长相、弹一手好月琴。

娶了孟玉楼和李瓶儿这俩有钱的寡妇后，西门庆又开了当铺、缎子铺，发达起来。当初张四舅想让玉楼嫁给尚举人，但玉楼选西门庆，一是西门庆一表人才，二是商人比读书人更受欢迎。

这算不算读书人在商业时代的溃败？金钱就这样影响了择偶，也重塑了人与人之间的关系。

书里还有一个应伯爵，他是一个妙人。绣像本第一回里他就出场了，人情练达世事洞明，口齿生香，有他，里里外外都充满快活的空气。曹公笔下的王熙凤，跟他一脉相承。

这天，应伯爵去找西门庆——

西门庆问：“你吃饭了没？”

应伯爵不好说没吃，说道：“哥，你试猜。”

西门庆偏说：“你敢是吃了？”

应伯爵掩口：“这等猜不着。”

西门庆笑道：“怪狗才，没吃就没吃，这等张致？”便叫小厮盛饭。应伯爵说：“不然就吃了来了，有件稀罕事，想赶紧说给你。一个叫武松的打死了老虎，咱去看热闹吧？”又说：“咱不如去大街上酒楼上坐着看？”于是，二人便手拉手吃喝看热闹去了。

每看到这里都会忍不住微笑，应伯爵的谐音是“应白嚼”，人家就该吃这碗饭。

西门庆当了副提刑，买了王招宣家的犀角带。伯爵连声夸赞：“哥，这是水犀角，不是旱犀角，旱的不值钱。这水犀角号称通天犀，是无价之宝。整个京城都找不出来呢！太监送来几盆花，他说花好看，花盆更好，是‘官窑双箍邓浆盆’，花钱都买不到呢。他偏懂这些。”

当了官的西门庆，吃喝都上档次了，有应季鲜物，还有鲥鱼。伯爵也沾光：“蒙哥送了两尾好鲥鱼给我。我送了一尾给家兄，剩下的那尾……放在瓷罐里，一早一晚吃。来了客人，蒸一碟上去，也不辜负哥的盛情。‘吃到牙缝里都是香的’。”

幸福是相对的，源于“我有，你没有”，没对比就没伤害。作为清河县土豪，没应伯爵这样的人凑趣、抬轿子，西门庆岂非锦衣夜行？应伯爵离不开他，他更离不开应伯爵，这就是帮闲的商业价值。

在传统农业社会里，像应伯爵这样的，是人人讨厌的“寄生虫”。但在商业时代，脑子和口才也是资本。应伯爵的“帮闲”，其实也是一种新职业——除了抬轿子、捧哏，还帮李三、黄四向西门庆借贷，拿回扣；在货商和西门庆之间讨价还价，抽个头；撺掇西门庆包养李桂姐，拉他去院里混吃喝；给西门庆找伙计，贲四和韩道国，都是他介绍的；还当交易担保人，提供信任背书……处处都离不开他。

《金瓶梅》堪称明代中叶的浮世绘——摇惊闺叶[①]的货郎，箱子里有脂粉、花翠、汗巾，还有新鲜菊花。第 23 回，跟西门庆好上的来旺媳妇宋蕙莲，就买了两对鬓花大翠和两方紫绫闪色销金汗巾儿，一共花了七钱五分，相当于现在的 400 多人民币了。

还有走街串巷的磨镜老叟。孟玉楼和潘金莲让来安提了大小八面镜子，又抱了四方穿衣镜过来。老叟磨好了不走，站着抹眼泪：“我儿子爱耍钱，把妈妈

① 惊闺叶：一种装有铃铛的小鼓。旧时卖针脂粉的小贩所用，用来招揽女顾客。

气病了，一心想吃腊肉，讨不到……”玉楼给他腊肉和饼锭，金莲穷一点，只拿得出小米和酱瓜。

不过，结尾有点出乎意料。来安说：“你们被骗了！他家妈妈是个媒人，昨天还在大街上走呢。算了，给他就给他吧，也是他的造化。”

喜欢历史演义和英雄传奇的，可能读不下《金瓶梅》。

绣像本金瓶梅，开头写“酒色财色”最害人，其中“财色”尤为厉害。没钱的，无限凄凉，“一朝马死黄金尽，亲者如同陌路人。”有钱的呢？“富在深山有远亲”，颐指气使，拥有一切。

钱，最考验人心，但未必败坏人心。人心难道不是亘古如斯？不然孔子也不会感慨世风日下人心不古了。金钱是中性的，没有善恶。它让人堕落，也给人尊严及自由。

所以，《金瓶梅》的世界里，虽然人心浮动，乱七八糟，但换个角度看，浮动意味着自由，意味着一个自在、饱满的民间世界。这个世界，方生方死，方死方生，在混乱中孕育可能。

在这个世界里，只要肯想办法，每个人都能活下去，甚至活得有滋有味——

武大卖炊饼，是小本生意，在金莲的帮助下，也能典一所严谨的院落。王婆喊金莲过去帮忙做送终衣服，武大还让金莲拿出三百文钱，给王婆买酒。在紫石街，虽不是富人，但也衣食无忧。

捉奸的郓哥呢？书中说他靠在酒店里卖时新果品度日，是水果小贩。事发那天他挎着一篮雪梨，到处找西门庆。这小打小闹，也能养活自己和家中老爹。

除了帮闲，还有妓女、小优、女先生以及理发的。西门庆拿 50 两银子梳拢了李桂姐，每月花 20 两包养；李铭们卖力供唱；郁大姐是盲女，会唱很多曲子；青楼里还有穿褴褛衣的“架儿”，拿瓜子零食献给西门庆，西门庆便赏一两块银子；有穿青衣的“圆社”，陪西门庆和李桂姐踢气球，一下午赚一两五钱银子；还有小周，提着工具箱给西门庆和官哥梳头理发。

靠自己的本事挣钱吃饭，一点也不丢人。让所有人都能活下去的，才是热腾腾的人间，这是生命的权利，也是最大的慈悲。

第58回，西门庆、乔大户合伙开绸缎铺，雇了韩道国、甘出身和崔本做伙计。三方批了合同，应伯爵是保人，利润分配：西门庆五分，乔大户三分，其余三个伙计三份均分。

这已经是股份制的雏形了，乃民间自发形成，不是圣人或皇上设计的。我们总以为，《金瓶梅》的世界里，传统道德崩塌，新道德尚未形成，人性一片荒芜。但设想一下——如有足够的时间，没有权力的干预，规则会不会自然生长出来？不道德的人，会不会组成有道德的社会？

亚当·斯密就推崇自发秩序：个人在经济生活中只考虑自己利益，但受“看不见的手”驱使，通过分工和市场，是可以做到你好我好大家好的。他相信，市场可以孕育道德，道德可以自然生长。

《红楼梦》第22回，宝玉去看宝钗，黛玉不开心，宝玉安慰她：“你难道连‘亲不间疏，先不僭后’也不知道？”宝玉这是劝黛玉：咱俩的关系，可比宝姐姐亲多了。关系分远近，这是典型的儒家伦理——来自宗法社会，适应“差序格局”，以血缘论亲疏。

所以，传统的道德体系里，有亲人、熟人的位置，却没有陌生人的位置。那么，进入社会要跟陌生人打交道怎么办？就想办法“拟亲化”，把陌生人变成自己人。

一开头“西门庆热结十兄弟”，吴道官主持结拜：“桃园义重，众心仰慕而敢效其风；管鲍情深，各姓追维而欲同其志。况四海皆可兄弟，岂异姓不如骨肉？”西门庆的伙计、小厮、丫鬟都喊他“爹”，吴月娘是“娘”，一派温情脉脉。

这是想通过模拟血缘关系，在陌生人之间建立信任。然而，在《金瓶梅》里，结义兄弟、西门庆和伙计们，其实还是生意伙伴。在金钱面前，这种模拟的亲情，松散脆弱，绝对经不起考验。所以，西门庆一死，走的走，背叛的背叛，人情世界轰然倒塌。

商业社会是陌生人的社会，陌生人之间既有合作，又有界限，传统道德真的无能为力。

韩道国的老婆王六儿跟小叔通奸，被几个好事的街坊捉去报官。韩道国求应伯爵找西门庆通融，王六儿被放出来了，好事者反被衙役打了一顿。家属们又凑了 40 两银子找应伯爵帮忙……应伯爵这个人，居然两头吃，还吃得从容利落，啧啧。

这件事写得花团锦簇，有处趣笔：这些好事的人，分别叫管世宽、车淡、游守和郝贤，都被打惨了。对王六儿和小叔这事，兰陵笑笑生的态度很明确："关你屁事"，这在传统乡土社会是不可能的。

这符合现代社会的"群己权界"——公共领域和私人领域严格分清，我是我，你是你，别用你的标准绑架我。简言之，是"关我屁事"和"关你屁事"。

《金瓶梅》的世界，真是繁盛。袁宏道说得对，这本书确实满纸云霞，有无限烟波。

写出这样一本书的兰陵笑笑生，我们却几乎一无所知。很多人认为，他应该生活在明嘉靖到万历年间，这也是《金瓶梅》故事的背景。

彼时，大运河开通漕运，商业经济空前繁荣——北到北京通州，南至江南，有数十个漕运码头。北方的棉花运到南方，南方的稻米、丝绸等也源源不断来到北方，临清正是其中的重要枢纽。

书中有大量的南方货物和江南方言，因此有人说兰陵笑笑生该是江南人士。可是，书中的山东土话更多，所以，作者也可能是北方人，不过经常去南方。

南方代表富裕和时尚。孟玉楼的拔步床，是南京的；黄四为答谢西门庆，送来四样鲜物：一盒鲜乌菱，一盒鲜荸荠，四尾冰湃的大鲥鱼，一盒枇杷果，这些也来自南方；一次，郑爱月从西门庆袖子里掏出了紫绉纱汗巾儿，上拴着一副拣金挑牙儿，正是从西门庆的扬州船上带来的。

生意做得最大的，当然是西门庆。

他有生药铺、绸缎铺、绒线铺和典当铺。绸缎、绒线自然从南方贩运。绸缎铺在第59回开张，亲朋好友都来贺喜，当天就卖了500多两银子，西门庆满心欢喜。彼时，官哥刚死，他真是务实的商人。

都说西门庆贪淫好色，为富不仁，其实他很有经济头脑，精明干练。

第16回，西门庆正跟李瓶儿厮混，玳安来报，说有三个川广客人有货卖，他却不急：满清河县，我家铺子最大，他不卖给我卖给谁？第77回，花大舅来找西门庆，说有无锡米，客人因冻了河，要卖掉回家。他拒绝，因为冻河都没人要，解了冻大量米来了，肯定跌价。

临死时，他给女婿陈敬济交代家底：缎子铺5万本钱，绒线铺6500两，绸绒铺5000两，印子铺2万两，生药铺5000两，再加上其他七七八八，大概一共10万余两。按保守的1∶600折算，相当于6000万人民币。

西门庆是那个商业时代的代言人。

教科书上说，明代中叶以来的商业经济，是资本主义的萌芽。但是，一种新的社会形态，需要多重合力——欧洲资本主义的兴起，富人阶层功不可没：有独立的文化追求；联合一切力量，跟王权拉锯，为自己争取政治空间；推动工业革命。

显然，西门庆这届不行。

他的财富积累，一是靠娶有钱的寡妇；一是低买高卖，长途贩运，没什么技术含量；一是官商勾结，靠权力发财。他当了蔡太师的干儿子，做了副提刑；送蔡状元们银子，后来，蔡状元当了巡盐御史，让西门庆早支了一个月盐引；还贿赂税官，偷税漏税。

靠钻制度的空子，催生不出独立的富人阶层。他也没什么文化追求——盖房子、做官、赚钱、泡女人，是他所有的理想。《二刻拍案惊奇》里说徽州人：“乌纱帽、红绣鞋，一生只这两件不争银子，其余诸事悭吝了。”说西门庆也很合适。

指责西门庆们堕落，欲望泛滥，导致了明朝的灭亡，听上去没毛病。但西门庆们其实也普遍缺乏安全感的——商业经济发达了，制度还是老样子，商人的权利没有任何保障。他马不停蹄找女人，也是焦虑的体现。

第 18 回，西门庆的亲家陈洪被弹劾，女婿女儿连夜带着家私投奔西门庆。他赶紧去东京疏通关系，李瓶儿也不娶了，花园也不盖了，紧闭大门，惶惶了一个多月。这让我想起，《红楼梦》里的贾政，被宣进宫后，贾家上下也皆惊惧不安，待听到是元妃才选凤藻宫，才放下心来。

卡尔·波普尔说："未来是开放的，由我们所有人决定……但是，我们能做什么，又受限于我们的理念与希望，我们的期盼与恐惧。"被恐惧和焦虑折磨的人群，怎么决定未来呢？

在帝国权力的阴影下，不管是资本主义萌芽，还是民间社会的丰饶、西门庆的财富，甚至钟鸣鼎食之族，都难以持久。

《金瓶梅》和《红楼梦》，一个写土豪，一个写贵族，却都"悲凉之雾，遍被华林"，这是一种苍凉的末世感——每个日子都摇摇欲坠，每颗人心都焦虑不安。

所有的繁华，所有的荣耀，不过是春梦一场。

原载《大家》2019 年 3 月

【主编者言】从一本书入手，谈现代观鸟。或许是个小众话题，但摄影器材的普及、交通的便利、休闲的升级等，都在呼唤“鸟人”。也许我们将不得不重新定位人类与鸟的关系？

观鸟如何成了魔症？

——闲话《林中鸟——观鸟的社会文化史》

钱　广

一、“看鸟”或“观鸟”，这是个问题

中国的观鸟活动，大概在21世纪开始蓬勃起来，却仍然是圈子里的事，属于当今亚文化圈里的一种文化现象。资深鸟友转帖《观鸟，中国古人早已有之》：“一直以为观鸟是从国外传入的，直到……我在微信朋友圈看到‘白露三候’的说法，方才恍然大悟！原来，早在2000多年前乃至更早些时候，我们老祖先就已经很懂得观鸟了。”无独有偶，最近参加一个观鸟比赛，往返观鸟点的途中，听鸟友在车里高谈阔论，也是这番论调，还大背唐诗作为论据。这些反映了现代观鸟活动进入中国二十余年来，不仅一般观鸟者不清楚“现代观鸟”的精神是什么，就是资深鸟人对此也概念模糊。

爱上观鸟后，我迷上了观鸟文化，淘回来的书中，有一本*A bird in the Bush : A Social History of Birdwhatching*，可译作《林中鸟——观鸟的社会文化史》。此书名来自奥杜邦协会会刊*Bird-Lore*的信条：“一鸟在林胜过两鸟在手。”这句包含深意的格言，书名取意于此，再合适不过。

这本书一开始便直面一个问题：什么是现代观鸟？

在《前言》里，作者莫斯开篇就带我们看展会——不列颠观鸟博览会。跟着他一路来到艺术展区，他告诉我们，这是展会最大的亮点。当人们看到以各种方式展示在屏幕上的鸟的时候，他们的目光里充满了惊叹和敬畏。作者由此话锋一转："早在耶稣诞生前一万多年，我们远古的祖先，在第一眼看到鸟类形象时，也许跟现代人看到鸟类图片时一样，产生了同样奇妙的感觉。自从第一个史前猎人在岩洞壁上画出他的猎物以来，人类就开始以这种或那种方式看鸟（watching birds）。然而从大历史的维度看，人们以前并没有过任何现代意义上的'观鸟'（birdwatching）活动。为了鸟类而去到户外，单纯为了乐趣而观看它们，是非常新近的现象。今天的'鸟人'，无论男女，都是典型的西方现代社会的产物。"本书的主题就是探讨观鸟这种以获得乐趣为主要目的的娱乐活动的历史。

二、人类看鸟简史

人类出现以后，就一直在看鸟！东西方皆然。

《林中鸟》中列举了法国南部加尔加斯岩洞里的鹳等，认为这些绘画除了宗教仪式的用途，还有实用的用途，反映了人类对周围世界的认知和分类的欲望。书中还列举了目前所知最早提及看鸟的文字。公元前 3000 年，古埃及某任职帝国边陲的官员在家信里抱怨道："我花成天的时间看鸟。"这简单的一句话，表达出了作者百无聊赖的情绪。《圣经》中有大量的关于鸟的记录，究其原因，圣地位于欧亚非大陆候鸟迁徙的重要路径上，不可能视而不见。古希腊罗马时期，科学产生后，有亚里士多德的《动物志》和普林尼的《博物志》，但普通人对鸟类的着迷除了美味，就是宗教迷信。中世纪时对鸟感兴趣的主体是皇家和贵族们，他们开展狩猎活动。比如征服者威廉就是个猎鹰迷；德意志皇帝腓特烈二世是个敏锐的观察者，著有猎鹰专著《用鸟狩猎的艺术》，里面有不少鸟类的相当准确的信息。

在中国，关注自然的博物传统同样源远流长，文字记录丰富多样。孔子编《诗经》，主张多识鸟兽草木之名。孔子门徒编《尔雅》，晋郭璞说："若乃可以博物不惑，多识鸟兽草木之名者，莫近于《尔雅》。"中国人纵情山水的浪漫和博物传统，一直连绵不断，关于鸟的观察记录、神话传说、文史经学记载丰富多彩。比如，大雁是中国古典文献里出现频率最高的鸟之一。作为候鸟，因为它与四时节候密切相关，被观察得多而细，同时它也是诗人们吟咏的主要题材之一。《逸周书·时训解》："惊蛰之日……又五日鸿雁来……白露之日鸿雁来……小寒之日雁北向。"元代刘因诗："北风初起易水寒，北风再起吹江干，北风三起白雁来，寒气直薄朱崖山。"王勃《滕王阁序》："雁阵惊寒，声断衡阳之浦。"

作者莫斯说："无疑人类自史前时代开始，就意识到鸟的存在。如果他们对之有更进一步的兴趣的话，主要出于三个原因：对我们的祖先来说，鸟可能是宗教崇拜或迷信的对象，用来作为美化装饰的用品，或仅仅是一顿美味大餐。"可见，古代以来，人类跟鸟类的联系方式是"为用"，大抵脱不出以人为中心，为出发点，即鸟对人类有什么利用价值。

三、吉尔伯特·怀特的方法和情怀

现代著名鸟类学家詹姆斯·费舍说："吉尔伯特·怀特是让我们所有人开始观鸟的人。"怀特在18世纪中后期英国的乡村塞耳彭，写出了有史以来最著名的博物学著作《塞耳彭自然史》。那个时代，是博物学形成的时期。"对于不列颠三岛的动物、植物，人们的了解很不周全；植物、动物的习与性，尚几乎是一门不为人知的研究。尤有甚者，当时通行的自然志，仍充斥着中古的寓言、狂怪的民间故事之残余，和'冬燕眠于水下'……荒诞的事。怀特一代人的工作，便是以细密而准确的第一手观察，取代早期作家的懵懂记载、无根的臆度，和狂怪的传说。"怀特的《塞耳彭自然史》是他跟异地同道交流探讨的书信的结集，

“他以‘耐心、精细’垂范，给我们演示调查自然的步骤”；让“我们得见他们对真理的热忱，对精确知识的火一般的欲望，和抛弃某些心爱的寓言时的一时踌躇……科学在18世纪后期摸索前行的每一步，都呈现给了我们”。

《塞耳彭自然史》是“作为观察的典范，一个人、一个地方，和一个时代的画像，被后代的读者阅读”。怀特作品的生命力，在他的文字风格。它宛如图画，生动逼真地描绘了以往生活的逍遥、宁静的柔美画卷，为我们所喜爱，流传了下来。他看待自然的态度，使他成为现代人的楷模。“上礼拜六，蝗虫云雀在我的田里，开始发出‘滋滋’的叫声了。世间最起人兴味的声音，莫过这小鸟的低语。”观鸟在他这除了知识和科学价值，还具有了美学的和精神的价值，这是全新的理念，也正是现代观鸟的精髓。詹姆斯·费舍说：“在怀特那里，自然考察研究者与自然爱好者的身份是你中有我，我中有你，浑然一体的。”莫斯在书中总结了怀特成为现代观鸟之父的四大特征：享受自然、定点观察、交流讨论、方法创新，并由此论断：“直到1789年，《塞耳彭自然史》第一版问世，纯粹源于愉悦的观鸟活动才可以说真正地开始了。”

四、作为现代社会产物的观鸟

“社会史观”是这本书历史叙事的指导思想。作者从18世纪中叶至19世纪中叶这一百年间，挑出了不列颠的四个关键人物即怀特、比伊克、蒙塔古、克莱尔，以他们的个人经历来折射社会的变迁，探讨现代观鸟的时代背景。作者认为，这四位观鸟先驱处在人与鸟类的关系发生变化的时期，即由以往的单向的索取朝观察和欣赏的平等关系转换，他们顺应时代，分别在观鸟理念、吸引大众兴趣、储备鸟类知识、进行文学表达上开疆拓土。他们一方面反映了社会正在发生的变化，另一方面又助推了这种变化的形成。在随后的两百年里，科学研究、美学欣赏，以及围绕观鸟的各种文娱体育活动、社会活动，才逐渐发展成为数百万人参与的更加有组织的观鸟活动。

首先是社会变革造成了社会结构的变化。“从 1688 年的‘光荣革命’，到 1819 年维多利亚女王诞生，英国经历了一系列重大的社会和文化变革。其中最大的变化当属从以农业农村为主的社会向以工业为主的社会的转变。……工业社会中，大部分人在工厂工作并居住在城镇，与此同时，包括鸟类学在内的现代科学学科兴起，这两个因素对观鸟的发展都产生了深远的影响。前一个因素创造了一个新的社会阶层，他们产生了自己在农村的根被割断了的感觉；后一个因素激发了这些人的好奇心，导致他们去探索荒野，重新发现‘乡下’。”

其次是社会观念的变化带来的新自然观。通过启蒙运动完成的文化转型，通过对自然界的去神秘化，消除了长期以来关于自然的迷信和恐惧，为现代的自然观铺平了道路，大自然成为我们可以利用的资源和养料，人可以享受自然。探索乡村，重新将自己与乡村的根联系起来，则为新富裕起来的中产阶级提供了一种“可控的磨难”，也与科学革命带来的新的科学所鼓励的拥抱丰富多彩的自然这一趋势相符。

第三是技术进步、教育普及、交通改善为大众提供的可能性。铁路的出现，第一次使所有的社会群体都可以移动起来，鼓励了以休闲为目的的旅行；19 世纪末，自行车的出现，改变了自然研究的实践方式，为人们提供了廉价的交通工具和方便灵活的交通手段；20 世纪初，私家车的出现，对于观鸟者来说，扩展了旅行到达的目的地，超越了步行和骑自行车能够到达的范围；19 世纪后半叶初等教育立法，让更多的人具有了阅读能力；印刷术的革新为大众提供了价格相对合理的带彩色插图的鸟类知识图书等，对鸟类知识的普及起到了积极作用。

观鸟在 20 世纪二三十年代变得更加流行，使整个社会对“爱好”的理解发生了改变。“休闲时间”这个原本只为少数人享有的特权，变成了大多数人可以享受的普及品。20 世纪上半叶生产力提高，工人平均工作时间大幅下降，到了 1920 年，产业工人比 1900 年，每周多出 8 小时的自由时间，而且一周不需工作 6 天。在日益机械化的社会，爱好给予生活以意义和目的感。于是，一种新的“休闲伦理”诞生，它以充实自我为目的，而不是单纯的用什么东西来填补空闲时间。知识不仅仅是力量，也是快乐。观察和研究自然的兴趣爱好，不仅可以充实灵魂，还可以点亮沉闷的生活。

读这本书，我们已经不是在读观鸟的历史了，而是通过观鸟的历史管窥西方社会发展的进程。当然，全书的主体仍然是观鸟和鸟类学跟随社会发展的过程。

五、围绕故事展开的历史叙事

还记得开始得到这本书后，我竟然像追武侠小说般看完，又再看。固然是里面的内容吸引我，但历史书这么好读，让人爱读，还真让我有些意外。受科克尔《鸟人传：一个部落的传奇》的启发，我发现《林中鸟》的叙事方式，有浓厚的鸟文化的特征：对故事的着迷。鸟人“喜欢故事。在一定程度上，它定义了这个部落。它是一个故事圈子，将你圈在里面，或彬彬有礼地把你挡在圈外……那些出彩的或重要的故事常常会在整个观鸟圈子里传播”。作者莫斯是鸟人，对故事的着迷大概是融入了血脉，他在貌似学术的结构下，大致以时间为线索，以关键词为统领，按专题来讲述。专题用高度概括的关键词为题目，比如，“观察：最初的观鸟者；补遗：女性与观鸟”……有时候还有点标题党的味道，“抽风：观鸟如何成了魔症”。

书中大量地运用从其他作家、动物学家或是别的什么人那里拿来的有趣的故事、引文，或者稀奇古怪的信息，让读者入圈子，有兴趣。比如 Twitcher（有多种译法：鸟疯子、稀罕控、抽风客等）的故事：“‘鸟疯子’是 20 世纪 50 年代中期我们杜撰的，用来形容好友霍华德·梅德赫斯特，绰号‘小男孩’。那时候出去观鸟，都是用两个轮子的交通工具。约翰·伊泽德和他的女朋友希拉骑一辆 Lambretta 摩托，而霍华德则坐在我的 Matchless 摩托后座上。当我们长途跋涉终于来到某个目的地后，霍华德从我的车上摇摇晃晃地爬下来，颤颤巍巍地点支烟。我们在乡村乱窜的日子里，这成为他的经典动作，更奇妙的是，那动作似乎预示着我们能找到好鸟。而当我们为目标鸟种陷入某种不确定性的神经质般的激动时，约翰和我就会装出神经质般的抽搐，回应霍华德的颤抖。这使得我们将看稀有鸟之途称为‘抽风之旅’。”

鸟圈的主要人物，根据需要在不同的专题穿插甚至反复出现，却没有重复凌乱的感觉。这大概都得益于他的专题式写作和故事性叙事。他对自己书的定位十分清晰：“这本书的主体是关于不列颠观鸟活动的成长和发展，同时我还加入了其他地方，特别是北美洲的一些例子，那里的发展路径在很大程度上跟大西洋这边相同。因此，不可避免地，我的写作带有很大的选择性，它不可能，也根本就不是要写成一本权威的观鸟史。我通过特定的事例和关键的人物来讲述故事，反映更为广阔的图景。”

六、专业知识是翻译质量的保障

本文无意全面介绍这本书，只是有感而发。若引起了你的好奇，可上亚马逊网上购买旧书，我建议严肃的读者找原版来读。不能读英文的朋友，也还有选择，去读最近国内出的一个译本《丛中鸟——观鸟的社会史》。需要提醒的是，一般看看无伤大雅，若要引用就得小心了，里面有一些错，特别是跟专业相关的错要当心。比如第一章开篇用了一张画像，张冠李戴，将怀特的爷爷的画像当作怀特了。有名的怀特的注释者和研究者艾伦早就说过：“他（怀特）的性子谦退，无意声名，所以他的画像，不见有存世者。”

观鸟作为一种亚文化，有它的一些特定的概念、语言、用词，比如：双筒望远镜（binocular），单筒望远镜（telescope），通常省略为双筒（bins）和单筒（scope）。如果有此知识，就能猜得到下面这一句的正确意思了：“在边境检查站，我们告诉海关我们大家都是观鸟人——尽管我们中间只放着两对箱子（despite having only two pairs of bins between us）”(《丛中鸟》，P328）！鸟类清单是鸟人们乐此不疲的游戏，他们会逐一记录见过的新鸟种（lifer），并以这个清单的数字大小分出高下。而首开此例的是英国人基思，他第一个提出要看尽天下鸟，并且成为首个观鸟清单超过全球鸟种一半的人。因此，我们不难发现下面这段译文的问题：“20 世纪 60 年代……他开始正式编撰世界鸟类清单。1973 年，他成为第一个编纂了一半鸟类物种的人。”(《丛中鸟》，P346)。

还有一些涉及专业常识。如世界上有七大动物地理分区，但其名字不称区，而称界，如古北界、新北界。如此，《西方古北区鸟类手册》似当译作《西古北界鸟类手册》(《丛中鸟》，P334)。如果对世界鸟类物种数量有概念，一万种左右，那么就会发现下面的译文的问题了：“野外考察工作者造访了英国和爱尔兰的 38.62 万平方千米的每一寸土地，调查了那里发现的每一个繁殖鸟类。最后的记录结果——超过 28.5 万个种类。”(《丛中鸟》，P316)。

不由得想起了很多年前，何兆武先生的一段话：“要保证翻译质量，首先要求译者有较好的专业知识，不可一味迷信学外文的人。学外文的人，专业知识往往不过关，就弄出很多常识性的笑话。如梅因（Maine）的《古代法》一书，是一部古典的学术名著，翻译质量也不错，但译者大概是法律专业的，在历史上就弄出了笑话，把 royal 与 imperial 混为一谈。其实 royal 是指法国革命前旧制度的王政，imperial 是指大革命后拿破仑称帝或法典。这两个字……被译者混为一谈，全书理论就都绞了线。犹如千载之下，有人把‘中华民国’和‘中华人民共和国’混为一谈……”对所有从事翻译的人来说，这段话不无启发。

需要说明的是，书名的翻译，我在副标题里添加了“文化”两个字，友人不解。不错，莫斯的用意是从社会发展的角度，看观鸟活动发展；而我通过读这本书，看到了一种文化的萌芽、生根和发展。

原载《南方周末》2019 年 7 月 8 日

【主编者言】很多事情是有源头的。今天我们不断回头看民国、看“五四”、看《新青年》，并反复想起胡适、蔡元培、傅斯年等，就因为那段岁月里还有许多没有仔细打捞的东西。

“夏日也有冬天之气息”

——《新青年》发表《狂人日记》一百周年随想

刘克敌

一份杂志开启一个时代，这一荣光只能属于《新青年》。

——题记

只要提到中国现代白话小说，人们马上会想到鲁迅的《狂人日记》，至今年这小说在《新青年》发表已一百周年矣。但凡提到《新青年》，第一个要说的当然是陈独秀。1916年10月1日，在《新青年》第二卷第二号《通信》栏中，刊登了名为毕云程的读者来信和陈独秀以记者身份写的答复。毕云程来信中有这样一段文字：“读大著《新青年》，向往益深，唯仆有不能已于言者。先生撰著，虽多鞭策勖励之语，然字里行间恒流露一种悲观。时局之危，仆岂不知，无如仆之愚见，悲观易流于消极。青年立志未坚，逢兹时会，已有我生不辰之感，再益以悲观之文字，志行薄弱者不免因而颓丧。”应该说这毕云程的眼光确实厉害，硬是看出《新青年》那些昂扬激烈文字背后作者的悲观乃至绝望。且看陈独秀的答复：“仆最反对悲观主义者也，且自信《青年杂志》未尝作悲观语。然读者如足下既已作此感想，分明事实，仆又何词以抵赖。今而后唯期有则改之，无则加勉而已。闻之友人，足下坚苦拔俗，钦慕久之。”陈独秀不想抵赖且答应

“有则改之”，但接下来依然袒露出悲观心态：“仆无状，执笔本志几一载，不足动青年毫末之观听，惭愧惭愧！”事实上，陈独秀在为《新青年》所撰写文字中有意无意透出的悲观还有很多，如在1916年9月1日他答复舒新城来信中就有这样沉痛的文字：“唯青年社会。如此消沉，深恐曲高和寡耳。数诵来札，感喟如何。呜呼！三户少年，诚非余子所及。”

其实，陈独秀这种悲观存在久矣，早在萌发创办《新青年》念头时就已如此。1914年6月他在致《甲寅》记者（即章士钊）信中写道：“仆本拟闭户读书，以编辑为生。近日书业，销路不及去年十分之一，故已搁笔，静待饿死而已。杂志销行，亦复不佳。人无读书兴趣，且复多所顾忌，故某杂志已有停刊之象。《甲寅杂志》之命运，不知将来何如也？……生机断绝，不独党人为然也。国人唯一之希望，外人之分割耳。……”虽然所谓“静待饿死”之语可能有些夸张，但陈独秀对国家民族命运的担忧以及由此而生的悲观绝望心态却是实实在在——尽管他还是要有所作为。“1915年9月《新青年》创刊之初，陈独秀和他的同事们远没有摆脱进化论带来的悲观情绪，这种悲观情绪一直压抑着新生的新传统主义者和民初的立宪主义者。”（《剑桥中华民国史》第一部，中国社会科学出版社，2006年出版，第421页）正因有着既悲观绝望又不甘就此沦落的心态，所以在创刊号第一篇的《敬告青年》中，尽管陈独秀一开始用尽花言巧语全力赞美青年“如初春，如朝日，如百卉之萌动，如利刃之新发于硎。人生最可宝贵之时期也。青年之于社会，犹新鲜活泼细胞之在人身”，等等——陈独秀当时不过才36岁，胡适不过24岁，应该都还是青年，因此这《敬告青年》其实也是在“敬告”他们自己罢——但接下来陈独秀还是毫无隐晦表达出对当时青年一代的绝望：“吾见夫青年其年龄而老年其身体者十之五焉，青年其年龄或身体而老年其脑神经者十之九焉。华其发，泽其容，直其腰，广其膈，非不俨然青年也；及叩其头脑中所涉想、所怀抱，无一不与彼陈腐朽败者为一丘之貉。其始也未尝不新鲜活泼，浸假而为陈腐朽败分子所同化者有之；浸假而畏陈腐朽败分子势力之庞大，瞻顾依回，不敢明目张胆，作顽狠之抗斗者有之。

充塞社会之空气，无往而非陈腐朽败焉。求些少之新鲜活泼者，以慰吾人窒息之绝望，亦杳不可得。”这“杳不可得”四字可谓准确，说明陈独秀的悲观早已不是简单的长吁短叹。看来，要了解《新青年》激进激昂飞扬向上的一面诚然容易，陈独秀的文字就是最好的代表，但这悲观绝望的一面可能就隐藏较为深广，也更值得关注。

第二个要说的自然是胡适。1916 年 9 月 22 日，胡适在日记中对到纽约一年来的书信往来进行统计，数字很是惊人——一年间他收到来信 999 封，回复并最终寄出者有 874 封，对此胡适不免发出“甚矣，无谓酬应之多也”的感慨。从其日记中所粘贴保存之存根，可知胡适的回信不少篇幅很长，尤其是和梅光迪、朱经农等人的论学书信，思考很是深刻，绝非随意写成。今天看来这些都很有价值，当不属于“无谓酬应”，但胡适还是认为花费时间太多。例如在这之前的 4 月 13 日，胡适写过一首《沁园春》词，其中的“要前空千古，下开百世，收他臭腐，还我神奇。为大中华，造新文学，此业吾曹欲让谁？”就是他立志用白话改造旧文学、实行文学革命的最强宣言。有意思的是，这样一首词胡适居然修改大约十次才最后定稿，其中“为大中华，造新文学，此业吾曹欲让谁”字样不见了，改为“要不师汉魏，不师唐宋，但求似我，何效人为”等更为平和的说法。后来出版《尝试集》时，胡适已是名满天下的新文学革命倡导人，为了显示当年的勇气和胆量，胡适将这首词收入此书时自然还是用初稿。此外，1915 年 5 月的胡适虽然对文学有极大兴趣，为自己选择的学术方向却是哲学。在这年 5 月 28 日日记中，胡适这样写道:“自今以往，当屏绝万事，专治哲学，中西兼治，此吾所择业也。”这说明要么胡适认为自己弄文学至多不过是副业，要么认为自己在文学方面没有什么特长，至于提倡白话诗是否可以成功，他虽然勇气可嘉但底气并不很足。

少年得志暴得大名的胡适，在他人看来自然属于成功人士，似乎没有理由悲观。胡适自认为他到美国后最大收获就是由一个悲观主义者转变为“不可救药”的乐观主义者，对此学术界也大致认同。如在 1914 年 1 月 29 日日记中，胡适写下这样的文字："吾与友朋书，每以'乐观'相勉，自信去国数年所得，唯此一大观念足齿数耳。在上海时，悲观之念正盛，偶见日出，霜犹未消，有句云'日淡霜浓可奈何！'后改为'霜浓欺日薄'，足成一律，今决不能复作此念矣。前作《雪诗》亦复如是，盖自然如此，初非有意作吉祥语也。一日偶吟云：三年之前尝悲歌：日淡霜浓可奈何！年来渐知此念非，海枯石烂终有时！一哀一乐非偶尔，三年进德只此耳，盖纪实也。觐庄有句云：'要使枯树生花，死灰生火，始为豪耳。况未必为枯树死灰乎！'余极喜之。"胡适留学日记中类似这样乐观自信的文字还有很多，如 1916 年 3 月他将自己一首旧作抄赠一日本友人，其诗曰："但见萧飕万木摧，尚余垂柳拂人来。词人漫说柔条弱，也向西风舞一回。"当日本友人说日本谚语"雪压不断杨柳条"与胡适此诗意蕴相同时，胡适的反应是"余大喜，因记之"。

那么，既然留美期间的胡适已经是乐观主义者，则回国后因提倡新文化运动一夜成名后，似乎没有理由再感到悲观罢。诚然，胡适尽管留美多年，仍然有中国古代文人伤春悲秋长吁短叹的"陋习"，因此他留美期间有些伤感表述可能并不完全真实，而只是传统文化力量过于强大顽固的表现或者不过是文字游戏。但另一方面，回国后的胡适似乎并不像外界看到的那样乐观。就在 1920 年，新文化运动已经胜券在握之时，胡适却在题为《三年了》的诗中写下这样伤感的文字："三年了！究竟做了些什么事体？空惹了一身病，添了几岁年纪！"在这年 9 月 10 日的日记中，胡适写道："民国六年九月十号我到北京，今三年了。感念三年来所经历，颇有伤感，想作一诗记之。匆匆中心绪又不佳，遂不果。"看来，留美期间的胡适是否确实转为坚定的乐观主义者恐怕值得怀疑，唯一可以肯定的是在《新青年》同人中，相比陈独秀、钱玄同和周氏兄弟等人，他属于较为乐观者。进一步说，应该把胡适对中国文化命运的担忧和中国社会现状的悲观与他本人对人生意义思考后的复杂心态区分开来——这心态常常以悲观与乐观交替混杂方式出现，且二者有着密切关联。与此同时，也应该把胡适极为执着地尝试写作白话诗、和梅光迪进行激烈论辩等行为与其内心复杂情感变化结合起来，不然就不好理解他与好友论辩时的固执热烈或者近乎疯狂的坚持己见——这一方面与梅光迪不依不饶地坚持论辩有关，诚如胡适所言他是被梅光迪等人“逼上梁山”的。另一方面则是其乐观和过于自信的表现，而导致过于自信的根源也许恰恰内心深处多少还是有些不够自信。这样说看起来有些矛盾，但可能更符合事实。

接下来对《新青年》杂志产生重大影响的人物按说是钱玄同，不过还是先说鲁迅，不然有些读者可能要怪我对鲁迅过于忽视。现存鲁迅日记始于 1912 年 5 月 5 日：“上午十一时舟抵天津，下午三时半车发，途中弥望黄土，间有草木，无可观览。”五月初的北方早已是春天，在鲁迅眼中却是“无可观览”，显然说明他心情不佳。5 月 10 日鲁迅开始到教育部上班，当天日记中的“枯坐终日，极无聊赖”八个字即说明鲁迅心情很差。从此直到举家迁至北京前数年间，鲁迅之心态一直停留在“北漂”层次，加之事业、婚姻等皆不顺利，其悲观绝望也就很是自然。据周作人在《鲁迅的故家》中回忆，鲁迅其实很早就知道《新青年》这个刊物，却有些不以为然。1917 年 4 月周作人来到北京，鲁迅给他看《新青年》，说是许寿裳介绍的，颇多谬论，大可一驳，所以买了来。这里周作人的回忆并不准确，因为据1917年1月19日鲁迅日记：“上午寄二弟《教育公报》二本，《青年杂志》十本，作一包。”周作人该月 24 日即收到这些杂志，这邮政速度在那个时代绝不算慢，且周作人对于《新青年》的反应也不慢并大致给予肯定——“晚阅《青年杂志》，多可读。”此外，鲁迅写给许寿裳的信里也多次谈到《新青年》，如 1918 年 1 月 4 日的信：“《新青年》以不能广行，书肆拟中止；独秀辈与之交涉，已允续刊，定于本月十五日出版。”从鲁迅日记中，发现他不仅把《新青年》寄给许寿裳，还分赠齐寿山等人，这和寄给周作人一样也等于一种肯定态度。后来周氏兄弟在钱玄同劝说下终于开始为《新青年》写作，并以《狂人日记》等震惊国人，看来与之前对它的了解有很大关系。但鲁迅和钱玄同那段有名的关于“铁屋子”的对话，说明鲁迅内心始终还是悲观绝望，其最终答应钱玄同也不过是“知其不可为而为之”而已。

再看钱玄同。他正式介入《新青年》并极力赞同陈、胡等人的“文学革命”主张是以读者来信方式发表于《新青年》第二卷第六号，这一期的发行时间为1917年2月1日。对此陈独秀和胡适的反应自然是又惊又喜，前者兴奋地称赞说：“以先生之声韵训诂学大家，而提倡通俗的新文学，何忧国之不景从也。可为文学界浮一大白。”后者则直到晚年还对钱玄同当年这来信赞叹不止：“钱玄同原为国学大师章太炎的门人。他对这篇由一位留学生执笔讨论中国文学改良问题的文章大为赏识倒使我受宠若惊……钱教授是位古文大家。他居然也对我们有如此同情的反应，实在使我们声势一振。”（《文学革命的结胎时期》）那么，钱玄同大概何时产生写赞同信的念头？查钱氏日记，1917年1月20日陈独秀宴客于庆华春，钱玄同应邀参加，然后在23日日记中又有“日前独秀谓我，近人中如吴趼人、李伯元二君，其文学价值，实远在吴挚甫之上”等语，所以钱氏如果已经写好给《新青年》的来信或者决定要写，考虑到刊物出版的周期，这几天差不多是最后期限了。当然在此之前的一个月左右也有可能，但最早不会早于1917年1月，因为刊登胡适《文学改良刍议》的《新青年》第二卷第五号当年1月1日才发行。那么，这一时间段钱氏日记中透露出的都是怎样心情呢？首先是在长达三个月时间内，钱氏多位家人和他个人一直疾病缠身：“计自客岁十月以来，雄儿不知从何处传来此病，因之婠贞、东儿、穹儿、递相传染，东儿且殇焉，所未传染者仅我与弘儿，然二人均患麻疹，及十二月廿六七间，我始起床，以为吾家疾病当随一九一六年俱去，岂知弘儿终不免于传染乎！三月以来，心绪恶劣，至今犹不许我开展，且我自身亦难保此后竟不传染，思至此，愈觉闷闷不乐。”这自然使得钱玄同心情十分压抑，甚至怪罪于所租住宅为“凶宅”而计划搬家。此为钱氏1月8日日记，之后钱氏及家人包括仆人又遭受煤气中毒等飞来横祸，可以想见其心情自然很差。

而且钱玄同给《新青年》写信并不是什么心血来潮，从钱氏这年1月1日日记中，已经看出他决心加入《新青年》：“余谓文学之文，当世哲人如陈仲甫、胡适之二君，均倡改良之论，二君邃于欧西文学，必能于中国文学界开新纪元。”不过就在这之前的1916年9月19日日记中，钱氏还是心态很差：“至高师授课三小时，颇惫，余之精力日坏一日，年甫三十而衰颓似五十外人，殊自伤，虽存在一日，致用之心总当尽一日也。”纵观钱氏一生，其心态好坏与其观点立场多变甚有关系，而心态好坏又与其身体状况直接有关。钱氏一生体弱多病，日记中最常见文字就是身体不适或有病的记录。所以对于钱氏撰文赞同陈、胡之“文学改良”主张，可以理解为他有内在的思想基础（此为主要因素），但也与对自己身体极差、自哀自怨之心理有关。在我看来，钱氏内心也许和鲁迅一样，只是把介入“文学改良”或“文学革命”作为拯救自身灵魂手段或者说“救命稻草”罢——至于这稻草重量几何，当然与他们各自的思想认识有关。

最后要提及的是吴虞，他在《新青年》同人中似乎一直属于异数：从观点见解看他当然是《新青年》的得力干将，被胡适称为“只手打倒孔家店的老英雄”，但吴虞与《新青年》同人的关系其实相当微妙，从其日记中看不出他与谁关系密切到如同陈、胡之间或者早期的钱、鲁之间那样亲切自然的程度。而且吴虞偏居四川，无论人文环境抑或生存环境之恶劣远非北京可比，这也导致他内心多为悲观甚至绝望。且看这样的文字：“香祖劝余，处此乱世，当学陶渊明读书避世，不谈时事，报章文字概行谢绝，以免以文字语言贾祸，守明哲保身之戒。余深然之，从此便当辍笔。”这是吴虞1916年8月3日日记中一段文字，不过吴虞显然并未“辍笔”避祸，而是选择继续写作。读吴虞这一阶段日记，明显感到其内心矛盾，一方面为自己的文章被陈独秀、柳亚子等人褒赞而沾沾自喜，一方面又总想闭户读书、不问政治。不过吴虞内心最终还是前者占据上风，才会有出川到京任教之举动。

两位安徽人、两位浙江人和一位四川人，无论是《新青年》的创办者还是主要参与者，他们在1917年“文学革命”之前，内心之复杂和思想变化之隐秘曲折，不仅可以从其公开发表文字中看出，更是可以从其日记书信中看出——至少在那时，他们还没有想到这些私人记录文字日后会成为研究新文化运动的重要资料。当然胡适可能是一个例外，与周氏兄弟几乎纯粹记事之日记不同，他撰写日记一开始就是为了日后存档和验证其思想变化，不仅记叙详细，而且粘贴很多相关材料。胡适这样做是因为他相信自己一定会在20世纪中国历史上占有一个位置，而且还相当重要，这从其日记中可以找到很多例证。而且胡适的好友和终身论敌梅光迪也对胡适极为看重，早在他们留学美国前后就认定胡适是可以改变中国历史的人物，这判断应该多少影响了胡适，使得他更加坚信自己必将大有可为——如此其日记必然成为日后他人研究的资料，则日记的真实程度可能受到影响。不过根据我的判断，胡适日记整体而言可信度还是较高的。即便有作伪之处，按照陈寅恪所谓“伪材料”如果确实被看作“伪材料”，其实也就成了“真”的“伪材料”，从而依然具有利用和研究价值。

综合《新青年》早期几位主要代表人物公开发表的文字和他们的私人记录，如果对他们的思想观念和心态进行比较，则胡适无疑属于最为乐观者，而他有关“文学革命”和白话诗的主张又最为平和宽容。其次相对比较乐观者是李大钊，这只要读一下其刊发于《新青年》的文章即可验证，其中尤以名篇《青春》最有代表性。对此《剑桥中华民国史》的作者解释为“在李大钊的禀赋中，有一种与颂诗中的情绪十分相近的欢快的冲动”，不过我更愿意认为这其实说明李大钊有一种宗教徒般的狂热和理想主义倾向。而且早在陈独秀参与编辑《甲寅》时，就因其《爱国心与自觉心》一文中流露的悲观遭到李大钊的批评。在后者撰写的《厌世心与自觉心》中，李大钊指出：由于社会黑暗，“政治之罪恶既极，厌世之思潮，隐伏于社会，际兹晦盲否塞之运，哀哀斯民，谁则复有生趣？益以悲观之说，最易动人心脾。……是则世人于独秀君之文，赞可与否，似皆误解，而人心所蒙之影响，亦且甚巨。盖其文中，厌世之辞，嫌其太多；自觉之义，嫌其太少。”但过于悲观则不可取，必须有所作为：“中国至于今日，诚已濒于绝境，但一息尚存，断不许吾人以绝望自灰。晚近公民精神之进行，其坚毅足以壮吾人之意气。人类云为，固有制于境遇而不可争者，但境遇之成，未始不可参以人为。故吾人不得自画于消极之宿命说，以泥精神之奋进。须本自由意志之理，进而努力，发展向上，以易其境，俾得适于所志，则柏格森氏之

‘创造进化论’尚矣。”李大钊此信发表于1915年8月《甲寅》杂志第一卷第八号，可见其思想观念和乐观心态直至后来撰写《青春》时并未有大变化。

至于观点激进乃至极为偏激者，学术界一般认为当属钱玄同，然后是陈独秀和周氏兄弟。那么，由此是否可以得出这样的推论——即越是内心悲观绝望者，其公开表达的思想观念和文学观念就越是激进乃至偏激；反之较为乐观者，其观点可能就较为平和与宽容呢？

对此，似乎可以用早期《新青年》鼓吹文学革命的文章以及作者日记书信中对“文学革命”“文学改良”等术语的用法给予验证。例如胡适在日记中使用“文学革命”的频率远远超过“文学改良”，但他发表的第一篇鼓吹白话的文章却用《文学改良刍议》这样十分温和的题目。与此同时，力倡“文学革命”的陈独秀撰文时一方面数次用过文学“改良”或“改革”的说法，但其态度和立场却最为偏激。而他们的主要反对者梅光迪反倒是多次在肯定意义上使用“文学革命”的提法，并在早期与胡适的论辩中实际与胡适立场一致，即都赞同进行一次文学革命，只是在具体做法上有所分歧。至于这分歧后来扩大到截然对立地步，除却他们的文学观念不同外，其实与他们各自的性格和心态有很大关系，这只要看他们的日记书信就很清楚。胡适、陈独秀和梅光迪等人都曾留学海外，他们非常了解“革命”一词的来源以及在中西方文化中的不同含义以及演变过程。但具体到文学论争，在使用“革命”与“改良”“改革”这些概念时，他们的用法并不严谨，界限并不分明。在这个意义上，也许需要对《新青年》同人以及对立面《学衡》等对待“文学革命”的态度重新给予梳理。在我看来，《新青年》同人对“文学革命”和“文学改良”词汇的不同用法以及最后采纳前者而摒弃后者，不仅取决于他们的政治和文化立场，也很可能与使用者当时的心态有关。在很多场合，提倡新文化运动者也许有意无意感觉到，只有用更加激烈的表述，才能与内心深处的悲观绝望相抗衡；或者反过来说，正是他们内心深处的悲观绝望，促使他们采用这些激烈的表述，以掩饰和暂时忘却这些悲观绝望。这方面鲁迅是最好的例子，他所发出的“救救孩子”的呼唤，正是内心绝望的另一种表述方式。

此外，作为参照系，那些新文化运动反对者“学衡派”诸人，他们在撰文批评新文化时其内心深处的真实想法是否与其在文章中表现得完全一致呢？当新文化运动同人不约而同但程度不同表现出对未来迷惘甚至悲观绝望之时，“学衡派”诸人是否会有所不同甚至对未来持乐观态度呢？

先看一下吴宓。他在1919年3月27日日记中这样写道：“呜呼，世乱之亟，从未有如今日者也。吾国之内忧外患，扰攘争夺，疮痍荼毒，无论已；即全世界今时之大乱，亦实向来所未见。孟子曰：天下之生久矣，一治一乱。”在这年7月24日日记中，吴宓更是表现出极度的悲观：“知忧患之必不能逃，则当奋力学道，以求内心之安乐，是谓精神上自救之术。欲救人者，须先自救；未能自救，乌能救人？使人人各能自救，则人人皆得救，而更无须救人矣。故古今之大宗教，若佛若耶（孔子之教亦然）。其本旨皆重自救而非为救人者也。忧患之来，如病袭身，不就医服药，则已身将死尚何有于人？故宓现今亦唯当力行自救之术。”看来，吴宓一方面对胡适、陈独秀大力提倡新文化运动不满并有意进行反击（日后应梅光迪邀请回国筹办《学衡》就是最好的付诸行动），一方面又从内心对这一切感到悲观，一心渴求灵魂自救之术。而梅光迪之言行也是如此——一方面对于胡适的“暴得大名”颇不服气，所以才有到东南大学招兵买马以对抗胡适之举动，另一方面其实也有些“知其不可为而为之”的无奈与悲凉，且看其留美期间与胡适书信往来中这样的文字：“吾对于此邦留学界已绝望。决意跳出此范围。暑假时有暇当作文鼓吹停止官费留学。以吾国派官费留学美国已五六十年，实无一个人才也。此最可痛哭之事。”还有这一段：“迪谓古今大人物为人类造福者皆悲观哲学家，皆积极悲观哲学家。何则？彼皆不满意于其所处之世界，寻出种种缺点，诋之不遗余力，而立新说以改造之。孔、老、墨、佛、耶、路得、卢梭、托尔斯泰及今之社会党、无政府党党人此一流。尚有一种消极悲观哲学家，以人世为痛苦场，为逆旅，而以嬉笑怒骂或逍遥快乐了之。如杨朱、伊壁鸠鲁及吾国之文人皆属此流。此种人于世无用，吾辈所深恶。至有所谓乐观主义哲学，吾谓毫无价值，其实即积极悲观主义之变名耳。有悲观而后有进化。西洋人见人生有种种痛苦，思所以排除之，故与专制战，与教会战；见人生之疾病死之，遂专力于医学；见火山之爆裂，遂究地质；见天灾之流行，遂研天学及理化，此皆积极悲观，因有今日之进化。吾国数千年来见人生之种种痛苦，归之于天，徒知叹息愁困而不思所以克之，此纯属消极悲观，所以无进化也。同一悲观，一为积极，一为消极，收效相反至于如是。明于此即可知中西文明与人生哲学之区别矣。今人多谓西洋人生哲学为乐观，东洋人生哲学为悲观，而不知皆为悲观，特有积极消极之不同，此迪所独得之见，不知足下以为何如？故吾辈之痛恶留学界，亦系积极悲观，非可以痛恶了事也。”（此两段系梅光迪留美期间写给胡适书信，收入《梅光迪文存》。）

这两段写给胡适的文字极为重要，对于理解梅光迪为何先是赞同胡适的“文学革命”主张后来却又竭力反对提供了很好的心理上和思想上的解释。所谓“消极悲观”大致就是“知其不可为而不为”，而“积极悲观”则是“知其不可为而为之”，梅光迪显然认为他和胡适都属于后者。如果我们不过分看重他与胡适的争论是“意气之争”的话，则从梅光迪所认可的“积极悲观”哲学方面可以更好解释。在梅光迪看来，既然留学美国的中国学子数十年没有什么建树，则他与胡适应该挺身而出为中国做点什么。如此他对胡适的提倡白话诗提出质疑除了有内心隐隐约约的不服气和好胜之心因素外，恐怕更多出于他要以此行为证明他的积极悲观哲学之有效和必要罢了。这里可以做一个假设，如果最早试验创作白话诗的是梅光迪，那么胡适的态度会如何？赞成还是反对？假如胡适没有留美，或者更确切说没有拜于杜威门下，则他有可能如同梅光迪反对他一样反对梅光迪——在此之前的胡适其实一直以文言诗词抒情言志。而梅光迪如果不是接受了白碧德的新人文主义，则既然他与胡适之前都主张要有一个“文学革命”，则试验创作白话诗的胡适可能就不会反对甚至可能欣然加入这“试验”。当然历史不能假设，而且即便如上所述都成为现实，也很难断定他们各自对白话诗的态度怎样。事实上，认真辨析这两位重要历史人物的心态特别是他们论辩中的微妙心理极为重要，胡适一直强调正是受到梅光迪持续不断的攻击和质疑，才促使他坚持“尝试”创作白话诗，在此之前他那个著名的小纸条引发其思考语言变革问题的事例也是如此。而这反过来又刺激了好强好胜的梅光迪，两人性格的倔强和不服输相辅相成、相互影响，最终导致他们分道扬镳。他们在思想和文学观念上本来有很多一致之处，到此已经可以忽略不计。

总之，对于早期的《新青年》如火如荼之发展，可以用胡适日记中一句话进行概括，那就是："夏日也有冬天之气息"——这气息不仅来自陈独秀、钱玄同和周氏兄弟，和胡适也大有关系。《新青年》后来走向分裂的差不多同时，《学衡》内部也出现分歧，梅光迪后来更是干脆放弃对《学衡》的关注，这一切看来绝非偶然。除了思想观念的分歧外，其主要人物的性格、心态、同乡或同门因素也起到至关重要作用。有时他们之间的某些微妙关系也很值得研究，例如莎菲女士（陈衡哲）在胡适与梅光迪论辩中的特殊作用，她作为“女士”的特殊立场和态度如何影响和刺激了胡适等，似乎就没有得到足够的关注。这些就为后世的文学史撰写者和阐释者，提供了新的视角。而之后那些文学社团或文人群体之间论争及内部矛盾，也许同样可以从这个视角解读。

原载微信公众号《粤海述评》第333期（2019年1月8日）

，世事

【主编者言】作为人类居住发展史实物见证的地坑院，少为人知。从何落笔写它？建筑结构还是历史传说？作者并不盘桓此间，他于时空中揉入自己的体验、感受和想象，情景交融。

塬　上

王剑冰

一

我有时候会猛然醒悟，就像梦里突然睁开眼睛，哦，刚才是在发呆。对，我发了好大一会儿呆，在这个坑院上面。我竟然什么也没有做，什么也没有想，就那么直直地站立着，大脑一片空白！

这让人觉得这段时光走失得无意义，起码该想一些词句什么的，或者制订什么计划。但是没有，都没有。这在我是少有的，我总是把自己拧得像发条，无有片刻的消停，更不要说长久的空白。

这是地坑院给我制造的氛围，或者说“呆场”。

而冷静地想的时候，还真的有些明白，这种悠闲中的呆，实为难得。有词叫碌碌无为（有解说碌碌是平庸，我理解为辛苦劳忙），那碌碌有为又如何？陶渊明看来是奔碌碌无为去了，他把自己的位置安放在了南山脚下、桑麻林中。老子过函谷关，骑一头优哉的青牛，一点碌碌的意思都没有，甚至让自己不知所踪。李白、杜甫们倒也曾想投奔一朝干些大事，结果不是孤月沉江即是秋茅风卷。

又经时日，我有心想住下了。是的，我来就是要住下的，我接受了深入生活的安排，到陕塬待一年的时间，甚至更长。从乡间出来已经很久，再回到乡间，而且是不同于以往经验的陌生的乡间，对我来说，是一个新的体验，或者说考验。

二

高铁列车出郑州一路往西，不一会儿就把大平原甩在身后。那不断起伏的莽莽黄土，一个接一个的长长隧道，简直不让人有半点喘息，好像你到陕地，就是体验起伏与明暗来了。

让人奇怪，造物主当时发了什么疯，把这么多土堆积在这里。这种堆积带有点随意性，无规无则、无深无浅又无边无际，使黄河南岸这一片地域或裂为一道道沟壑，或隆成一丘丘山塬。

列车又在过一个山洞，那么快的速度竟然钻了好半天。出来后便是三门峡了。

这样，我就想到了那个“陕”字。你知道陕在哪里吗？你或许会说了，陕西，陕西的简称就是陕。哦，我要告诉你，错了，陕在河南的三门峡，古时称为陕州。再往西，就是陕西，所以说陕西的简称是借用的。

于是，这个陕就让人有了诸多兴趣。陕，狭窄逼仄，险崛奇特。陕之地块，在黄河南也只有两条狭路可通，而后相逢于函谷关再莽莽西去。

这样的地方，如何不为兵家所争？煌煌历史，不知有多少卷帙与这里有关。著名的秦晋崤之战，即发生于崤山天险，骄横的秦军，偷袭郑国不成，回来时遭到埋伏在此的晋军覆灭性的打击。

从洛阳伸出的丝绸古道，至今在这里留有一段斑驳痕迹，人称崤函古道，是上面提到的两条狭路之一。石道上马蹄踏踏、车辙深深，多少年都在诉说着艰难的交通史。我踏着夕阳和深深的枯草，在几次迷路之后，才找到这条古道。

风在每一道车辙间拉着深秋的多弦琴，一步步踩上去，不小心会崴伤脚脖子。现在看这条古道，都有些想不明白，它是怎么由天险深处走来又没入天险的深处。而就是这条古道，秦皇汉武东巡的车辇，骑着青牛的老子，诗人李白、杜甫们，无不在其上蹒跚过。

更为神奇的是，就在这一片险峻无比的陕地，在高高的山峡之上，由于崤山千仞巉岩的挤压、黄河万里怒涛的冲撞，竟然硬生生挤托出三道平平展展的土塬：张汴塬、西张塬和东凡塬。

那塬亦如崤山突兀高耸，同黄河一般浑黄色泽，却是不含任何杂石。虽然干旱少雨，可如何不是造物主送给人类的一块宝地？于是土塬上有了一种奇特的生活和居住方式——地坑院。

所谓地坑院，就是在平坦的土地上下挖一个六七米深的长方形或正方形土坑，然后在土坑的四壁再凿出八到十二孔窑洞。从地面上看，很像一个下沉的四合院。

在这个坑院的一角，有一个窑洞渐渐往上挖开，就是坑院通往外面的通道。通道口就是洞门，外连着一个长长的斜坡，斜坡有直进的、曲尺的或回转形的。斜坡上做成小小的阶梯，一是下雨、下雪不滑，二是牲畜、车子容易进出。

地坑院都是独洞独院，一大家子十几口人也能轻松住下。只有个别人家，兄弟分家后又十分亲近或其他缘由，会将坑院的一孔窑挖通，连起另一个相邻的坑院。

这种向下挖坑、四壁凿洞，与大地融为一体的构建，可谓别具匠心，而且不费什么材料，只费力气就行，还防震、防风、防火、防盗，冬暖夏凉，四季宜居。它的窑洞顶上平于地面，远远望去，一马平川，除了各种各样的树和蓬蓬棵子，再看不到什么，但是地平线以下，却潜伏着成千上万座农家院落。

多少年里，先民们在山上过着封闭而满足的生活，才不管山下发生什么事情什么变化。

可以想见，在古道山峡间不断重复呐喊厮杀时，在黄河波涛一次次淹没城郭与田园时，三道塬上的地坑院一直四平八稳地独安于天地一隅。

“下院子，箍窑子，娶妻子，坐炕子。”这是流传于陕塬的民间小曲，也是无数庄稼汉的理想生活。黄土塬上的人们有了地坑院就有了安定的家，男人在土地上耕作刨食，女人在坑院里生儿育女、绣花纺织，逐渐形成了地坑院的生活方式和民俗风情。

直至我来的那天，三道塬仍有近百个村落。坑院上方冒着的炊烟表明，这里始终延续着民族的文化因子，传递着独有的心灵密码。

这里真该称为塬，它高险平阔，雄踞四野，站立其上，山风扑面，大河入怀，心胸顿开。站在这样的地方，应有诗吟诵。李隆基旅次陕州，很快吟出：“境出三秦外，途分二陕中。山川入虞虢，风俗限西东。”他当时驻跸哪里呢？想他一定没有住地坑院，如若在地坑院留宿一晚，诗中情怀当更为不同。

多少年来，外界对地坑院这种居住方式知道得并不多，以致听人说起，都会露出惊奇的神情，要找时间来走一走、看一看。而长居于此的人们也不知道，他们的所在，成了祖上的自豪和骄傲。在后来的宣传中，有了这样的表述：作为中国六大传统建筑之首的生土建筑，地坑院已是人类居住发展史的实物见证，是人类文明进步的活化石。

三

偌大一个坑院，九孔窑的坑院，人们都走了，只留下我一个生命，不，还有老鼠、野虫或其他的活物，只是我看不见。我只看见我自己，在这窑院里让孤单和恐惧发酵。

我本不是塬上人，如果我是从塬上走出去又走回来的，我就不怕了。我对塬不熟悉，正因为我对它不熟悉，彼此间就显得陌生。于是恐惧产生。我必须尽快让这些消失，让亲切来到我们中间。

我不停地走，用脚，用眼睛和呼吸说话。我开始体会到渐变的效果，我的嘴里开始哼出小曲，那实际上是发自内心。我的心已经温暖，温暖迅速向全身蔓延，就像抽血的右臂猛然松开橡皮筋。我的一部分血液，已经流向了这个山塬。

我的眼睛累了，看了一天，一天都不曾停息，我想去睡觉，在那宽大的硬实的炕头上躺一躺，该是多么舒坦。

穹顶的窑洞，给人一种包裹的感觉。我明白，我已钻到了地下。我不能再犹豫，我得进入梦乡，不知道这里的梦会是什么色彩。

窑洞上边是厚实的大地，像一层厚被子，盖在地坑院的上方。在这个坑院的边缘，即是一道深深的沟壑。现在这道沟壑也一定填满黑暗。

无限的厚、无限的重挤压下来。声音还在从四处传来，十分清晰。其实也没有什么声音，无非是些虫儿，再就是树上筛下来的风。在这远离喧嚣的乡间土塬，还能有什么声音？我早已把门窗关严，那些声音爬了一窗栅，虫儿们或许正在恋爱。

我对这个晚上的记忆是如此深刻，那种巨大的安静，让夜溶解得贴切而真实。城里总是寻求静，真的遇到静，却十分不适应。你看，这个时候又来了一声鸟鸣，什么鸟呢？莫非是猫头鹰？我的眼睛再一次睁开，又再一次合上。却仍然睡不着。

那种静将你的觉打碎了，像一堆碎玻璃，一直拾掇不起来，你甚至忘记是怎么下到这个地坑中来的。哦，是经过了一个入地的拐弯的斜坡，再进入一个窑洞，把门关上，就把一切关在了外面。

四合式的院子里只有一个方井向上，将一片天空收纳进来，同时收进来的，还有一束月光。月光游移，像谁挥着一把笤，扫着夜的尘。

如果月没入云层，整个坑院就完全地黑透了，黑成整个的一团，如没有开挖之前的状态，瓷实、浑厚……

什么时候听到了群鸟的鸣唱？叫不出名字的鸟儿未必是将身子挤在一起，

却是把声音挤在了一起。你叫我嚷，即使是问话也等不得别人回，一个个只管自说自唱，这就构成了塬上无与伦比的鸟儿大会。

而地坑院，还在塬下沉沉地入睡，一点都没有知觉，只有我这外乡人被搅醒。还睡不着，起身向上走去。

曦光是在早上四点二十分开始出现的，这个时候我已经站立在塬上。我记得我在周庄想成为第一个起早的人，但是站立小桥的时候，一只船正从水中划过，那时刚刚五点。之后我便在四点起床了。

在塬上，我有些恐慌，又有些激动，我真的成了第一个走出地坑院的人吗？我观察着每一处小风的角落，倾听着每一张叶片的声响。真的，我走出了好远，坑院上方，还是我一个人。

四

“山有去脉，水有流向，土有层纹。”在塬上，只要你同上点岁数的人聊起来，他们都会告诉你，地坑院也不是随便找块地方挖土就成的。相院、下院、打窑，都要按照严格的要求来做，而它的方位、尺寸、窑屋的数量，也都是十分有讲究的，要与山脉、水势、地气相融合，还要以五行八卦和主人命相来定方位。

看来，地坑院虽说不用一砖一瓦，却有自己的风骨。所建必有遵循，所设必有尊重，所用必有遵守，说到底，还是中原文化、民族文明的结晶。

历史上关于地坑院的文字记载较少，目前仅发现有南宋郑刚中写于绍兴九年的《西征道里记》。书中记载了他去河南、陕西一带安抚时的所见所闻，“自荥阳以西，皆土山，人多穴居。”他点到的河南西部一带的窑洞情况，多少年都是一个不变的存在。而书中专门有陕地的描写：“初若掘井，深三丈，即旁穿之。”这种先挖井的掘土方法，以及三丈左右的深浅，以及从旁边打洞，似乎说的就是地坑院了。而在其间“系牛马，置碾磨，积粟凿井，无不可者”，便是说的坑院里的生活。可以想见，郑刚中完全深入到了塬上的生活一线。他细致的笔触，让人知晓了九百年前塬上坑院以及窑洞的情形。

有人说，往前追溯至六千年前，三道塬上的人类就已经不再随便迁徙，因为他们已经有了相对稳定的定居生活。这一判断被考古发掘证实了。1921 年，人们发现了新石器时期人类居所仰韶文化遗址，此遗址在渑池县，离陕州不远，同属于三门峡市，也就同属于豫西地区史前人类生活区域。之后对陕州庙底沟以及三道塬的小南塬、庙上村、人马寨、窑头等地遗址的挖掘，又发现了庙底沟文化。庙底沟文化分为仰韶文化晚期和龙山文化初期。从发掘出用于翻土和挖土的石锄，特别是磨制的大型舌形或心形的石铲可以看出，当时用于生产以及地穴式建造的工具，有了巨大的改进。

我看到了庙底沟文化二期遗址中出土的新的挖土工具——双齿木叉形木耒。遗址的灰坑壁上就留有这种工具的痕迹，和现今地坑院窑壁修饰的痕迹没有两样。这些遗址，大部分是贮存食物的窖穴和人类的居所，居所均为圆形或方形的地坑式窝棚，都有台阶上下。这些台阶有的是直坡，有的沿坑壁螺旋上升，与现在地坑院门洞构造相近。可以说这种半穴居居所，已经具备了地坑院的基本形态。而从大片的遗址来看，塬上已初步形成了半地坑式村落。

又一次惊喜的发现，是 2005 年 7 月，考古人员在三门峡经济技术开发区发掘出一座西汉晚期至东汉早期的民居墓坑。这座汉墓呈“U”形，“U”形的三面分布着多个墓窑，墓顶为穹隆形。从地面向下看，墓葬结构就是一个完整的地坑式院落。也就是说，其反映出的这一带地坑院式的居住方式，距离现在至少已有两千年。

说起人们的居住理念，最初大概就是为了能够遮风挡雨。后来随着条件和地位的变化，人才对居所有更高要求，有了由茅庐到瓦屋、再到大的宅院的变化。

但是相对塬上来说，这一点体现得并不明显。即使那些勤俭持家者渐渐获得了更多的土地，家庭增加了更多的人口和劳动力，也就是多挖几孔窑而已。

再进一步，就是多造几个地坑院，在窑屋里多铺些好砖，在墙壁上多加些装饰，在门窗上多用些好木料，不用过多考虑其他建构。这种不费一砖一石的建筑经受了时间的检验，它几乎没有遇过火灾、水灾，也很少遭遇盗贼。

以诚厚和朴素的心态坚守的坑院，十分让人倾慕。在这三道塬上，相互交织和传递的，也许就是这种简单的安逸感。多少年里，这种坑院式的相处方式和谐友好，没有太大的冲突。这是地坑院的功劳，它把人的等级观念降到了最低程度。

五

我住在塬上的时候，慢慢会有一个发现，几乎每一个坑院里的人，都喜欢重复一件事情，那就是每天早上都要在坑院转转，坑院里转了以后，再到上面转。

他们也就是转转，并无别的事情，转转才心里踏实。实际上坑院哪里掉了一坯老土、哪里出现个蜘蛛网，他们都是清楚的，只是这并没有影响他们每天的转悠。

我也有了这样的感觉，每天早上不转转心里总是闷得慌，在下面转够了，赶紧到上面去转。转了心里才宽敞、才舒坦，哪怕什么也不做、什么也不说。

当然，在塬上住着的时候，无形中还有一种渴望，就是渴望跟人聊天。遇到每一个人都有这种渴望，哪怕是很小的小孩子，或年岁很长的老人。

有些话我能听懂，也有听不懂的，听不懂也要听，更加认真地听，因为好不容易找到说话的。我不住地点头，送上微笑，是使对方高兴，因为他们的话一定在家里讲完了，在村里也讲完了，没有人再喜欢听。一个外来人却不然，他们就找到了话语的价值，那价值让手也挥舞起来。而我总是依靠想象来消化他们的话语，用微笑来换取那个价值。

其实豫西话还是挺好听的，有一种土塬的瓷实，只是出过门的、见人多的和没有出过门的、接触人少的，在表达上还是不一样。当然想象的空间一大，你从那个人的话语中便有了多向度的收获，就像小时候读一部古书，认识的字有限，却在读完最后一页后有一种十分的满足感。在这里，我与对话者都会满足地挥手离去，有时候还会握握手，那更有一种乡里乡亲的感觉。

有人说，真正理想的生活是避开车马的喧嚣。或许你避开了世上的喧嚣，内心却仍然未能安静下来，便也达不到二者的统一。因而，既要怀着一种排斥而来，还要心静神安，才能真正消受这地坑院的孤寥与寂寞。

有人住住就走了，待不住，不知道是因为太安静，还是因为有事情。嫌安静倒是可以理解，人在凡世惯了，猛一到这里，还真会引起神经衰弱。若果是后者，那就不可能放下了，因为人间的事情是忙不完的。你放下了这个，还有那个。我想，现在能够住在地坑院里的人，同庙里人的境界也差不了多少。

一个坑院里渐渐上来一个老人，老人的后面还有一个老人——他的老伴。他和老伴的中间是一辆小型的架子车。老人在前面拉着，他的老伴在后面推，费劲地将那辆车子一点点地弄到了塬上。

两人的头发都白了。老人的孩子一定没有在家，或者没有在这个坑院里，也就只有两位老人干着这个费力的事情。

由于离得远，起初并没有看出前面的老人在做什么，等看到另一个花白脑袋的时候，两人已经将那辆车子弄了上来。随后，后边的老伴就坐到了车子上。

老人拉着车子，走在坑院平坦的中间场地上，而后上了村路，再穿过一个个有着拦马墙的坑院、一棵棵蹿出坑院飘洒着芬芳的树冠，一直朝村子外面走去。他的老伴就那么将全部的安妥放在车上，一缕花白的头发柔顺着风。

我的目光像追光灯似的追着他们，追着很幸福的一幅画面。在这个早晨，我自己也有了一种幸福感。真的，那绝对不是晚景凄凉的感觉，那是朝霞四射的感觉。

虽然儿女们不在身边，但在外边只要好好的，不给老人添麻烦，老人就是安心的、快乐的。你看他们多安逸呀，他们一大早出门，一定是做什么大事情去了，不然这么早出去干什么？没有孩子照顾也没什么，两个人不是挺好的吗？开始不就是两个人吗？开始不就是这么简单吗？后来才有了孩子，才有了一大家子的事情，有了不厌其烦的劳作和操心。终于又回到了原点，尽管一头青丝变成了华发，但是回到两个人的世界，就该好好享受一下，老来伴的意义也就在这时体现出来。

我想，他们的孩子回家看到这样的场景，也会感动和欣慰的。他们也会站在远处，看着这一对幸福的老人一点点地从坑院里冒上来，一点点地消失在曦光初照的小路上。

太阳已经挂在塬的一头，一切都还是湿漉漉的，益母草、马兰菊、凤仙花上露珠流转。

我又看见一个人远远走来，是一个女人。她手里没有拿什么东西，也不说话，只是在路上走，一直走过我的身边，看了看我，走过去了。

但过一会儿她又出现了，又往来的路上走去。这回她说话了，她的话丢在了身后："天明了再说，天明了再说！"

天已经明了呀，她要说什么呢？这让我觉得她是个特别的人。我对这个早晨出现的第三个人关心起来，尽管后来她离开了我的视线。

这时又看到了一个人，还是位老人。他从我左边的地坑院里升上来，他的手里端着一摞塑料筐子。见了我，看着不认识，话语却出了口："你上啊！"

我没有听明白他的话，但赶紧回应："你老早啊！这是干啥去？"

"把桃子摘摘，一会儿人家来收了。"

这是我起来一个时辰后说出的第一句话，不，是我自昨天住进坑院后的第一句话。我为我的声音吃惊，那声音里，竟然有一种见到亲人般的亲切与感动。其实，刚才我也想对那个妹子样的女人说话的，只是她的眼神朝我这里瞟了瞟，又滑过去了。

这样我就知道，今天外面的人来收桃子，刚才那一对老人可能也是摘桃子去了。

摘桃子是一个秋天的童话。

后来见到了村主任，我忍不住问起那个女人，原想着村主任不知道我说的是谁，村主任却立时给我讲出了她的事情。她从这村子嫁了出去，过得极不如意，受丈夫虐待，老挨打，就跑回来了。回来男方家也不来人，让家里的小孩牵着她，就看她回不回。她还不是为了那一口气？也就不回去，心里不顺，就激出病来了，这样人家越发不来了。这是个无助的女人，也是让村里无助的女人。

说话间，她又从哪里过来了，仍然是有一句无一句地说着。

天大亮了，仍然在村子里随便走。

又遇到一位老人，老人打招呼说，你上啊？我哦了一下，想起遇到的先一位老人似乎也是说的这句话，当时并没有明白老人的话是什么意思，一般在我生活的农村，或是问你吃了没，或是问去哪里，还真的没有这么简单的话语。后来再见到一个人，他也是说，上啊？我就知道了，他们没有简化什么，完全就是当地的问候语。

于是我见了人也是说这么一句，上啊？人家就会很高兴地同我说话，问我几时来的，是否再住一阵子。当然，他们一定是把我当成这村里谁家的亲戚。这句问候语我到后来才明白，上，是一种行为或者结果，你上啊？那就是你正在上或是你上来了啊。

我知道后心里笑了半天，真的好亲切的话语。

这句话被我在村子里乱用一气，还真没有用错地方。

六

地坑院确实比地面上的屋子利于防范，这是豫陕之间或者更为广阔的地域少有的乡间特色。我们平常司空见惯的窑洞，只是在土崖的一面挖洞，当地人把这种窑洞叫靠山窑。这种靠山窑，空间利用率较低，防护性能也不强。有人便考虑，有没有一种可能，以靠山窑的形式，四面集中在一起，成为一个单独的家庭建制？他们最终找出了答案，那就是别无选择地选择一块平塬向下挖坑，然后四面凿洞。

必然有这样一个人，凭着大胆的设想开始了第一镐，向下掘出的第一镐是多么有力而决绝。那种持续叩响大地的声音，比后来长安和洛阳宫殿的金石之声都要响亮。挖出的土方在一点点扩大，一个深坑开始显现。

这位先人的举动，一定不是为一己之私，他是为了整个家族以及整个山塬的传续。这种念想是让人兴奋的，于是有了众人的动手。那是一个为改善居住条件的跃进年代，也是长久的穴居方式的一次革命。

据说有国外的卫星把地坑院与福建的土楼都误作了导弹井之类。巧的是，它们都是出于中原人之手。在战乱频仍的时代，不得已的河洛人迁居他乡，南方多山，无法下挖，只有上垒。

福建的土楼和陕州的坑院运用的是同一类理念——围守、安全、舒适、照应。当然，同样耗时耗力，精打细琢，体现出愚公样的实诚、老子样的智慧。它们一北一南，一个地下一个地上，遥相呼应，构成中国民间建筑的奇观。

原载《人民文学》2019年第5期

【主编者言】了解某地或某地的人，决不能满足于过客的文章。因过客眼光潦草，没有足够的广度和深度，更没有认世识人所需要的温度。以本文作者的经历，写武汉应当很合适。

武汉的腔调

韩 晗

六年前，《读者》杂志主编王飞兄约稿，请我谈武汉这座城。其时我准备去布拉格度蜜月，正忙于签证事宜。今日都能记得当时的忙碌，几乎是挤出极少的零碎时间，在徐东销品茂的星巴克完成了那篇名为《武汉人格》的随笔。彼时因为在武汉生活多年，当时在武汉大学念博士，料到今后或会在武汉工作。于是写得犀利，评得悲愤，把武汉这座城市诸多弱点一一罗列。今日都记得，文章中最后的一句似乎是：如果五年后我仍在武汉，一定还写一篇文章，纪念我生活过的这座城。

这篇文章写完之后的五年里，武汉正在经历翻天覆地的城市建设，而我也从武汉到北京，再到美国、深圳。当然因为中途有一段时间在中国科学院从事研究工作，不要求坐班，所以仍在武汉生活了一段时间。但毫无疑问，武汉之于我而言，已经成为他乡。那么故乡在哪里？我也不知道。

五年后，我尽管仍会常住在武汉，但却已经是拿着深圳户口的“新深圳人”。可惜的是，我并没有及时兑现我写那篇文章的承诺，因为一直找不到创作的动力，或者说，我甚至有点恍惚，我和武汉这座城市，究竟是一种什么样的关系？他乡？故乡？我自己甚至都不知道。但这些年，我走过的城市成百上千，从北美、欧洲、东南亚到澳洲，见过纽约法拉盛、香港中环与悉尼乔治路的大都会，也遇见过美国锈带的“鬼城”与中南半岛的穷乡僻壤。平心而论，之前我对武汉的评价，或许偏激了，也抑或是我给了它太高的要求。当我已经与这座城市渐行渐远时，忽然觉得，这座城市不止有人格，而且有腔调。

一

腔调是什么意思？可以定义为是一种可以凭借听觉感知的声音，也可以被认为是武汉人称之为“胃口”的独立品格。而武汉这座城市，其特征，恰在于腔调。

我在武汉的寓所，就在大名鼎鼎的硚口路，这是武汉最为繁华的所在，它与汉正街相垂直，与汉江不过百米之遥，清代初年的“汉口茶市”便发端于此，但这条茶马古道却未沿江而下，而是从陆路北上，一路穿秦岭、过河西走廊，越过撒马尔罕的断壁颓垣一路向北，一直到涅瓦河口处，那里是一座刚刚建立起来的城市，也是当时俄罗斯帝国的首都，它有一个响亮的名字，叫圣彼得堡。

圣彼得堡的冬宫与夏宫，时常会被浓浓的茶香所弥漫，它来自万里之外的汉口，洋溢的是这座江城的气息。香茶是没有声音的，所以皇宫里的沙俄贵族们并不知道这座城市的腔调。但是那个时候，“武汉三镇”已经成为当时中国最繁华的都会之一，叫卖声、船桨声、车轮声以及客商、行人们高谈阔论的笑骂声，构成了这座城市独具烟火气的腔调。只是这种腔调，竟然可以登堂入室，演变为欧洲贵族们典雅的下午茶气味，这大概是中西交通史上的奇迹之一。

早在宋元时期，武汉就是“武昌及汉阳两镇并峙”的区域中心，到了明代，武昌镇是中国“四大名镇”之一，可谓是“国家级中心城市”，当时的武汉，就以“九省通衢，人物繁阜，喧阗达旦”蜚声四方，而且一条长江与一条汉江，长期是整个华中地区的物流客运通道。清代乾嘉之际，武汉则更以“轮蹄络绎，冠盖往来相望”名扬四海，时文记载“江从巴蜀荆襄而下，峨柯之艑胜万斛以上者，立樯如麻。市肆鳞栉，鱼盐富商估所交会，四方挟货贿贸迁”，如此热闹，当然这般喧嚣也是避免不了的。

中国没有像欧洲一样早早地跨入全球化的时代，很大程度在于，中国面积太大，省际的互动就已经达到欧洲国家之间互动的效应。因此，武汉长期以来在中国的地位，大概近似于巴塞罗那在欧洲，它既是货物、人口集散的枢纽，也是不同区域彼此互动的中心都会，承担着不同区域的联动职能。而且，巴塞罗那和武汉一样，在历史上长期是一个以繁华、喧闹而久负盛名的城市，而这已经构成了武汉的腔调。

二

常有人说，武汉是一个不懂创新的城市。

但也有一种声音:武汉是世界上大学最多的城市，何以被称之为“不懂创新”？

说武汉不懂创新，也非全然没有道理。因为在最近二十年里，武汉常被视作是一个衰退的重工业城市，也是全国拥有最多退休产业工人的城市之一，与高贵的北京、新锐的深圳、洋气的香港、精致的杭州以及优雅的上海相比，武汉当然算是一个看上去创新程度不太高的城市。

但是武汉的“不懂创新”，恰与它之前的“创新精神”有着密切的关系，武汉曾是近代中国最懂得创新的城市之一，尽管它不是第一批通商口岸，但武汉却因为处于长江流域，得风气之先。太平天国第一次科举考试，便在武汉举行，晚清的“洋务运动”，武汉是重镇之一，汉阳兵工厂、大冶铁矿，等等，都是当时首屈一指的现代企业，而且，以官办“自强学堂”、在华外侨兴办的“文华书院”为代表的中国第一批高等学府都是晚清时在武汉出现的。这意味着，早在百年之前，武汉已经成为当时中国最具创新活力的现代城市之一。

可以这样说，一百年前的武汉，可谓是中国的创新中心，其开放程度可以与天津、上海一比轩轾，“驾乎津门，直追沪上”洵非过誉之词。那个时候的中国，并没有谁敢嘲笑武汉“不懂创新”。相反，繁盛的经济、现代的观念在这座城市交杂，犹如汉江与长江的融合，中国的第一盒火柴、第一块香皂、第一包香烟、第一艘潜水艇都因武汉而研发问世，这里可谓是近代中国名副其实的“创新之都”，创新，曾是武汉这座城市的腔调。

我们需要注意的是，其实今日以武汉大学、华中科技大学与光谷科技园区领军的武汉，在许多科学领域里仍有着世界性的影响力，光学、测绘、临床医学、水利水电、电子通信……上述领域的国际前沿阵线，都有武汉的一席之地。武汉不缺创新精神，也不缺创新文化，“唯楚有才”这句话从来不是客套话，作为中国拥有院士最多的城市之一，武汉并不会因为被贴上“不懂创新”的标签而自卑，只有武汉人，知道武汉其实有着创新的腔调。因此，能够在这种成见中纵声大笑的，在全国或许只有武汉。

三

记得好几年前曾读过一篇文章，某门户网站票选中国最“暴躁”的城市，武汉与重庆双双“上榜”，票数竟然不分伯仲。说武汉“暴躁”，我觉得有点过了，但套用现在的一句话说，武汉是一座比较“油腻”的城市，我想是不为过的。

说油腻是武汉的腔调，我相信一定会被武汉的父老乡亲们齐声抗议。因为在当下，油腻是一个不太好的词儿，大抵是形容一些邋里邋遢，审美品位糟糕，而且不修边幅的中年落魄男士。但客观来说，这些不太好听的形容词，用来形容武汉，竟然也都还算贴切。

但是，这也怨不得武汉。以中式美食而著称的城市，鲜有不油腻者。武汉人爱吃、会吃、懂吃，武汉的“过早”举世闻名，毕竟全世界这么多城市，没有哪座城市，可以提供几十种不同做法与食材的早餐，诸如欢喜坨、热干面、牛杂粉、烧卖、豆皮、面窝、蛋酒等，即使粤式早茶，在面对武汉的“过早”时，也难以望其项背，只有叹气的份儿。

我认为，油腻，是一种看重生活、不拘小节的态度，而这却使得武汉看上去成了一座守成的城市。武汉虽然在历史上曾多次“打响第一枪”，一度闻名的中国足坛“武汉球迷”曾让不少城市大伤脑筋，但我始终认为，武汉人看重生活，不拘小节，因此武汉注定不会成为一个具有冲劲的城市，它不可能像深圳、温州一样充满着积极的生活态度与拼搏精神。前几年，武汉市政府提出“敢为人先，追求卓越”的城市精神，实际上也是针对武汉人守成的性格而言的。

近年来，武汉为了追赶失去的机遇，开始广纳人才，提出“资智回汉”的口号，希望能够吸引大量的外来移民，从而改造武汉的城市风格。而且，武汉也开始进入了城市建设的高速发展期，数条地铁同时开工、几十个重大市政工程同步启动、十余个中心商务区与政务区一起投入建设，甚至一度引起了 BBC 的关注。不甘沉寂的武汉，真正地践行了这座城市“敢为人先、追求卓越”的一面，但我希望，即使武汉拭去“油腻”的尘垢，甩掉守成的心态，也千万不要丢失掉对于生活的热爱。

四

所谓腔调，换种眼光看，就是符号，或者通俗点说，就是标签。

很多人不喜欢贴标签，标签意味着成见，但是实事求是地说，标签这个东西，无所谓好坏，武汉是一座特色鲜明的城市，因此它的标签，自然也比其他城市要更显眼，更容易被人注视。

作为武汉人，我曾经对这座城市也有抱怨，也曾“哀其不幸”，甚至觉得中国城市中，最差的便是武汉。但自己走过了全世界几百个城市，在内地、港台、欧美与东南亚等地不同的城市里生活体会过之后才猛然发现，武汉，其实并不差。

当然，在一个飞速发展的中国，武汉这座城市曾经一度被嘲讽为“中国最大的农村”，过了几年之后又被讥笑成“世界最大的工地”，似乎所有的城市，要想伟大，都要经过这样的蝶变。看一座城市的美，一定要有历史感，否则未来的风景很容易被眼前的脚手架遮蔽。美国诗人哈特·克兰在八十年前自杀之前，曾将满城工地的纽约比作撒哈拉沙漠，视线所到之处，不是机器轰鸣便是水泥漫天，心中当然激起无限烦躁，而今日的纽约，想找到一片工地也难，当年的都市怪物，现在竟然都是博大的历史风景，在工业革命的时代，沧海桑田也就是几十年的光阴。

武汉的腔调，表面上看起来是“油腔滑调”，但这里却渗透着最朴实的都市哲学，包括对生活的热爱。可能看似暴躁、焦虑、易怒，但是在这一切之下，隐藏着的却是一座城市经历过长久积淀之后形成的一种生活观，换一个角度看，这也是武汉人积极、热情、乐观的一种表现，虽然武汉是一座看似守成的城市，但武汉人从未丢失过复兴“东方芝加哥”的梦想，其实今日的芝加哥已经颓唐，武汉要找到的，是一座城市逝去的荣光，至于像谁、是谁，都无关紧要。

自古到今，城市都是因人而拥有灵魂，因人在历史进程中的作用而不朽，在人类历史的长河中，无数的城市出现了又湮灭或接近荒弃了，比如说尼尼微、匹兹堡；也有许多城市，一直以一种标杆的姿态屹立于这个星球之上，比如说纽约、巴黎与香港，也有一些城市，它可能正蓄势待发，等待着历史的加冕，武汉，可能就是其中之一。在一个社会急速变革的时代里，处于东亚中心的城市，它没有理由不会走向伟大。

即使有朝一日，武汉真的成为世界级的城市，看似嘈杂、守成与油腻的腔调，仍然不会被抹去，而会被更加隆重地纪念。

原载《同舟共进》2019 年第 1 期

【主编者言】一篇短小说不断被研究。人们从中找到了文化旗手的思想转折，仙台这个地方也就成为一张文学地图。而我一直没有想透的却是，鲁迅为什么不给藤野先生写信？

作为“文学地图”的《藤野先生》

冯　雷

“此地颇冷，晌午较温。其风景尚佳”。1904 年 9 月，清朝留学生周树人入读日本仙台医学专门学校，10 月份在给友人蒋抑卮的信中谈到对仙台的初步印象。其实仙台的风光称得上旖旎多姿，仙台的牛舌也很美味，在日本举国闻名，而且仙台如今是日本重要的大城市，是日本东北地区的行政、经济、文化中心。可是提起仙台，恐怕人们首先想到的还是鲁迅和他那篇著名的《藤野先生》。假如不是因为《藤野先生》，我可能没有机会知道日本北陆还有个为藤野严九郎立馆塑像的芦原市；假如不是因为《藤野先生》，不是为了去看看和鲁迅有关的那些故迹，可能也没有多少人会为了美景美食而专门跑一趟仙台。所以把《藤野先生》看作是指引人们在热门景点之外发现新景致的人文向导书也并不为过。鲁迅没有写过回忆录，《藤野先生》直接涉及他在仙台留学时的部分经历和交往，所以一直备受重视。而以《藤野先生》为原点展开阅读、梳理线索，不但可以发现一些有意思的话题，还能充分理解青年鲁迅的思想转变。所以说《藤野先生》还是一部体会鲁迅、思考鲁迅的精神地图，是双重意义上的“文学地图”。

一、因何学医，何以仙台

从东京出发，坐新干线一个半小时左右就能到达仙台，这个距离差不多相当于从北京到石家庄。出站后直奔日本东北大学。1915 年，鲁迅曾经就读的仙台医学专门学校升格为旧东北帝国大学医科大学（现名东北大学）。在 2004 年鲁迅到仙台留学 100 周年之际，东北大学决定永久保存鲁迅当年读书时的一间阶梯教室，每周二、周四下午对外开放供人参观，但是要提前预约。教室非常宽敞，四壁似乎都是木质，通体白色，教室里面，讲台上有块上下推拉的黑板，讲桌左侧还有一个洗手池，和讲台正对的共有十排座位分作三列，鲁迅经常是坐在第二三排的中间。就是在这里，周树人“就看见许多陌生的先生，听到许多新鲜的讲义”，又最终弃医从文，若干年后成为中国乃至东亚伟大的鲁迅。当天值班的工作人员是位法律专业的女老师，恭敬又热情，主动提出为我照相，并且不厌其烦地在教室内外从不同角度照了许多。在这个特殊的纪念场所，藤野先生对鲁迅的关爱似乎隐隐成为某种强大的磁场，参观者如同朝拜，而接待者似乎也有义务维护那种跨越国界和时间的师生情谊。或许这也是鲁迅及《藤野先生》作为文学地标的意义之所在？

因为有太多的文章被选入语文课本，所以鲁迅一生当中的许多事件、片段都成为人所共知的文学常识乃至历史常识，这其中就包括在仙台“弃医从文”。但不知道是我的语文老师没有讲过，还是时间太久我已经忘记了，鲁迅为什么要到仙台来，又为什么要学医呢？

我在东京的时候每天都要路过文京区的“讲道馆”，那里是柔道的圣地，门口立着一尊嘉纳治五郎的塑像。在很长一段时间里我都不知道这座塑像的本尊和鲁迅还有一段师生之谊可论。1902 年 4 月，鲁迅抵达日本东京开始留学，他在日本读的第一所学校就是由嘉纳治五郎创办的弘文学院，那是一所专门面向中国留学生的速成学校，我曾经按照原址“牛込区西五轩町三十四番町地”去看过，校舍早已不存，取而代之的是一幢不动产公司的办公大楼。1904 年 6 月鲁迅从弘文学院毕业，他是官费生，按照原计划应该留在东京去旧帝国大学也就是东京大学的前身继续深造，读他在南京时的老本行工学系采矿冶金专业。在日本明治时期的学制体系中，帝国大学居于顶层，医专等专门学校、高等学校都是远逊于帝国大学的，而且如果选择学医的话，当时离东京远一点的长崎、冈山、金泽，近一点的千叶也都有医专。据说鲁迅还曾向金泽医专的留学生打听过，问哪个医专没有中国留学生，得到的答案是仙台。放弃帝国大学的锦绣前程，离开亚洲先进思想、技术的中心城市，离群索居到不过“是一个市镇”的仙台去，很明显鲁迅没有按常理出牌。

在《藤野先生》里，鲁迅没有解释自己为什么学医。综合他的一系列文章，主要是因为：其一，他发现“新的医学对于日本的维新有很大的助力”；其二，为前途着想，将来“救治像我父亲似的被误的病人的疾苦，战争时候便去当军医，一面又促进了国人对于维新的信仰”；其三，他自己自幼饱受牙病之苦，中医丝毫未能医治；其四，中医不但耽误了父亲的病，而且近乎“有意或无意的骗子”；其五，改良人种，等等。

“东京也无非是这样。”从《藤野先生》来看，鲁迅对东京的印象并不见佳，而原因似乎主要出在“清国留学生”群体上。鲁迅尤其对他们的辫子极尽嘲讽之能事，盘着辫子的像富士山，解散了的又像小姑娘的发髻，临了丢了一句反语“还要将脖子扭几扭，实在标致极了”。看来除非剪掉，不然实在没有办法了。鲁迅自己断发是在 1903 年 3 月，虽然是在日本，但剪掉辫子仍非无关痛痒之举，为此鲁迅不但受到了“富士山”们的讥笑，而且还受到清政府管理留学生的监督的斥责，扬言要停止官费资助并把鲁迅遣送回国。

鲁迅之所以剪掉辫子，当然是受到激进思潮的影响，当时章太炎、孙中山等先后来到日本四处奔走、宣传革命，鲁迅在课余也常常“赴会馆、跑书店、往集会、听讲演”。剪掉辫子之后，鲁迅曾参与了弘文学院留学生的退学风潮，这年下半年他迎来了创作上的一个小高潮，又是翻译又是创作，变换着笔名在《浙江潮》上发表了 6 篇文章。无论是行动还是思想上，鲁迅都和其他留学生一样显得非常积极、迫切，然而细究之下也不难发现，鲁迅高涨的热情和“革命”之间仍然有不小的距离，鲁迅这个阶段的著述所体现的主要是进步的科学思维和理性的爱国主义，和同时期章太炎、邹容的革命宣讲并不一样。鲁迅在生命的尽头还曾回忆他初到东京在一个会场听讲演的经历，凝结在鲁迅记忆里的除了会场的滑稽情形，还有“讲演固然不妨夹着笑骂，但无聊的打诨，是非徒无益，而且有害的”的深刻印象。到仙台之后，有日本同学问鲁迅“在中国最有大利的买卖是什么”，鲁迅回答说“是造反”。包括回国以后，鲁迅在革命历史的宏阔大戏中扮演的角色似乎更多的只是一个同路人。因而离开闹哄哄的东京，远离那些盲目的“庸众”，独自到“没有中国的学生”的仙台去，近乎自我流放式的选择之中是不是还包含着这样一层考虑呢？

二、文体争辩与“退学”原因

1906 年 1 月，鲁迅的课程表上多了一门由中川爱咲先生讲授的细菌学，每周三上午连上两节，中川先生曾在欧美留学，在教师当中较早开始用幻灯机教学,1932 年鲁迅还念念不忘地说“用活动电影来教学生，一定比教员的讲义好”。当时正是日俄战争期间，接下来的事情正如人们所熟知的，鲁迅遭遇到“幻灯片事件”，思想大受触动，最终决定离开仙台弃医从文。

回到现实中来，离鲁迅上课的教室不远就是东北大学史料馆，一共两层，二层布置为展厅，常设展为“历史中的东北大学”和“鲁迅与东北大学”，后者占整个展厅三分之一左右的面积，所展出的都是鲁迅到仙台读书过程中的一些文书、课表、名册、照片以及那“大名鼎鼎”的幻灯片。虽然大多是复制品，不过做工倒是很精细，尤其是幻灯片，看立体的实物到底和看平面的图片感觉不同。展厅里唯一略微觉得“碍眼”的就是文字介绍中把《藤野先生》看成是一部“短篇小说”而非我们所熟悉的“散文”。1934 年，鲁迅曾和内山完造说起，“日本人的长处就是不论做什么事情都有像书里说的那样把生命都搭上去的认真劲儿”。在《藤野先生》的文体属性问题上，日本学界似乎也拿出了一股搏命般的劲头。比如说在关键的幻灯片上，1965 年夏天，东北大学医学部教授石田名香雄在细菌学教室意外发现了一架旧式的幻灯机和一套反映日俄战争的幻灯片，而其中恰好没有鲁迅所描述的场景。又比如在行刑方式问题上，他们强调 1926 年的《藤野先生》里说是“枪毙”，而在 1922 年的《〈呐喊〉自序》、1925 年的《俄文译本〈阿 Q 正传〉序及著者自序传略》里则说是“砍下头颅”和“被斩”。1973 年日本还成立了一个调查委员会，围绕仙台医专、鲁迅和藤野先生等做了大量的调查、采访和取证，极力用实证去对应《藤野先生》里的讲述。围绕《藤野先生》里的不少细节问题，中日学界不断抛出新证据、新看法，诉讼不已，彼此用的力道都很大。

其实在这些问题之外可能还有一些问题值得讨论，比如说也有学生和我聊起过鲁迅是如何看待“小说”和“散文”的边界的？忧郁的《野草》里有一篇插科打诨的《我的失恋》，那《朝花夕拾》里可以不可以有一篇“浑水摸鱼”的《藤野先生》？郁达夫的《沉沦》被界定为是“自传体小说”，萧红的《呼兰河传》也被视为是跨文体写作的典范，那可不可以把鲁迅的《藤野先生》看作是一篇缝合“虚构”与“写实”的开创性、实验性作品？再或者，在“弃医从文”的问题上，把转变的关键完全归咎于“幻灯片”这个偶然事件，这是否把鲁迅简单化了？在仙台留学期间，对鲁迅造成伤害的还有“泄题风波”，风波固然渐渐平息，然而谣言对鲁迅的影响却可能会以“化学反应”的方式慢慢发酵，并因为一些预料之外的“添加剂”而产生意想不到的效果。在东京弘文学院读书时，学监召集大家去东京御茶水的孔庙里祭孔，鲁迅对此的失望一直到 1935 年还专门在文章里提及，“正因为绝望于孔夫子和他的门徒，所以到日本来的，然而又是拜么？”可鲁迅学医第一年的成绩里分数最高的却正是尊崇孔子的三好爱吉先生讲授的伦理学，分数最低的恰是得到藤野诸多关爱的解剖学。若换作你我，心里会做何感想？1905 年 9 月鲁迅开始了二年级的学习，寒假里鲁迅又去了趟东京，恰逢日本文部省颁布了《清国留学生取缔规则》，协同清政府压制革命思想和行动，在东京的留学生遂罢课抗议，在此期间陈天华在东京附近的大森蹈海自杀，人们常常将其视为是一个和罢课相关联的醒目事件。留学生群体意见相左，许寿裳、鲁迅等选择继续留在日本，秋瑾等许多人则坚决回国，有的资料说是 200 人，有的资料说是 2000 人，两派为之产生一些恩怨冲突，这样的背景下，对于何去何从鲁迅会不会产生困惑和动摇呢？

无论怎样定义《藤野先生》其实都无损于鲁迅的伟大，鲁迅是中国的，同时也是世界的。如今在仙台国际中心地铁站外有冰上项目运动员荒川静香和羽生结弦的影像，东北大学校园里也有不少重要人士的塑像。仙台也为鲁迅塑像，而且已经有两座了，一座在东北大学的草坪里，另一座在仙台市博物馆附近，与之并列的还有一块郭沫若题写的纪念碑，不知道这在仙台算不算绝无仅有。显然，鲁迅已经成为仙台城市文化的重要元素，已经成为重要的文化地标。

三、“佐藤屋”和“宫川家”

在《藤野先生》里，鲁迅先是打趣儿说自己就像是北京的白菜运到了浙江、福建的芦荟运到北京，因为“物以稀为贵”所以受到了优待，“不但学校不收学费，几个职员还为我的食宿操心。”接着写道“我先是住在监狱旁边一个客店里的”，后来“搬到别一家，离监狱也很远”。许多资料里都有鲁迅读书时仙台医专周边的地图。这几年我脑子里总装着“文学地图”这个想法，鲁迅在北京、上海、广州以及东京的几处故居都一一寻访过了，仙台的鲁迅故居可以算是“鲁迅文学地图”的最后一块拼图，自然一定要去找找看。

根据资料，鲁迅到仙台之后先是寄居在医专附近片平 54 番地的田中里雨

（田中リウ）家，不久搬到片平丁 52 番地由佐藤喜东治经营的客店打算长住，日后人们把这里视为是鲁迅在仙台的第一处故居，并俗称“佐藤屋”。和在东京时的住宿条件相比，佐藤屋要逊色很多，用鲁迅给蒋抑卮信中的话说那就是“大劣”。佐藤屋现在还在，无论是资料里还是手机导航里都能查得到，距离东北大学正门大概步行五分钟左右的路程。佐藤屋临街，大体上面朝东北，背倚断崖，断崖下不远处就是淙淙的广濑川，所以鲁迅在信中说“人哗于前，日射于后”。佐藤屋是一幢二层的小楼，面积不大，一个房间八帖榻榻米，一个房间六帖，只是房舍已经不是一百多年前的原物，而是鲁迅离开之后改建的，现在房子的地基明显下沉，看起来非常危险，因此仙台市建设局“百年之社”推进部公园课特地在房子前立了一块牌子说明情况，并告知将在 2019 年 5 月左右将之拆除。鲁迅居住时，和佐藤屋隔着马路的原是监狱署，所以佐藤屋的一层租给一家饭店“包办囚人的饭食”，鲁迅住在二层，每月只要八块日元，这个价钱在当时算中等水平。住在佐藤屋，楼下就是饭店，在《藤野先生》里鲁迅说“饭食也不坏”，不过“日日食我者，则例为鱼耳”，再美味的珍馐佳肴天天吃也会腻烦吧。

鲁迅并不在意这是给犯人的牢饭，不过仙台医专那些为他的食宿操心的职员却“几次三番，几次三番”地建议鲁迅搬家，鲁迅觉得“好意难却”，在给蒋抑卮的信中称“现拟即迁土樋町，此亦非乐乡，不过距离较近，少免奔波而已。”位于土樋町 158 番地的公寓为烟草商大泉幸四郎所有，他聘请了宫川信哉来代为管理，1905 年改由海老名祖孙经营，但是通常人们还是把这一处称为“宫川家”，另外几个同学有中国人有日本人也一同住在这里。宫川家现在已经没有了，只能一遍遍地仔细看当年的地图，找到宫川家周围诸如鹿子清水、松源寺、米袋（米ヶ袋）、土樋、佐佐木等地名，再通过手机导航拿自己的位置和地图上宫川家的位置去对比，最终确定一个大致方位了。宫川家和佐藤屋沿着同一条马路，佐藤屋是东北大学正门往右，宫川家则是往左，两处正好是南辕北辙，因此鲁迅说“离监狱也很远”，但到学校的距离都差不多。佐藤屋对着监狱，而宫川家则是位于住宅区，周围环境是更相宜一些。只是鲁迅对宫川家的饮食却大为不满，《藤野先生》里说“可惜每天总要喝难以下咽的芋梗汤”。不过搏命般认真的日本人专门采访了宫川家的后人，获得的信息是宫川信哉也经营过别的旅馆，对餐饮是非常用心的，甚至还因为在餐饮方面投入太多而导致经营失败。也许像饮食评价这样的主观问题根本就无从考证吧，因为这和个人的口味习惯有关，我到东京之后饮食上也觉得不如在国内，日本人的口味偏甜，所以在东京的中华料理店里我还尝到过带甜味的麻婆豆腐，让人哭笑不得。当时鲁迅也不过 23 岁，一个来自富庶江南的年轻人发几句牢骚这恐怕也并不能说明什么。

四、丰富的添改和同样丰富的情感

有意思的倒是《藤野先生》里那位“几次三番，几次三番”建议鲁迅搬家的先生，经考证，那其实就是藤野先生。围绕藤野严九郎以及其他老师的问题也很多，只不过多少都稍稍游离《藤野先生》这篇文章。1934 年、1935 年，鲁迅曾多次和日本友人提起藤野，可见退学之后虽然并没有像藤野希望的那样时时通信保持联络，但他对于藤野却一直是心怀敬重和感念的，这自然和藤野给他认真添改笔记密不可分，这段情节也是文章当中最打动人的地方。

在东北大学史料馆我看到了这些笔记的复制版，但是只许翻看，不许拍照。笔记一共 6 册，第一册为解剖学，共 305 页；第二册为脉管学，共 334 页；第三册为组织学，共 349 页；第四册为器官学，共 325 页；第五册为病变学，共 193 页；第六册为有机化学，共 296 页。藤野先生“用红笔添改过”的主要是第二册，不是一行两行，也不是一幅图两幅图，几乎是从头到尾，添改的地方非常非常多，仅以大号粗体“注意”两字领起的批注内容就有 15 处，其中第 133、134 页的批注意见合起来差不多写了整整一页，红红的一片看起来真是蔚为壮观，这样认真的添改无论哪个学生看了都会心生敬意。除了第六册化学以外，其余五册尤其是第二册里有许多鲁迅亲笔画的骨骼、肌肉、血管等解剖图，有的只有黑白或黑红两色，有的还有绿色，看起来非常生动。在《从百草园到三味书屋》里，鲁迅饶有趣味地回忆了他在书塾里念书时趁先生读书入神之际用荆川纸描绣像的经历，说“书没有读成，画的成绩却不少了”，从他学医的笔记来看，此言不虚。鲁迅从文之后，在美术方面也很有造诣，或许一定程度上也要归功于仙台学医期间的“强化训练”吧。

“不但增加了许多脱漏的地方，连文法的错误，也都一一订正”，藤野对鲁迅笔记的添改涉及专业内容方面的不多，主要侧重于措辞、标点等日语表达方面。至于拿到这样的添改会有什么感受因人而异，日本人、中国人、学生、老师——人们从各自的角度出发，有人反感也有人感激。藤野先生没有给其他日本学生添改笔记，何以唯独给鲁迅的笔记做了甚至堪称过分认真的添改呢？

鲁迅在《藤野先生》的结尾对藤野的热情帮助曾予以阐发，说：“有时我常常想：他的对于我的热心的希望，不倦的教诲，小而言之，是为中国，就是希望中国有新的医学；大而言之，是为学术，就是希望新的医学传到中国去。”据鲁迅的同学回忆，这差不多是藤野先生在卷入“泄题风波”时对学生们说的原话，还有的同学说鲁迅也在场。当时学生上课没有统一的教科书，仙台医专的藏书又很少，连同杂志一共不过区区2000余册，学生只能阅览不得外借。这使我想起来东北大学史料馆的诸多馆藏里，还有鲁迅的学弟小野丰三郎的笔记和他自己购买的《药理学》和《人体解剖学》等几本书，或许这些书正是为了弥补学习资料不足而购买的吧，权做猜想。因为资料匮乏，所以学生上课认真做笔记、做好笔记就非常重要。藤野先生正是寄希望于鲁迅，想通过当时这唯一的留学生使解剖学在中国得以传播、普及。而藤野对中国如此友好，是不是以强者自居而对弱者施以怜悯呢，恐怕也不尽然。1937年在得知鲁迅去世后藤野追忆往事时说：“少年时代我向福井藩校毕业的野坂先生学习过汉文，所以我很尊敬中国人的先贤，同时也感到要爱惜来自这个国家的人们。这大概就是我让周君感到特别亲切、特别感激的缘故吧。”许寿裳曾经提到鲁迅的一个小插曲，1905年暑假期间，鲁迅由仙台去东京，途中在水户下车去悼念朱舜水，晚间在水户投宿，店主人以为他是日本学生便安排到普通房间，然而在登记时得知鲁迅是中国人时，店主人以为是贵客赶紧谢罪，同时安排了宽敞的房间和华贵的寝具给鲁迅。这些信息可能有助于激活历史的丰富性和复杂性吧。就“添改笔记”而言，出于老师的职业道德、秉持着“学术者天下之公器也”的理念，再加上日本自古以来对中国的崇敬，这些丰富的情感综合在一起，可能才促使藤野对鲁迅的笔记做了超乎寻常的细致添改。

《藤野先生》《故乡》，鲁迅的这两篇文章也被选入了日本的语文课本，和鲁迅有关的内容还被改编为四格漫画，即便在今天的日本，鲁迅也有相当广泛的影响。1906年退学之后，鲁迅曾在东京本乡区西片町十番地乙字七号暂住，2014年东京文京区教委在这幢房子外挂牌予以明确地标注，东京神保町的内山书店一直在醒目位置悬挂着鲁迅的照片。而且不光鲁迅，名古屋大学的丰田讲堂外有郁达夫的纪念碑，东京附近的千叶县还有一座郭沫若纪念馆。当然反过来，还有许多地点和方位有待研究者去核实、寻访，比如平石淑子教授曾专门去查证过萧红1936年在东京的住址，鲁迅在东京的故迹也远不止《藤野先生》里提到的那几处。如果考虑到民国期间还有许多文人作家都曾客居日本，那中国现代文学地图的边界还可以大大扩展。这即使不能拓宽学术边界，我想至少可以为全球化时代背包客们的旅行计划多设定几个别具人文意义的打卡目标吧。

原载《光明日报》2019年3月29日

【主编者言】误读有原因。岭南去政治文化中心较远，进入统治集团核心的人数较少，与话语权自然也较疏离。处正统文化边缘而较少思想束缚，却成就了岭南另一番风景。

被误读的岭南

陈桥生

“岭南”这个概念，长期以来就是身处中原者对南土的指称，是他者建构和使用的概念，因而天然就带有着某种不解、猎奇，以致排斥的色彩，是中原文化优越心理的间接反映。“古人云:五岭者，天地以隔内外。”（郦道元《水经注》）五岭阻隔的不仅是自然地理意义上的内外，也是化内与化外之别。

因五岭而起的化内与化外之别，是客观存在。但当我们仔细地爬梳一些史实，尤其是跟随着那些从中土来到岭南的人物的脚步，追寻着岭南文明的进程史时，我们蓦然发现，在中国文化史上，岭南的荒蛮，很大程度上是中原未至者的不了解与猎奇所致，是南来者悲苦意绪的渲染，是有意无意的误读。他者建构，岭南话语长时间缺位，使千百年来岭南形象被妖魔化。

而这份误读与妖魔化，我们最早可以追溯至汉代马援身上。伏波将军马援以定岭南之功在史册留名，并以其老当益壮、马革裹尸的气概得到后人崇敬，为人所忽略的是，他的身上其实还裹挟着关乎岭南的重重迷雾。这其中，既有因其自身无心而生者，也有他人有意栽赃而致者，但无例外地误导着后来者对岭南的初始认识。

一

唐神龙元年（705），沈佺期因谄附张易之被流放驩州（今越南荣市），其《入鬼门关》诗中开头两句曰："昔传瘴江路，今到鬼门关。"正是传说中言，奠定了作者对岭南的第一印象。

《旧唐书·地理志四》记载相关传说如此："（容州北流）县南三十里，有两石相对，其间阔三十步，俗号鬼门关。汉伏波将军马援讨林邑蛮，路由于此，立碑石龟尚在。昔时趋交趾，皆由此关。其南尤多瘴疠，去者罕得生还。谚曰：'鬼门关，十人九不还'。"那么，当初南征到此的马援，又有着怎样的亲身记述呢？《后汉书·马援传》载，建武十九年（43）正月，马援因南击交趾，斩征侧、征贰，传首洛阳，被封新息侯，援犒劳军士时，忆及当时情事云："当吾在浪泊、西里间，虏未灭之时，下潦上雾，毒气重蒸，仰视飞鸢跕跕堕水中。"这是马伏波留给后人的岭南印象。

如果说，以"下潦上雾，毒气重蒸"状写岭南的湿热多瘴，对于多来自中原的马援军士而言，或许还算是一份真实的感受，"仰视飞鸢跕跕墯水中"则显然是夸张演绎，可入小说家言了。马援出于谢恩及慰劳军士之目的，极言南征之艰辛，是情有可原的。然而，以讹传讹，真假莫辨，到了《旧唐书》的记载，到了沈佺期笔下，则已由鸟及人，衍化成"十人九不还""土地无人老，流移几客还"了。

岭南在唐诗中是最常见的贬谪之所。当一位位士人怀着满腹的悲苦蹒跚而来，他们一方面不断地书写其心中的冤屈悲苦，一方面总是在有意无意间极尽渲染岭南的荒蛮，化用岭南历史上种种相关传言，凸显其环境的恶劣、民风的粗野，等等。越是心存悲愤，便越要凸显其荒蛮，将万千怨愤敷衍于其上。

事实上，倘若身临岭南，而不怀有先入为主的偏见，或别有用心的目的，看到的实在未必如此恶劣。早于马援200多年前，曾两度出使南越国的使臣陆贾，滞留时间不短，游历亦广，回朝复命后撰有《南越行纪》，记述岭南一带的地理位置、风土人情，无疑更准确可靠。虽然此书已佚，仅存的几则，是晋嵇含《南方草木状》中所引用的文字，但从中我们能感受到的岭南要可爱得多。

其一是记载罗浮山上的胡杨梅和山桃。“罗浮山顶有胡杨梅，山桃绕其际。海人时登采拾，止得于上饱啖，不得持下。”罗浮山顶遍绕杨梅、山桃的动人景致，是不是也足以对此后一代代文人隐士们产生强大的吸引力呢。

其二则记录了岭南的花草、风俗人情等。“南越之境，五谷无味，百花不香。此二花特芳香者，源自胡国移至，不随水土而变，与夫橘北为枳异矣。彼之女子以彩丝穿花心，以为首饰。”这段话透露给我们的至少有两层信息，一是南越接受外来影响之早，二是南越之人于花之欣赏喜爱程度。“彼之女子以彩丝穿花心，以为首饰”，后世多以为便是岭南人之爱花，并最终形成花市之渊源。

即便是对于大多数谪徙文人，当他们确定无疑地踏上岭南之地时，只要他们能调整心态，做到顺时而变，应时而动，直面现实，真实的生活依然颇有可观。当他们能较好地完成人生角色的转换，岭南之地反而能提供给他们更广阔自由的施展才华的空间，比在朝廷里更容易有一番作为。今天，当我们回望历史，便惊奇地发现，对他们中的不少人而言，那段曾经让他们感到莫大耻辱，被他们视为人生之大不幸的历程，竟然成为其一生中最光辉耀眼的段落。韩愈如此，刘禹锡、苏东坡亦如此。

被贬惠州的苏东坡，在给老友陈慥回函时直言：“到惠将半年，风土食物不恶，吏民相待甚厚。孔子云：‘虽蛮貊之邦行矣’，岂欺我哉。”不自欺，也便不欺人。误会来自隔阂，当他们能感受到岭南之“不恶”与“甚厚”，也便能以自身不朽的事功和著述，照亮自己人生中这段黯淡的岁月，也造福于一方黎民百姓，这是属于士人的责任与担当。

二

相较于自然地理意义上的误读，文化意义上的误读，显然更为深潜，更难以消弭。

《后汉书》卷六十四《吴祐传》载：

> 吴祐字季英，陈留长垣人也。父恢，为南海太守。祐年十二，随从到官。恢欲杀青简以写经书，祐谏曰："今大人逾越五岭，远在海滨，其俗诚陋，然旧多珍怪，上为国家所疑，下为权戚所望。此书若成，则载之兼两。昔马援以薏苡兴谤，王阳以衣囊徼名。嫌疑之间，诚先贤所慎也。"恢乃止。

"薏苡兴谤"，同样典出《后汉书·马援传》，说的就是当初平定岭南的马援，在交趾常食薏苡以胜瘴气，后回军返朝时带了一车想作为种子。时人以为南土珍怪，权贵皆望之。但马援其时正得宠，故莫以闻，待其死后，有人上书诬告说他从南方带回来满车的明珠珍宝，落得一身诽谤。

在这里，吴祐劝谏身为南海太守的父亲，君子不立危墙之下，不要杀青简以著经书，以免他日满载还朝，落得如马援一般的嫌猜。此论清晰地表明，当时对于岭南的认识，很多是出于误会或捕风捉影，是未至其地者的夸张和以讹传讹，是别有用心者的肆意发挥和栽赃诬陷。

岭南因采珠、贸易活动的发达，自汉以来一直是重要的海上贸易中心和通商口岸。除了当地产珠之外，来自南洋、天竺、狮子国、波斯等地的商船，也源源不断运来大量的珍奇异宝、海外洋货。所谓"其俗诚陋，然旧多珍怪，上为国家所疑，下为权戚所望"。但珠宝经城中一过，你能不中饱私囊吗？只要是来自岭南，便难免瓜田李下之嫌，时时为朝廷、权戚们所嫉妒猜疑，哪怕其实载的只是薏苡之实、经书青简。这或许也正是岭南所谓“贪泉”之说的潜在成因。

然而，岭南之地真的就比其他地方贪腐更严重？一饮此水便生贪心，一过此地便迷失心性？事实上，今天我们并不能找到这方面足够的记载、证据，有的只是似是而非的传说在飞。相反，我们在史书的记载中，在马援后来的平反中，在吴祐对父亲的劝谏中，已经能觉察到人们对此说法的一份警惕与反省。传说中满载的珠宝，可能只是一车的薏苡之实、经书青简，甚至可能只是镇船的石头。

三国时的陆绩，以“直道见惮”出为郁林太守。《新唐书》卷一百二十一《隐逸传》载：“陆氏在姑苏，其门有巨石。远祖绩尝事吴为郁林太守。罢归无装，舟轻不可越海，取石为重。人称其廉，号‘郁林石’。世保其居云。”不载金珠载石还，这块“廉石”，见证了陆绩的奉公忘私、两袖清风，也可视作为岭南正名的“压舱”之石。如今，历经1800年的岁月风雨，郁林石依然矗立于苏州文庙，散发着来自岭南山水的清灵正气。

明乎此，我们再来读吴隐之与贪泉的故事，便不免更添一份感慨。《晋书·良吏传·吴隐之传》曰：“吴隐之……有清操……未至州二十里，地名石门，有水曰贪泉，饮者怀无厌之欲。隐之既至，语其亲人曰：‘不可见欲，使心不乱。越岭丧清，吾知之矣。’乃至泉所，酌而饮之，因赋诗曰：‘古人云此水，一歃怀千金。试使夷齐饮，终当不易心。’及在州，清操愈厉……”孔子忍渴于盗泉之水，曾参回车于胜母之间，面对贪泉之水，吴隐之则是酌而饮之，并赋诗言志。贪与不贪，根源不在于是否饮过此水，不在于是否身至岭南，只关乎自身操守。任期满后，吴隐之从广州乘船返回建康时，与赴任时一样，依然身无长物，两袖清风，与某些刺史离任归还时“船载洋货，车装珍宝”形成了鲜明的对比。吴隐之以自身的清廉节操，以一地长官之身份，现身说法，打破了“贪泉”这一讹传，为岭南正名。而此后的诗文中，对贪泉的咏叹也便有了新的含义。如唐王勃《滕王阁序》：“酌贪泉而觉爽，处涸辙以犹欢。”明尹凤岐《送兄广东参政应奎》诗：“珍重平生清节在，不妨引满酌贪泉。”等等。

很可能，就是受吴隐之的启发，至南朝齐代时，同出岭南为宦的范云，有感于始兴浈江之修仁、邪阶之名，情动于中，乃成《三枫亭饮水赋诗》：“三枫何习习，五渡何悠悠。且饮修仁水，不挹邪阶流。”此诗为五言四句，诗风平易流畅，颇有南朝民歌之风韵。不过，南朝民歌内容几乎清一色为情歌，范云此诗却是借岭南山水之名以抒其志，宜饮修仁之水，不挹邪乱之流。他运用南朝民歌的抒情技巧，表达自己来到这岭南山水间的独特情怀，不见了缠绵悱恻的情爱声色，代之以修仁义、去邪流的高尚情志，诗歌思想境界为之净化，表达技巧更趋自然平实，声色与风骨兼具。从中我们可以清楚地看到范云是如何得岭南山川之助，又汲取南朝民歌的养分，使诗歌在思想内容与表现形式上都得到提升，臻于成熟。

吴隐之是著名的廉吏，范云的清廉也是出了名的。在始兴的三年仕宦生涯，范云以其自身的清廉、德政及其奖掖后学，对当地民风、政风和文风的影响，都是史有确载的。

如果我们再拓展一下视野，不难发现，历史进入到六朝，在范云之前，已经有一任紧接一任的清官良吏接掌始兴行政长官，励精图治，迎来了属于始兴的高速发展时期。据阮元《广东通志》卷二百三十二《宦绩录二》，列举晋时良吏 25 人，其中为始兴相、太守的只有张茂度、尹虞、邓骞三人；列举宋时良吏 17 人，其中为始兴太守、内史的已有五人：徐豁、陆徽、檀和之、沈法系、孙奉伯。而且，这五人中，四人都集中在元嘉年间先后为始兴太守。徐豁在元嘉初，陆徽在元嘉十四年，檀和之在元嘉十六年，沈法系在元嘉末。其中，徐豁与陆徽二人，都是事列《宋书·良吏传》的。

历史选择了始兴，在范云之前，便已有了这一长串清官良吏，接力施以良政，从而共同促成了始兴成为岭南最早的文化中心之一。数百年的经济、文化积累，将原本贫瘠的荒地逐渐滋养成沃土，到盛唐才可能出现张九龄这样土生土长的著名政治家和文学家。

原载《光明日报》2019 年 1 月 14 日

【主编者言】很多在中土散佚损毁的典籍，却在日本保存完好，并得到应用。有些书甚至需要日本回馈，以补中国的缺憾。我们应当痛心疾首，还是额手称庆？我们应当怎样反思？

《齐民要术》在日本

周朝晖

欧阳修写有一首《日本刀歌》，是意味深长之作——由一柄做工精良的进口武士刀，赞叹日本工匠的精巧，联想到日本文化与古代中国的不解渊源，进而推想“先王大典藏夷貊，苍波浩荡无通津”。诗人遥忆当年徐福东渡扶桑带去了“先王大典”，秦始皇晚年焚书坑儒，很多战国之前的经典全都化为灰烬，怅叹那些远在“夷貊”的华夏经典遥不可及。如果说，徐福究竟带去多少先王大典已难以求证，但唐宋之后大量经典东传扶桑却是确凿无疑的事实，很多在中土散佚损毁的典籍，却在日本保存完好，甚至回馈、弥补中国的缺憾。《齐民要术》就是这样一部经典。

北魏贾思勰所著《齐民要术》，是中国现存最早最完整的古代农书，是第一本包括种植业、养殖业和食物加工等内容的百科全书式的著作，也是世界上首屈一指的古代农业科学经典。此书系统地总结了六世纪以前黄河中下游地区的农业生产经验，在我国农学史上具有继往开来的意义。它将中国古代的农业生产知识，第一次以比较完整的科学体系展现在世人面前，是我国农学史上继往开来之作。此书问世后对周边国家和地区的影响也十分巨大，比如日本。

《齐民要术》千年之前传入日本，长期以来不断被传抄、翻刻和研究，日本学者和农人师法其中思想和方法，应用到本国农事科研活动中，取得一系列丰硕成果，甚至在这一古老学问的母体上诞生出一门新的学问——“贾学”。

唐手抄卷·宋版刻本·和抄本

据载，《齐民要术》大约在晚唐时期传入日本。最早见诸日本文字记载是平安时代宽平年间（889—897）学者藤原佐世为天皇家馆藏汉籍图书编写的《日本国见在书目录》。据日本东洋史学者渡部武教授的考证，藤原是阳成天皇时期（876—884）的皇家学府“大学头”（校长），为了充实在火灾中损毁的宫廷书库，皇室命藤原对在库的珍贵典籍和汉典籍进行清点和存目，其书目中就有“《齐民要术》十卷，置于《农家》的条目中”数语。这是一部手抄卷本，也是足本。日本平安时代，文化把持在贵胄和僧侣手中，来自中国的典籍是上流社会垄断的奢侈品，不可能流传民间，更不要说指导农业生产。此书在日本的用途，或许像《北堂书钞》或《艺文类聚》这些类书一样，被当作百科全书供上流人士在创作吟咏汉诗之际使用。不过，此书后来亡佚，不知所终。

公元894年，日本废除了延续两百多年的遣唐使制度，关起门来酿造自己的“和风文化”，但民间的商贸往来却随着当时造船术的进步而更加频繁。两宋时期，大量典籍被“渡宋僧”带到日本，其中就有宋版刻本《齐民要术》（北宋崇文院刻本），这是其进入日本的第一部刻本，如今全书只存第五卷、第八卷还有第一卷的几张残页，其余各卷俱失。尽管如此，但由于宋版的珍稀性，兼之此版在中国已经失传，可谓稀世珍版。保存在日本的这个残本，最初藏于京都高山寺里，目前藏于京都国立博物馆密室，不轻易对外展示。

两宋是中国古代雕版印刷文化的黄金期。从中央政府文化部门到民间出版业都兴起了雕版印刷热。作为皇家图书馆的崇文院亦是一处重要的官刻机构，以校刊严谨、刻工精良、纸好墨佳而著称。崇文院刻本《齐民要术》刊于北宋仁宗天圣年间（1023—1032）。据载宋真宗天禧四年（1020）诏刻《四时纂要》

及《齐民要术》两种农书“以赐劝农使者”。崇文院校刊的《齐民要术》是此书问世后第一个刻本，也是最好的刻本，据说在当时就非常金贵，“非朝廷要人不可得”，这部稀世版籍何以流到日本，至今不得而知。1838年，江户德川幕府将军着人从京都高山寺借得此刻本残存二卷，由汉学家小岛尚质精心影写（即在原件上覆以细薄之白纸，一笔一画仿真摹写），藏于将军家图书馆“红叶文库”（今天东京“内阁文库”前身）里。清朝末年，目录版本学家杨守敬访日期间曾见过小岛尚质影抄的残卷，罗振玉获悉此事，于1911年赴日之际特地访问京都博物馆，经友人大力斡旋获得拍摄影印本许可。罗振玉对照中江榷署刻渐西村舍汇刊本进行核对校正，收入自己主持的《吉石庵丛书》影印出版。北宋院刻版《齐民要术》始得在国内流传，至今仍是各种《齐民要术》出版物的源头之一。

唐代手抄本和北宋崇文院刻本都是直接从中国传去的版本。此外还有和抄本，也就是日人手写卷本，金泽文库所藏《齐民要术》就是镰仓时代的抄本，依北宋版系统抄写，裱褙成书卷。这是信而有征的《齐民要术》在日本的最早和抄本。

金泽文库抄本《齐民要术》，全十卷（缺卷三，存九卷），出现在文永十一年（1274）。在这一年，蒙古忽必烈第一次对日本海上用兵遭到惨败，当时，镰仓幕府第八代执权北条时宗（1251—1284）统辖政务。击败蒙古水师次年，辅佐时宗的北条实时（1224—1276）退隐，回到领地武藏国金泽（现在的横滨市金泽区）后致力于完善珍贵图书收藏，金泽文库抄本《齐民要术》就是当时抄录的。北条实时是镰仓幕府中期的著名武将，此人非常博学，涉猎之广当时首屈一指，热衷购藏汉籍珍本，通过渡宋僧大肆进口汉籍，内容涉及政治、法制、农政、军事、文学等领域。晚年退隐，在横滨金泽构筑别墅和菩提寺，并在府邸里大规模兴建“金泽文库”。为了进一步充实收藏，他设法从各地收集珍贵汉籍如《孝经》《春秋》《群书治要》《尉缭子》《司马法》等，组织学者抄录。《齐民要术》就是他通过名僧小川僧正从京都朝廷一个负责宫内医疗机构官员那里借来的抄本誊写的，这个抄本的原典也是宋刻本。从抄本中的跋中可推知，在十二三世纪，已经有多部宋刻版《齐民要术》在日本流传了。“金泽文库”，便是今天神奈川县立图书馆的前身，因收藏了像《齐民要术》这类甚至在中国都罕见的典籍而名垂日本文化史，江户幕府大学者新井白石赞叹为“天下文库”。

不过说到应用，《齐民要术》在镰仓时代的日本，文献价值大于农业实践意义。受限于读书倾向和治学趣味，北条实时组织抄写《齐民要术》并非为了指导农业实践，而只是为充实文库藏书，最多是为“农学类书”的查找索引类备用工具书而存录的。

日本战国时代后期北条氏覆灭，家藏汉籍七零八落，《齐民要术》抄本辗转落入军事豪强德川家康手中。家康是雄才大略的政治家，虽出身武将却极其重视学问对经国治世的重要作用，戎马生涯中大量收集珍贵汉籍。1605 年，家康在退隐之所骏府建立“骏河文库”，藏书三万册，规模宏大。1616 年家康辞世，骏府藏书一部分被移往江户城的“红叶山文库”保存，其余藏书则与其遗产一同被分成三份，分赠尾张、纪伊、水户“御三家”（即德川家康三支直系）。其中的金泽文库《齐民要术》抄本由尾张（名古屋）德川家获得，收于藩府“蓬左文库”里，埋没三百年间既无人问津，世人也不知其下落。幕府垮台后，蓬左文库收归明治政府手中，后来清点文库藏品时，在一个角落被翻出，昭和元年（1926），名古屋市图书馆举办的“蓬左文库”图书展览，此书才重见天日。

中国农书与江户时代的农书热

《齐民要术》自传入日本后一直是高岭之花，直到六七百年后的江户时代才开始在民间流传并运用到农业生产实践。个中原因，一方面是因为农业生产在江户时代被提到前所未有的重要地位；另一方面，活字印刷技术的引进和运用大大促进了出版业的繁荣，还有民间基础教育普及以及由此带来庶民阶级读写能力的提高，使得农业经典的出版和广泛流播成为可能。

江户时代（1603—1868）被称为日本封建社会的后期。旧庄园制度的土地所有制崩溃，新的土地所有制随着幕藩体制的建立而确立，农业生产成了幕府国家的基础性产业。以最大封建领主幕府将军为中心，围绕着土地分配，国家重新整编重组各地大名、天皇和公卿贵族领地，所有管辖权归属幕府将军。幕藩体制下，全国被分为大小近三百个藩，各地大名基本上自给自足，靠农业经营其领地，领地人民也归其管辖及统治，农业生产的发展状况直接影响到中央、地方和农民的经济收益，甚至关涉社会的繁荣与稳定，农业在国民经济生活中的重要地位日益凸显。随着人口大幅度增长，各地大名领土内的耕地面积达到极限，农民的赋税也非常沉重。面对幕府和各地领主不断增加的对贡赋的要求，为了在有限的耕地里确保住自己的份额，就必须致力于农业科研及创造性革新以增加农业产出，包括学习科学耕种方法，改革农具，改良农业物种，实施一年两茬的耕种模式，等等。在这一历史背景下，从元禄时代（1688—1704）开始日本兴起了农学研究、出版热，这一时期开始，包括《齐民要术》《农桑辑要》《农政全书》在内的中国农学著作大量输入日本，一些著名学者通过研究借鉴中国农学思想和智慧，结合日本国情写出对本国农业生产具有现实指导意义的农书，出现了贝原益轩、宫崎安贞、佐藤信渊等杰出本土农学家。

贝原益轩（1630—1714）是江户时代初期百科全书式的学者，既是朱子学名家，又是精通中国本草学及农学的博学家。贝原出身九州福冈藩，由于靠近长崎港这一幕府时代唯一的对中贸易港口，得以大量接触中国进口汉籍，其中明清印刷的农书、草药、园艺类书籍占了很大比重。贝原读书日记里经常出现研读中国农书的记载，《农政全书》之外，他对《齐民要术》的解读用功尤深，边对照《本草纲目》《耕织图》《秘传花镜》《天工开物》《救荒本草》等中国古代科技著作进行研究，在此基础上写成《大和本草》《菜谱》《花谱》等著作，开创了江户时代研究农学的风气。在贝原的影响和指导下，广岛藩出身的武士宫崎安贞写出《农业全书》十卷，1697年付梓出版，这部农书，在日本农学史上具有划时代意义。

由于迎合了社会的需求，宫崎的这部农书在整个江户时代一直很畅销，成为村官、农家必备的“农业圣典”。在这一风气影响下，各地纷纷出现了由村官或武士撰写的农学书。比如北陆地区加贺藩江沼郡有一个叫鹿野小四郎的村官，原本农民出生，因为热衷于农学研究，嗜读中日农书，被藩府提拔为村长，协助地方政府指导本地农业活动。1709年，鹿野小四郎将毕生躬耕心得写成《农事遗书》五卷，开启了农民写农书的先河，被全国各地村官、农人所仿效，兴起了民间写农书、出版农书的热潮，成为日本出版史上一个奇观。当今日本农学者佐藤常雄曾主持编辑刊行《日本农书全集》，如砖头厚，洋洋百卷。但他在《总序》里说，这个数字不过是江户时代出版的农学书的其中一小部分而已。从现存五花八门的成书于幕府时代的日本农书看，粗略可分为“农民农书”和“学者农书”。前者是“庄屋”（村长）、“名主”（豪农地主）或富农在自己长年积累的农业实践经验基础上写成的“地方性农书”，论述各个特定地方的农业，具有很强的地域色彩，但应用范围小，多以稿本或抄本的形态留存；后一种是由农学者或幕府农官在管理农业生产过程中的实践经验，结合中、日农书的知识体系写出的“指导性农书”，论述大都由农业总论辅之以各种作物的栽培法构成。这类农书，因大致具备了农学体系的普遍性而具有广泛的指导意义，得以大量印刷出版，流通全国。

在农书出版热的激励下，中国农学经典《齐民要术》的译介工作也提上了日程。延享元年（1744），出身伊势（今三重县）的汉学家山田好之（号萝谷）完成了对《齐民要术》的训点（为适应日本人的阅读习惯而在汉文旁标注训读符号）和校注，交由京都出版商山田市郎兵卫付梓。这是日本第一次印刷和翻译《齐民要术》。因手抄本《齐民要术》珍藏在幕府或禅林寺庙中，求之难得，山田校注翻译时采用的是中国进口的《津逮秘书》版本，《齐民要术》收于此丛书第三辑。《津逮秘书》这一书系是明末江苏常熟大藏书家毛晋所刻的大型丛书，在中国流传甚广，17世纪中后期大量流入日本，《齐民要术》因缘际会赶上日本的“农业热”，成了研究或从事农业生产者奇货可居的“秘籍”，译者山田好之在“缘起”中写道：

> 我从事农业生产三十多年，凡是民家生产生活上的事业，只要向《齐民要术》求教，照着去做，经过历年实行，没有一件不成功的。尤其关于农业生产的切实指导，可以和老农的宝贵经验媲美的只有这部书。所以我特翻译成日文，并加上注解刊成新书行世。（《齐民要术导读》，缪启愉著，中国国际广播出版社2008年）

不难看出，《齐民要术》《农政全书》之类的中国农书对日本农学家的影响有多深远了。当然，善于取法先进，结合自己的实际，先是亦步亦趋地试行模仿，最终融会贯通化为自己的经验和智慧则是日本民族一个特质。如宫崎安贞的《农业全书》，虽是关于中国的农产品如何在日本种植和生产的指导性工具书，但立足在日本国情和农业资源优劣等基础上，如何因地制宜，突出重点地进行多元化生产等方面的论述，实有许多独到的创意和发明，可以说，《农业全书》是将普适于中国华北的农业生产智慧，成功进行本土化操作的农学杰作。据日本学者川胜平太教授研究，《农业全书》在结合日本的田间作业方式和工具使用方面很有独到之处，其中关于木棉、棉花、蚕桑和茶叶的大规模栽培和应用甚至比中国农书的相关阐述还细致丰富。还有，中国古农书中有关提高农业生产经营的理论和实践，因为戳到日本农业发展的痛处而备受推崇，比如在农业生产中如何有效提高土地利用率与土地生产力，也就是多元劳动集约型的农业生产理论和实践经验，构成这部农书的一大核心内容。这一农业思想也被后世日本农学家所奉行，如后来的《大豆种记》《百姓传记》等专门论著。在这些农书的农业生产方法指导下，江户时代的日本农业，比起以往任何时代有了大跨越式发展，特别是土地利用率生产力得到大幅度提高。

经过两个世纪孜孜不倦的努力，日本的农业已有长足的发展。川胜平太说，到 1840 年鸦片战争爆发前后的幕府末期，日本农民的人均土地生产力，比如水稻等主食农产品已经超过中国；而在一些农副产品的对外贸易上，优势已在中国之上。在江户时代早期以前，日本的木棉、棉花、生丝、丝绸等原材料还有中草药、茶叶等物品几乎全依赖中国进口，到 17 世纪中后期开始，由于农业技术的进步，植棉、蚕桑等技术在日本获得成功并普遍推广，茶园在全国范围内大量开辟。从江户时代开始全面从中国农书汲取智慧的日本农业发挥了很大作用，很多原先依赖从中国进口的物品，如丝、棉、茶、陶瓷等，到幕府末期除了汉籍书画，已经完全实现自给自足了，而且经由明治时代中期“殖产兴业”国家政策的扶持，其优质农业产品如生丝和茶叶，在世界贸易竞争中获得优势，再用源源而入的外汇购买外国先进机器设备，支付外聘专家顾问的薪酬，诸如此类——可以说，日本的近代化进程就是这样开始的。可以说，中国农书对日本走向近代化，委实功不可没。

回到《齐民要术》的日译本上来。日译本出版后成了畅销书，初刻版对《齐民要术》在日本的普及和应用居功至伟，但缺憾多多。从版本源头上，“津逮秘书”刻本问题不少，错字、脱空、墨钉、掉页甚至篡改处多多，被后世书志学家斥为“满目疮痍”，导致山田萝谷注译本以讹传讹。1826 年，江户幕府农学者仁科干依据山田好之的出版本进行校订再版。幕府末期，学者猪饲敬所（1761—1845）在研究过程中又借助宋版《齐民要术》来考订山田本的错误，在此基础上重新出版，是为第三刻本，也是江户时代《齐民要术》在日本最好的版本。这个版本问世后一再翻印出版，为后来广泛深入研究打下基础。

现代日本《齐民要术》研究

在日本，现代农业科学意义上的《齐民要术》研究始于 20 世纪初期。

明治维新的日本实行了广泛的社会政治经济改革，迅速向近代资本主义国家转型，但是由于历史和自然的原因，农业的发展却较为曲折。近代以来的日本也经历过积极而又盲目地引进和模仿西方的现代农业生产方式等时期，诸如大量使用化肥、杀虫剂、过度开发等，一度使农业发展遭遇了严重危机。他们痛定思痛，从古代中国农书思想中寻找永续农业发展智慧，才逐步找到具有本国特色的农业发展道路。同时，在对中国实行殖民扩张已成既定国策的背景下，研究与日本自然风土迥然有别的中国华北农业提上日程。在这两个因素作用下，国家科研机构对《齐民要术》的研究力度提高到前所未有的战略层次，而随着后来日本对东北华北等北方区域的实际占领，这一研究从理论到实践获得了空前的进展。

日俄战争后，日本获得了俄国在我国东北境内的“满洲中东铁路”南段的控制权，并将其改名为南满铁路(下文简称“满铁”)。1906年，日本政府设立“南满洲铁道株式会社”作为侵华战争的大本营。为加强对中国政治军事经济等领域的情报收集和处理，为侵略扩张服务，翌年“满铁”总部下设调查部，其中就有针对中国农业进行专门调查研究的技术团队，汇集了像天野元之助这类从事《齐民要术》研究的顶尖农学家。1906年天野从京都帝国大学毕业后受命来“满铁”调查部，直到1948年被遣返日本，在中国时间长达23年之久。在此期间，他先后在大连、长春、哈尔滨、北京、济南、海南岛等地从事中国农业经济的调研，同时钻研了大量汉籍文献，着手研究中国的古农书，这些研究成果被带回日本后汇成卷帙浩繁的《中国古农书考》，为日后的研究打下了扎实基础。

1937年卢沟桥事变爆发，华北沦陷，北京的大学相继西迁。翌年，在日军控制下的“华北临时政府”将四个旧国立大学统合为北京大学重新开校，在下属的农学院附设了“农村经济研究所”，由日本著名农学家那须皓、西山武一等主持，其中一大研究课题就是“旱地农法的研究”，参照系就是《齐民要术》。据西山回忆录《永日抄》载，1941年开始他们在研究所举办“《齐民要术》轮读会”，参会的除了西山，还有锦织英夫、斋藤武、熊代幸雄、渡边兵力、山田登等现代日本农学研究大家。所谓轮读，就是在攻读原著基础上以集体讨论的方式破解这部中国农学巅峰之作，对照的研究材料采用美国农学家约翰·韦德索（John A.Widtsoe）所著《旱地农法》（*Dry Farming*）和《吕氏春秋集释》等进行比较对读。《旱地农法》是建立在现代土壤学、气象学基础上的华北旱地农业研究，结合在殖民地朝鲜的庞大农业研究数据，研究取得了重大进展。

由于日本战败，西山等人的《齐民要术》研究在中国没有最后完成，但资料和数据都被带回日本。西山武一等人回国后，在执掌日本农业综合研究所的东畑精一的大力支持下，重启《齐民要术》研究。东畑在日本现代农业研究方面是个继往开来的人物，早年留学德国波恩大学，师从著名经济学家修恩·贝特攻读日本农业经济学，回国后历任农业综合研究所、亚细亚经济研究所所长，学贯东西的底子使他具有超前的学术眼光，比如，他是最早发现李约瑟《中国科学技术史》一书价值的亚洲学者，并组织翻译出版日译版；他还将金泽文库本《齐民要术》作为研究所的丛书影印出版，并筹划出版日译版事宜。西山等日本农学精英聚集在东畑精一麾下致力于重新翻译出版《齐民要术》日译本，同时，他们积极与中国同行交流合作，取得了战后《齐民要术》研究的飞跃性进展。

1949 年之后，中国高度重视古代农业遗产的研究和整理。1955 年，在原西北农学院农史小组基础上成立“西北农学院古农学研究室”，由农学史家辛树帜、石声汉主持。研究工作首先从《齐民要术》的校注开始，底本就是西山武一提供的“金泽文库”宋刻版抄本的影印本及罗振玉影印残本。1957 年 12 月，《齐民要术今释》第一册出版，石声汉寄赠一部给西山武一。石声汉严谨精确的释义获得日本同行的高度评价，他们甚至将自己的校勘工作暂时停止，等待石声汉的今释本出版后再参考进行修订出版。1958 年 5 月，《齐民要术今释》第三分册出版后，日译本《校订译注齐民要术》才于 1959 年分上下册完整出版。

贾学：从《齐民要术》的衍生学问

京都大学是日本汉学大本营，也是《齐民要术》研究的另一学术重镇，研究力量相当雄厚。1948年天野元之助回国后在京都大学人文科学研究所任职，以他为骨干，由薮内清教授主持，也开启了京都大学的“《齐民要术》轮读会”，会员包括渡边幸三（专攻本草学）、大岛利一（专攻中国古代史）、筱田统（专攻食物史）、北村四郎（专攻植物学）、吉田光邦（专攻科学技术史）、入矢义高（专攻中国文学）、米田贤次郎（专攻中国农业史）等一大批通晓中国古代农学的强大学术阵容，与东京大学的《齐民要术》研究机构互相呼应，经过战后几十年的持续研究，已经结出累累硕果。

专攻营养生理学的筱田统战前也被派到中国，辗转各地，足迹遍布大半个中国，积累了大量与《齐民要术》相关的食物研究资料，战后转行从事食物史和酿造发酵学研究，取得一系列成果。1948年，他的论文《白干酒——关于高粱的传入》在《学艺》杂志发表，引起学界注目，次年发表《小麦传入中国》。其中广为人知的是《寿司之书》，堪称寿司学的奠基之作，从《齐民要术》的腌渍、发酵食品历史研究出发，为日本传统美食寿司找到最初的源流。其后的《中国食物史》（柴田书店1966年出版）和《中国食物史的研究》（八坂书房1978年出版）则从饮食文化史角度对中国三千年饮食文化做了学术上的梳理，并为日本喜闻乐见的饮食文化现象溯源寻根，梳理出很多悬而未决的饮食疑团，具有里程碑的贡献。

米田贤次郎著《中国古代农业技术史研究》（东京同朋舍1989年出版），是这一研究领域的集大成之作。天野氏《后魏贾思勰的〈齐民要术〉研究》被认为是中国古农书研究的“总决算之作”，并与时俱进开始运用在农业、酿造和料理等领域中，取得一系列成果，由此诞生了“贾学”这样一门虽古犹新的学问。

《齐民要术》中所载的中国古代酿造、发酵技术蕴含着无穷奥妙。农艺化学家山崎百治氏长期从事《齐民要术》的酿酵工艺研究，被誉为日本发酵食品学研究第一人，著有《东亚发酵化学论考》一书，书中从发酵学角度也对《齐民要术》做了全新解读。小崎弟子坂口谨一郎战前到冲绳调研自古深受中国酿酒工艺影响的名酒“琉球泡盛”的奥秘，取得一系列重要数据。“二战”时冲绳所有泡盛酒厂毁于战火，酒曲酵母失传。战后，借助坂口的研究数据和收集在东大实验室的酵母标本，曾经名闻东亚海域的顶级美酒“琉球泡盛”起死回生，堪称奇迹。

《齐民要术》在日本已经超出了单纯的学术领域，成为一种指导日常饮食文化形态的文献经典。近年来在这个领域取得的一大成果，即是由田中静一、小岛丽逸和太田泰弘三人合作的全新译本《齐民要术:现存最古老的料理书》一书，1997年由雄山阁出版。这个书名并不能囊括《齐民要术》的全貌，似乎有点以偏概全的味道，但借助这一噱头，古老深奥的学问进入寻常百姓家，成为料理行业“职人”和家庭主妇的厨室宝典。由此可见，《齐民要术》的烹饪学部分于今更有重要价值。

古树逢春，古老的中国农学著作像储量巨大的富矿，源源不断被开发出来，并与现代日本人的日常生活中发生连带关系，萌发出绿叶新枝，不能不说是一种意味深长的文化现象。

原载《书城》2019年第2期

【主编者言】一次带着家人的远行，安排了丰富的内容，有国学讲座、孔庙、道观，还有藏书阁、城隍庙以及商业区，等等。这样的纷纭杂乱，仍然没有停滞作者的思绪流动。

慈城行

聂　尔

一

2010年正月初四日上午，我携妻女由郑州新郑机场飞至上海虹桥机场，一落地即乘车穿越梦幻般的七彩跨海大桥，又在接引我们的女士的指点下看了沿途满眼的新旧民居，下午四时许到达目的地宁波慈城清道观。我们被引领至一处极为宁静的院落里。

台湾辛意云先生的国学讲座正在进行中。

我孤陋寡闻，从未听说过辛意云先生大名。辛意云是“最后一位国学大师”钱穆先生的入室弟子，终生从事中学和大学教育。钱穆先生仙逝后，辛意云成为台湾岛内“唯一”儒学、国学传人。台湾作为中国文化保存较好的地区，辛先生能够在那里得到普遍认可，并近年来在大陆产生影响，已足以令我想象辛先生乃何等之人也。让我更为惊奇的是，辛先生求知而后传人，却终生不事著述，至今只有《论语辛说》半部音像书出版，那是他在电台的演讲录音。当今时代，述而不作者，竟真有其人，我不由得大兴感叹。

辛先生年已六十七岁，面貌清朗竟一如中年，谈笑风生，有蔼然长者之风，又仿佛从历史文化深处飘然而至的青春处子，是那种内心的宁静绝不能被扰乱的人。而所谓讲座，实则漫谈，无题，无始，无终，只要是中国文化的问题，或座中诸位提出的问题，都可缓缓道出，结合本身讲学经历和人生细节加以翔实解说。其举重若轻，言出有据，于亲切散漫中时有吉光片羽的演讲风格，让我这个近二十年不曾在任何课堂里待过的人慢慢地被吸引住了。

现场古色古香，阳光从格子门窗悄然挤进，散落于地，如同座中二三十人之外的又一群听众。所有听众均凝神专注，随辛老师的演讲相俯仰，他们发出一阵阵会心的笑令我这个迟到者有一种感觉：虽然我人已经来了，我的心却还在旅途中奔波未至。仙境已有，而心之途漫漫，此类情况常有，而现代快捷的交通更让我们的身体比心先到，甚或那身体已经通过的千山之遥，反而是生命中最轻的心灵永无可能逾越的。对于这一情况，还有比此情此景更为佳妙的实体象征吗？

二

辛先生讲，孝道是一种生命的肯定。

辛先生讲，敬，即庄敬之敬，是生命的觉醒，是凝神。

辛先生讲，仁者，人也，仁者爱人，因此，儒家学说从爱开始，从生命的肯定延续。

辛先生讲，婚姻者，结两姓之好，打破了氏族内婚制。

辛先生讲，儒家政治的要义，是化天下为一家，因为天下乃天下人的天下。所谓“一统”并不与“统一”相同，“一统”乃是生命的文化理想，这一理想可表述为：共存共荣共生。

辛先生讲，儒家要和合，而和合者首要的在情，在心，和合就是要通天下之心，之情。饱受诟病的宋明理学实际是通天下之心、之情的认知。人之心在情。所谓圣人，即至情至性者也。

辛先生当然也要讲道家，他表示自己信从钱穆的“老子在庄子之后”论断。

辛先生讲，老子功成身退的学说是有关于人的最为伟大的创造之一，因为那时的人类尚未了解退隐也可以成为一种生活的方式，甚至是一种最符合天道的生活方式和文化方式。那时的人类只知道进取和搏击。

辛先生讲，语言呈现的真理只在语言后设以后，即经验之后。这种西方分析哲学的论断出自辛先生之口，可以知道辛先生的国学已不单纯。

辛先生讲这个的意思并非要表示，语言一出，大道已失。因为辛先生接下来说，中国的文字是设计出来的，用几个汉字即可复原一个时代。因此我理解辛先生的意思是要说，中国的文字是与中国人心中的天道联结为一的，是为了天道而设计出来的。

辛先生讲，为什么一阴一阳之为道，阳即创造，阴为凝聚。辛先生以他身体的前举和退行，来形象地演示出这一永恒并永远不会失去其效用的真理。

辛先生讲，道失以后，才有德。而今天的道德还并不就是古代的德，它相当于中国古代的礼、法，是西方的契约，人权和权利等观念的引进。

辛先生讲，古之德，德者得也，心得之谓也。

辛先生讲，中国学术是养生丧死之学，为的是生命的无怨无憾。如果说西方文化用的是推理法，则中国文化用的是演绎法，这一演绎的大前提即生命。

辛先生讲，中国学术是关于生命的，关于人生的，而西方的学术总是弄不明白人生是怎么一回事。

辛先生讲到孟子时说，没有孟子，儒家就不能真正成为儒家。孟子是儒家的集大成者。是孟子发现了人心之四端：恻隐，善恶，辞让，理性。

辛先生讲，中国人讲求人要适当地爱别人，而不是像西方人那样疯狂地爱。己所不欲，勿施于人，此之谓也。孝弟，中国之爱的学说。

辛先生讲，中国哲学乃生生之学，尊生之学。

辛先生讲，中国是一个和平的国度，素不崇尚暴力，国与国之间关系的原则是“文德以来之”。

辛先生像很多新儒家一样，宣称二十一世纪必会是中国文化对世界文化做出重要贡献甚至主导世界文化的一个世纪。

三

我的妻子和女儿却没有耐心听辛先生讲。她们到客房吃面去了。我用手机短信反复呼叫，她们也不肯再来听一会。我便不再强求。

如果辛先生所讲的“生生之学”“生命之学”，在她们看来竟不能与她们的生命发生关系，那事实可能就是如此，因为人既不愿也无法走至其自身愿望的反面。她们当然比我更清楚，她们从我们的家里来到这里，是来寻找什么。

这正如我看“最后一个儒家”梁漱溟当年搞乡村建设运动的有关史料，不也是徒有隔世之感，而不复产生了解之同情了吗？像我们这样的普通人，只不过是一些历史的漂浮物，我们没有机会和耐心深入到历史的底层，我们以为俗世的浮华是我们唯一的需要和愿景。

这也如我无法想象生活在慈城县衙后面“历史的地狱”里那些贪官的真实表情。古代中国严刑峻法下亦有贪官，他们前赴后继，世代相续，不绝如缕。他们灵魂的表情并不容易想象出来，我甚至都难以想象他们真的会有灵魂吗？所谓灵魂，乃是一个善的概念，一个丰富的概念，而贪官们所付出的代价就是，他们在史上的记载被脸谱化，他们的灵魂也随之变得简陋，甚或简直就是被注销掉了。

我们随后去宁波参观天一阁时，我停下脚步站立在参观的人群中，凝视天一阁主人范钦的画像良久，眼前不由得浮现出孔子、朱子、王阳明，还有梁漱溟，以及几个小时以前还对我微笑着的辛意云的面容。从这些不同时代的脸谱上竟可以读出历史流转的确切信息。那些信息带有某种历史之彼岸的明确性。

那些活在了历史上的人，从历史的深处继续对我们诉说的人，他们所说的并非一种可能的生活，乃是一种不可能的生活。这正是历史人物的悲剧所在。

我站立在那里，继续凝视着人的脸。从历史上的儒家，到“不会笑”的梁漱溟，再到始终微笑着的辛意云，历史的大变迁最终凝结为人脸上方寸之间一汪异常清澈的深潭。我为此慨叹不已。

四

慈城镇，现隶属浙江省宁波市江北区，史上曾为县治，共出过五百多名进士和五名状元，以及许多的近现代文化名人。

走在宁静安详的这座小城里，想到上述数字，我有不可思议和时空浩瀚之感。

此次由台湾和大陆两地文化界人士举办的国学研讨会，是拟建中的慈城书院的系列活动之一，亦可作为此地文化之薪火相传的一个证明。

我在研讨会现场发现，之前他们还做过“汉字之美”和“慈孝文化”等研讨和讲座。把“慈孝”作为一种值得宣扬的文化传统，并为此举办研讨会，在我是第一次见到。看来对于五四新文化传统的挑战并不只在一些学者的文字里存在。但我对此是心存疑惑的。

慈城目前可看的景点，有县衙、孔庙、城隍庙和我们开研讨会并在此居住的清道观。

县衙里，慈城史上清官和贪官的各种展览与现今的反腐和党员教育结合了起来，令我感到意外。难道我们只有在历史的否定与历史的膜拜之间进行鬼打墙式的行进吗？

与阴冷的县衙不同，慈城的城隍庙里则是一派热闹景象，杂耍、小吃、唱戏，人头攒动，仿佛回到明清时代的狂欢与日常。中国式狂欢本与日常相通，并非对于日常生活的逸出、超越或反讽。就此性质而言，走进今日之城隍庙，就已经成了对于历史延续性的一个肯定。民间文化乃是历史的河床。中国近代以来超越百年的文化奋争要真正沉积为河床上的沙石，不知还需几时几世。站在慈城城隍庙热烈的人群中，我有一个问题：一个民族的变与不变，究竟是一个什么性质的问题？

清道观里却没有什么游人，也许是因为我们的会议，也许清道观理当如此？不论怎样，清道观里可真是清静得可以。我们的会议是白天连着晚上连轴进行，无论白天还是夜晚，我们都像是在开神仙会。偌大的一个清道观，二三十人在古色古香的小院里坐而论道，尘世的声音一丝也传不进；门外还有身穿制服的保安守卫着。台湾友人们纷纷感叹，这种地方真是找不到了。

从清道观走出，我一家人去宁波市区转悠时，我顿有重返红尘的感觉。

我在眼花缭乱的宁波商业区的人群里筋疲力尽地走着，觉得世界只能是这样的，而不会是别的样子。它正是这般的肮脏，嘈杂，热闹，冲突。我仿佛明白了为什么神仙也喜欢到尘世里来，那是因为，一个按照既定规则和清静原则建造起来的世界是不可能存在的。

我们每一个人都可以抱有一个关于社会的理想，构思一个理想的社会，但我们真正能够做到的，只是说服自己在这个是其所是的唯一的世界上继续待下去。

这一次我们从各地走来，相聚在一起，谈论国学儒学，也只不过是为了肯定我们古已有之的生活方式吧。

五

每天晚上都开讨论会，讨论的范围可以极其广大。

比如，可以问为什么中国文化的标志性活动会是琴棋书画这四种？辛意云先生的回答仿佛是说这四种活动都可达至天人合一和相与和谐的目的，都是中和的艺术。

比如，可以问辛意云先生是如何教育好他的那些学生的。辛意云先生的回答是，只要老师和方法合适，每一个人都是可以教育好的。他所指的，当然也包括了学生的道德品质，而不光指学业。

会上有一位女士，是台南大学博物馆学专家，竟也精通古琴。会议组织者特意为她寻来一把古琴，请她现场演奏。她先是鉴定了古琴的价值，接着又为摆放好那把琴花了不少时间，然后，她正襟危坐于琴前，讲有关古琴的美学又花了不少时间，最后，当她开始弹奏，却因为心已乱而无法进行下去了，因为在这个场合人与琴未能合二为一——而这也正是她所讲的古琴美学的要点之一。这是发生在晚间讨论会上的情节之一。

既然讨论到音乐，有人就请辛意云先生唱一曲。辛先生讲了他起初不会唱歌，后来是如何学会的，大意是说有人教给他发声的方法，于是他就会唱了。他唱了一首我忘记是哪个少数民族的民歌。他把情歌果真唱到了哀而不伤，温柔敦厚的境界。孔子教导人们应“游于艺”“成于乐”，辛先生不愧一个终生服膺儒学的人，竟如此地丝丝入扣，令我叹服。

六

最后一夜是篝火晚会。在慈湖边上的宝善堂里进行。

宝善堂院子中央生了篝火，人们围坐四周。

但是，这个篝火晚会没有一点晚会的样子，自始至终人们都三五成堆地在篝火和灯光映照下的夜色中交谈，或站着，或坐着。

没有人觉得既然是篝火晚会就得翩翩起舞。

和我交谈的是台湾《天下》杂志的锦棉女士。她曾向我约过稿，我们通过电话和电子邮件，算是熟人了。她谈的是她的编辑工作。她正在为辛意云先生策划出版他的第一本纸版书，这本书谈的是中国文化中六大要素：“天地之美”“相与之美”“川流之美”“伦常之美”“礼仪之美”和“情感之美”。

锦棉女士带了她的先生和儿子来。她的先生是一个陶艺家，她的儿子刚从澳大利亚墨尔本大学的研究院毕业。他们家在澳大利亚住了二十多年。当篝火晚会最后一个节目上演，即开始燃放烟花时，锦棉女士的先生仰望着开放在夜空里的烟花，夹杂在巨大的声响中对我说，他都有二十年没有过过年了。他是一个多愁善感的男人，他当着我们的面流下过眼泪。在慈城或别的地方，他和他的儿子经常互相走失，然后又互相找见对方。他的儿子是一个像女孩一样柔弱而羞涩的男孩子。相比之下，锦棉女士沉着稳重得倒更像是一位先生了。这是一个融入了多种文化因子却纯然是由中国人构成的家庭。

那年轻的儿子看烟花散尽，柔声细语地说，这么快就要结束了吗？

七

初七日下午，我们一家人已经跻身于上海南京路上熙熙攘攘的人潮中。我的妻子女儿如鱼得水，我却是一副奋力赶路的样子。

晚上回旅馆前，我们去看一眼外滩。外滩面目模糊。但是，总体来看，夜上海才真的像一个夜的上海。

初八日上午，我们乘机返回。

飞机坐在蓝天里。我略微感到晕眩。身体的快速位移使现实膨胀至我们的现实观不便接纳的程度，这就是我为什么晕眩的原因？

问女儿是否有同感，回答是根本没有。这个“80后”比我更气定神闲。也许她这一代人的现实观恰好能够容纳这个越来越令人眼花缭乱的现实？她们懂得不必去问为什么。

而对我来说，晋城，慈城，水波荡漾的宁波，华丽妖娆的上海，清道观里的儒学，城隍庙里的欢闹，已经推开的熟悉的家门，走在脑袋里或街道上的人群，飞机场振翅待飞的飞机……所有这一切，它们必须互相兼容，形成一个新世界，也就是说形成一个旅行之前所没有的新的世界观。

原载微信公众号《山西聂尔》2019 年 8 月 7 日

【主编者言】一个人的性格、性情，难以隐藏，总会在细微之处悄然流露。其实，作者自己作为接受赠书的人，其面对师长的举止不也透现出一个文化人的独特品性特点吗?

我的签名本故事

孙崇涛

冯其庸精心准备的签名本

1986年冯其庸先生（1924—2017）调任中国艺术研究院副院长，不久他的住家也从原单位中国人民大学搬到了红庙文化部宿舍，跟我做了仅隔方丈之地的邻居。我这人有个古怪脾气，就是不爱跟当官的人来往，即便好友，一旦当了官，我也赶快躲开。冯先生入住红庙多年了，我常见他出出入入，见面时顶多只是点点头，从未跟他打过招呼、谈过话。心想我是民，你是官，道不同，不相为谋也。但是人生总会存在许多变数，后来我与他还是会面“相谋”了，而且三回“登堂入室”，每回都从他的“瓜饭楼”里拿到他送我的签名本著作，事情说来都有因。

第一回是在1991年11月。那时正是文化部“高评委”（高级职称评定委员会）首次集中评定正高职称的时候。我的副高职称已满五年，正好到了可以评正高的年头，于是也向自己所在的研究所提出了申请。评职称，评各种荣衔等，都有许多说不清的复杂因素在起作用，它不光是个人成绩、实力的比拼，还是各种利益、关系的博弈。一向置身局外的本人，很不具备这方面的周旋能力，故而所有的荣誉、荣衔一向与我无缘，每次评职称，也像个苦逼的取经唐僧，需经历一番曲折磨难之后才“逢凶化吉”的受苦受难过程。这回也同样，所里初评，我即被淘汰出局。结果报到上头，担任“高评委”主任的冯先生审阅之后心生疑窦，因为他想起了去年他主持的艺研院首届科研成果评奖活动。孙崇涛在送评的全院数百篇论文中“一举夺魁”，在原辅仁大学礼堂举办的隆重颁奖大会上，原文化部部长兼院长王蒙还亲手给他颁发奖状。这给冯先生留下很深记忆，心想这个“全院第一名”的孙崇涛为何不在自己研究所的初评名单中啊？于是就提出了质疑。某领导答道，孙崇涛论条件也是够的，但是院里给我们所的名额实在太少了，轮不到他。冯问，你所缺多少？某答，至少两名。冯说，那就补给你们两名吧。并吩咐立即通知本人到他那里领表填报材料。

我接到通知后，首次踏进了冯家的门。在我初次与他会面的印象中，冯其庸是个不轻易表露感情的人。他少言寡语，一副面无表情的模样。他不温不冷地对我简单说了两句话：你得重新填份材料报上来。有什么需要补充的内容，都尽量写进去。其实就这两句话加上他的前情作为，已足使我认识了他的大致为人：这是一位秉公、惜才、很讲原则的有点意思的“官”。

第二天，我给他送去我重填的申请材料。他依然不温不冷、面无表情地说：好的，放着吧！收走了我的材料后，他顺手递给我一本他出版不久的新书《秋风集》，说，这是送给你的。我翻开扉页，见上头有他用毛笔书写的一幅漂亮而精致的题签：“崇涛同志存正，冯其庸赠，一九九一年十一月于北京”，下盖方印私章。显然，这些都是他在我来他家之前已先准备好了的。原来他还是个外冷内热、外粗内细的人，我想。

《秋风集》是本散文序跋集，文化艺术出版社 1991 年 1 月出版，主要收入冯其庸对书画界师友的回忆、评析文章，另有四篇罕见的歌行体长诗，卷首附印二十来幅与书中内容相配的他本人书画作品。阅读了本书，更加证实我对他“外冷内热、外粗内细”的判断绝对没错。我想冯其庸这种讷于言、敏于行，对人出之于善、待之以诚的性格修为，或许同他出身贫困农家，当过种田农民，备尝生活的苦楚、辍学的辛酸、自学的艰难、道路的曲折，因而更加深切体味白屋寒门弟子进取的不易有关。

第二回是两年多过后1994年年初的事。我在逛北京书店时，无意中见到上海古籍出版社刚出版的一部《二十五史纪传人物索引》，令我感到惊喜。数年前我曾购有该社出的这部《二十五史》缩印版，由于卷帙浩繁加之字小，用起来很不方便，现有此配套的索引就好了，赶紧将书买下带回家。通过试用，感到真是方便了许多。我回想起两年多前自己去冯先生家坐在客厅兼书房时也好像见过他藏有这部《二十五史》，推想他必定也很需要这部索引，干脆我再去买部送他，以略表对他曾帮过我的一点心意。这时各家已都有电话，我便给冯家去电先证实一下，正好冯先生接了电话，说，好的好的，方便的话，就麻烦你帮我买一部。时值甲戌（1994）新岁将届，我想等过了年上街之便再去办理这并不太打紧的事。

春节过后一些日子，我买到了书送到冯家。冯先生执意要付书款给我，我只好恭敬不如从命。他拿出一部自己继《梦边集》之后的第二部“红学”论文集新书《漱石集》（岳麓书社1993年5月版）说，就等你来取了。我打开扉页一看，上头又是一幅漂亮而精致的题签：“崇涛同志存正，冯其庸赠，甲戌岁朝”，左盖方印私章。“岁朝”即谓阴历正月初一。原来冯先生估计我早晚会送书过来，就赶在大年初一早早地把他要送我的这书精心准备好了，可见其细心和在意。这回我俩间的买书、送书、赠书过程，就像一段彼此诚信、意会交响的小插曲。音符简约，韵味醇长。

第三回已是时过四年之后的1998年春天。家乡浙江瑞安第四中学一位老友要我帮他在北京找位有身份的书法家给学校题写校名，以增光辉。我没有书画界的名家朋友，想起冯先生这时书画名声已经相当之大，有人称他是“中国真正的文人书画家”或“中国文人书画的代表”，中国美术馆还举办过冯其庸书画展。流入拍卖市场的冯其庸书画价格已很高昂，据说每尺达数万元。他还是名闻全国的这个家、那个家、这个长、那个长的，级别、身份也不低，书写地方中学校名，资格绰绰有余。于是我就再次踏进“瓜饭楼”，向冯先生求字，想不到冯先生很痛快答应了，还说，现在有点空，马上就写。就领我进了他屋后一块空地改装搭成的书画室，当即给写了两份备选的校名交给我。

写毕，回到客厅，冯先生说，你且慢走，我还有书送你呢。这回是一部装帧很考究的《曹雪芹家世新考》增订本（文化艺术出版社 1997 年 8 月版），是这位中国红楼梦学会会长用力最巨、最引为得意的红学专著。因刚离开书画室，手头没有毛笔和印章，冯先生就取支钢笔题签:“崇涛同志指正，冯其庸赠，一九九八年三月”。奋笔疾书而成，依然精致好看。

进入新世纪之后的几年，冯先生搬离红庙，迁居通州宋庄“画家村”。除了一次来不及跟他攀谈的会议上一晤之外，再也不曾与他见面了，直至他前年去世。他留给我的三本著作，别处也不难得到，但三本扉页上的题字是唯一的。它们就像三幅布局得体的精美书法小品，清丽可观，还有它们所附带的我的那些记忆，值得我永久存之，宝之，念之。

原载《温州读书报》2019 年 7 月 12 日

王季思随来随送的签名本

已故中山大学王季思教授（1906—1996）有个广为人知的外号：王老虎。这外号的来源有大同小异的传闻版本，但都不离两个基本“元素”：一是王先生人高马大的体形联想；二是与风靡一时的影剧《王老虎抢亲》剧名的关联。这些都跟本文主题无关，对错无须辨析。我想说的是，这个“王老虎”外号并不体现王先生的生命本质特征，若要给先生起个更为贴切的外号，我以为莫如把他比称为“大母鸡”。

王先生在中大从教数十年，大力奖掖后辈，倾心培育人才，致使学坛代有才人出，王门子弟遍神州。这是王先生亮丽曲学成就之外的另一道人生辉煌。

他在中大至少亲手孵育出三代曲学新母鸡。新母鸡变壮母鸡、老母鸡，再孵育出第四代、第五代、第六代……代代不绝的小母鸡、小鸡仔，如此周而复始，“旧传萧瑟诗千首，新种葱茏竹万竿”（王季思《自题玉轮轩绝句》），使中大长期延续着中国古代戏曲研究中心之一的地位不倒。除了在中大圈养的“家鸡”，先生还在全国各地物色、培育了诸多的非“中山牌”的散养“野鸡”。本人也算其中一只，详情已记于拙作《戏缘——孙崇涛自述》一书，不赘。王先生这种“大母鸡”的特殊身份和地位，决定着他长期地处在群鸡环身、百鸡齐鸣、叽叽喳喳、热闹非凡的人生常态之中。于是他给别人赠送签名本著作，也应运而生出一种与众不同的方式：随来随送。

先生也给我“随来随送”过几种签名本著作，不及一一翻检查找，触手可及便有两种。一是手写的，一是印盖的，二者说来都有来头。

全国南戏学术讨论会于 1987 年 5 月正式成立，推选徐朔方先生担任会长，王先生担任名誉会长，胡雪冈、洛地、我等十来人为干事——这是迄今唯一公认、合乎程序产生的全国性南戏学术组织，后来有人在温州另组并自任会长的同名学会，与它无关。5 月 5 日，讨论会结束，学会组织成员合影留念。

散会后晚上有空，我和许多与会代表都去王先生房间看望先生和夫人姜海燕老师。房内人来人往，络绎不绝。我进得房内，想到先生年事已高，回家乡的机会不多了，为了给他增添一点“乡愁”情调，我便用温州话跟他搭讪。不料姜老师连忙过来制止道，哎呀，请你灰（勿）讲温州话好吧！我马上领悟，在群鸡汇聚的场合，讲比外国语还要难懂的温州话，即意味以个人私密对公众坦诚的抗拒，这也是“大母鸡”王先生所不愿意看到的。我赶紧改口说普通话。

王先生端坐桌旁等客上门赠书，桌上摞起一叠带来的新书《求索小集》（广东人民出版社 1986 年 2 月出版）。见我到来，他便颤抖着手一笔一画地给我签赠图书：崇涛同志存念，季思，1987 年 5 月 5 日。先生双手颤抖的老毛病这时已很严重，据说许多书信还得靠小女儿小雷代笔，但从先生给我题签字迹的清晰与优美来看，他是花了很大努力完成的。《求索小集》是本不足 12 万字的小书，书的丰富内容和表达文采，书前“内容介绍”有很好的概括：

> 本书是作者自1949年以来所写杂文的结集。文章涉及的范围较广，包括文学教育、治学方法、古诗词和现代文学作品评论、语文学习，以及怀念友人等方面的短文，共三十余篇。其中除少数篇章外，绝大部分直接或间接与我国古典文学相联系。文章品类多样，风格各异，时有宏观概论，纵情而谈；时作微观解剖，探幽索隐。文笔因题旨而异，或慷慨激昂，或抒情婉转，或议论风生，或循循善诱，立意新颖，说理精辟；文笔流畅，引人入胜。是一部不可多得的文学小品文集。

这则图书简介也是先生晚年生活与精神状态的概括。它亦如先生在书的《后记》中所说：它多少记下了我1949年后在人生道路上，也在专业范围内的探索和追求。先生的人生观始终保持着积极的“向前看”态度。他说，我是教师，我在人生道路上有探索前进的途径和目标。我面对的是青年，他们是祖国的未来，我必须引导他们向前看，看到祖国灿烂的前景，也看到个人光明的前途。而他所肩负的教育任务——中国古代文学与古代戏曲教学，却偏偏是引导学生“向后看”的。解决这一矛盾与纠结的途径，就是用先进的思想与理论去识别古代文学中的积极因素，“借以达到古为今用的目的”。这种积极的人生观，使得先生晚年永葆着乐观、豁达的心态，甚至坦言：相信在我生命终止的最后一天，我将含笑赴长眠（《我的老年心境》）。一个时时刻刻准备用笑容去拥抱死亡的乐观者，他必然长命无疑。

次说印盖的。时空跳到六年后的1993年广州，先生已步入米寿之年（虚龄88岁）。广州市政协与中山大学联合主办“王季思先生从教七十周年庆祝大会”于1993年4月12日在中山大学永芳堂隆重举办。我平生第一回去广州，就是奔着这个大会而去，而且不是申请公差名义而去，而是采取个人自费、独行的方式。我不想代表任何人，我要完完全全地代表我个人。只有这样，才足以表达我对先生的敬仰和感恩之情——包括先生离世之后，中大两次举办的跟先生相关联的纪念暨研讨活动，我也都如此。

宽大的永芳堂聚集起满满当当的参会代表和各地来宾。大会开始，我把目光锁定先生进入会场的模样和方式。只见他坐在轮椅上被人推入会场，我发觉别后六年的他变化不小。即使在这大喜之日，也难掩他衰老、委顿、疲弱之态。他对全场齐声响起的欢迎掌声，采用力所能及的回应是：频频抱拳致谢。光阴催人变老变衰，自然规律无法违抗，三年前，感情至笃的伴侣又是生活、工作得力帮手的姜老师遽然离世的严重打击，更加速了先生的变老变衰乃至变“小”。午宴时，我见坐在餐桌上的先生胸前被人系起围布。这种围布，在先生家乡温州有个特别名称，叫“拉下兜”，“拉”音 la，即“落”，意为涎水、口水。“拉下兜”，把口中流下的涎水“兜”住。它是婴儿必备的附加服件。看到先生“退化”至此，我有点想笑，但，没法笑。

整个活动的主题和气氛是热烈的，激越的，和先生的人生主旋律同频共振。两天活动中，有许多感人很深的场面。

大会献匾仪式上，匾题“经师可求，人师难得”八个大字，醒目提神，浓缩了学生对先生的评价与感戴，也丈量了先生的人生高度与深度，引人深思，引人起敬。

追忆会上，中共地下党员学生赖春泉，讲述广州黎明前夜自己面临将被枪决的生死关头，先生挺身而出，用人头做押，保他出狱，把他从死神那里拉了回来的经历时，他感动得老泪纵横，泣不成声。

研讨会上，先生中大大弟子黄天骥教授，回顾恩师敬业重教、爱生如子、全心全意献身教育的业绩时，再次深情地诵读起先生给他论文集的题诗：

人生有限而无限，
历史无情还有情；
薪尽火传光不灭，
长留双眼看春星。

先生也用他惯用的“随来随送”方式，给每位到会来客赠送新著《玉轮轩戏曲新论》（花城出版社 1993 年 3 月版）。这是先生继《玉轮轩曲论》三编之后另一本戏曲论集，篇幅不大，却是他自感“有其特殊的意义”的得意之作。理由是：本书“融入了与我合作的中青年教师以及我所辅导的博士生见解，显示了师生之间平等讨论问题的学术商量之乐”。一向主张学问乃“天下之公器”的先生，自然把跟后辈一起锻造“公器”而感到无比欢欣。遗憾的是，在这本赠书上，已不见了先生那熟悉的亲笔签名、题字了，用“王起季思”四字印章代替。见此我想起先生有嘴难言、有腿难行、有手难提的身体现状，心中溢生无限的酸楚。

大会最后一天的活动是去中山市参观孙中山先生故居。我从先生亲属手中“抢”得了给先生推轮椅的“差使”，以弥补两天来集体活动中没法走近先生的缺憾。已经没有办法再跟先生做尽情的口头交流了，我默默地推着、推着，一路在回想自己跟他长达三十六年（1957—1993）从通信“神交”到多次“面交”的过往经历和种种难忘的场景，只是感到推的不像是坐在轮椅上的先生，仿佛是在推着一部书，一部又厚又重的人生大书……

原载《温州读书报》2019 年 7 月 22 日

【主编者言】读时代并不久远的故事，也会有恍如隔世的感觉。本文描述的事件就如此，一本书的出版成了意识形态斗争的前哨战。当下的年轻人闻所未闻；当年的出版人记忆犹新。

《飘》出一栋大楼的风波

汪逸芳

一

这是一个耸人听闻的标题，却是40年前的一个真实的事件：由一部小说引发的地震一般的政治事件，把我这个初入出版业的小编辑裹挟了进去。好多朋友劝我说说这件事，谁知当我认真想写的时候，发现大脑就像电脑硬盘似的被彻底清空了。并且，我在退休的那年把初版的书及风波消散后为《飘》正名的一册小书全都处理掉了。

幸亏有个孔夫子旧书网，一查，当年一套三册加起来3.15元的书现在最夸张的一个价格是999元，而另一本因《飘》而起的《〈飘〉是怎样一本书》，当年定价0.23元，我买来却是49元。第二件事是去翻旧"账本"，有一天晚上无意中翻出了20世纪40年代出版的《好莱坞70期》《好莱坞81期》和一本散了架的《大华影讯专刊》(《乱世佳人铜图专刊》)，连篇累牍地宣传《乱世佳人》，这一切可是当年傅东华被说服去译《飘》的直接原因。那一晚摊开来再难收回去，灯影下地板上一地散落的纸页，黄褐色新闻纸沫沫，就像散失的记忆覆水难收。

那么《飘》到底是怎样一本书呢？"《飘》于1936年6月30日问世，打破了当时的所有出版纪录。前6月它的发行量便高达1000万册，日销售量最高达到5万册。它标价3美元，却被炒到了60美元，而当时美国一处不错的旅馆，月租金也不过30美元。”“1937年荣获了普利策奖和美国出版商协会奖。”先后“被翻译成29种文字，总共销售了近3000万册”。“《飘》已成为人们争相阅读、谈论人生、感慨世事、掩卷沉思的主题。”根据小说拍摄的电影《乱世佳人》于1939年12月15日在亚特兰大举行首映，引起轰动，并迅速风靡全球。演员克拉克·盖博和费雯·丽更是因此而留在了许多影迷的心中。

俗话说“好记性难敌烂笔头”。烂笔头记下的工作笔记在哪里呢？从业30载，4年在浙江人民出版社。找来找去只找到浙江文艺出版社成立以后的笔记本，却怎么也翻不到人民社的，想该不会当作废纸卖了吧。终于有一天在书橱的顶端角落里找出了一本黑皮子的本子，1979年9月到1982年的。翻到了一句很奇怪的文字：你也有头发白的时候的……

二

40年前浙江省的出版社只有一家，即浙江人民出版社，所有的人加在一起也只有70人左右。1979年是我进社的第二年。最值得记忆的是十一届三中全会开过了，社会重心明确转移，改革开放，解放思想，百废待兴，我赶上了万物复苏的大好时代，从一个让别人把你的钢笔字变成铅字的业余作者，到努力地把别人的手写体变成铅字的编辑。当年社人事处的老革命季处长总是笑呵呵地开玩笑：小汪，你是我百里挑一挑来的喔。

我感恩，我努力工作。“像极度干渴的人需要泉水那样，1978年重印的一批名著，瞬间就被读者抢光了。”“经过十年的禁锢”，整个社会的阅读处于饥渴状态，全国图书市场也还处于休眠期，但出版界比较早地感受到了潜藏在人们心底的一种对文学对知识的渴望。为此我去资料室查过，浙江人民出版社历史上只出过一册薄薄的宋兆霖先生翻译的儿童读物，地方出版社“仓库”里找不到长篇小说。文学类只有演唱本与单册的民间文学读本。其实，这就是新中国成立近三十年的地方出版社“家底”。也就是那一年的夏天，在大家四处找“米”下锅的时候，上海书店的应子良带来了傅东华的20世纪40年代的译作《飘》和《琥珀》，还有很多1949年以前出版的翻译作品。

反复阅读后，选中的是龙门书局出版的《飘》。书分上下册，厚厚的两大本，竖排繁体，陈年的纸张像黄酒一样的颜色。我和另一个编辑董校雪分别读了这个一百万字的作品。我深深地被吸引，直觉就是“好看”，好看到可以废寝忘食，从某种程度上比《红楼梦》更引人入胜。很快领导们也都读了，我相信艺术冲击力是一样的，摆在面前的问题是：面对整个社会的书荒，我们能快速地做些什么。旧书可不可以翻版重印？值不值得重版？改革开放了，有许多事情都可以重新审视。开放，也可以理解为“放开”，那么“度”又在哪里？

应该回忆一下的是，全国1977年才恢复支付基本稿酬，国家出版局《关于书籍稿酬暂行规定》到1980年才问世。当时对引进版权还没有概念，20世纪40年代的书，只要能找到译者或译者后人，一般都能解决问题。而译者傅东华是我们金华人，虽然于1971年谢世，但其后人在上海。如果去找，也许可以沾一点乡里乡亲的“便宜”。至于政治把关那应该是领导的事。

只记得很快进入编辑程序。在我的工作日记上记着：“1979年9月22日，开始编《飘》。”

可是，才过了两天，“1979年9月24日，第一期《读书》上《根》的文章里谈到了《飘》，文章介绍美国小说《根》，却是毫不留情地批判了《飘》。”“《飘》与《根》是对立的。从赤裸裸的奴隶主立场讴歌内战前南方生活，对被打倒的奴隶主寄予无限同情……因而受到反动势力的喝彩。四十年来有人不遗余力地加以哄抬，使之成为‘一切时代的畅销小说’。但没有人否认，它是透过奴隶主的眼光来看奴隶制的，因而是地地道道的翻案文学代表作。”当年我的同屋是资料室的资料员，杂志好像是她带来的。大凡经历过“文革”的都对“政治”二字有神经质的敏感。这无异于当头棒喝：立场问题！这既是译者的立场问题，也是我们出版者立场问题。我立刻将《读书》交给了管我们的袁伦生，老袁请示了老马（马守良局长），通知暂停编辑工作，"要求我们"提出出版理由：是否有艺术参考价值。

此事刺痛了我们所有人的神经。最难办的是消息已经传出去了。于是遵循领导旨意硬着头皮再读《飘》，本子上记得满满的。10 月 3 号又开始继续编稿，15 日上册发排。

本本上记着：

《飘》封面设计 20 日之前要定稿，印数 30 万。从发稿到出书两个月，元旦前见书。上册已发。

纸质传媒的年代，出版社之间信息的传递相对是比较慢的，而新华书店却是全国一统的，消息通过电话发散，浙江出《飘》的消息早已不胫而走，各地预订的数字，每天都在上升。

十几个省的发行部门蜂拥而至，许多大专院校也纷纷要求供应此书，《飘》的印刷计划从 10 万册一路飙升至 60 多万册。上海一家文化单位甚至派人亲赴浙江坐等，不给几万册不走。（马守良文）

10 月 23 日，戴际安从上海来，讲起《飘》，他很感兴趣，并说，一是印数最好能控制，冷静一点有好处。否则让新华社弄个内部通报上去很讨厌。二是艺术性应该肯定。北京重新在组织力量译。三是人名地名释读的准确性要注意一下。（我的工作笔记）

戴际安，笔名戴骢，当时是上海译文出版社的《外国文艺》杂志编辑，著名的俄罗斯文学的翻译家，他的话，似乎也像一个定心丸，既然北京在组织力量翻译，我们做应该不会有太大的问题。当时具有出版外国文学资质的出版社全国只有两家，而戴工作于其中的一家。《飘》，既然大家都准备出，那就是速度为上。

上册在12月如期出版，12月25日中册付印，下册在校对中。

三

该来的终于来了，而且如狂风暴雨式一路狂泻。头炮是1980年1月27日《解放日报》李阳的文章——《〈飘〉热与〈根〉热》。

> 一个多世纪来，在蓄奴与废奴斗争中美国有三部长篇小说风靡全国，震动世界。而在南北战争结束后70年，即1936年出版的《飘》，却大翻其案，攻击黑奴和北部废奴主义者，为南方奴隶主辩解。从目前到手的上卷……我是说，我们在向“四化”进军时，切勿做没有见过世面的“阿木林”，只要有人说好，或者可以迎合某些人的兴趣，就让它“随风而来”了。

两天后，1980年1月29日《解放日报》又发文章，署名林放。题目为《〈飘〉到哪里去》。文章直言不讳地指责：“一部美国20世纪30年代风行一时的长篇小说《飘》又重印了。一部三册，据说印了几十万之多。……这部小说把那些实行种族歧视的奴隶主当作英雄来描写，女主人翁则是一个‘人妖’式的美人。从思想的角度来说，比起斯托夫人的名著《汤姆叔叔的小屋》来是一个反动、一个倒退。”最后一句“希望我们的出版界，不要‘飘’得太远啊”。

报纸是党的喉舌，新闻代表主流发声。《解放日报》则是诞生在延安，“在党的新闻事业中起着深远的影响，是党报史上重要的里程碑”的报纸。立足上海，辐射华东乃至至全国。它连续发文即表明了一种立场，其后各地的文章随之而来。1980 年 4 月 23 日《光明日报》发表了用“丰加云”署名的文章:《揭开〈飘〉的纱幕》，只要听听谐音，看看篇名，即便是像我这种生在新社会，长在红旗下的当初的年轻人也不能不惴惴不安了。山雨欲来风满楼，黑云压城城欲摧，似乎随时都可能降下一场政治风暴。从 1 月到 4 月间，让老马觉得唯一有亮色的是 1980 年第 3 期《新闻战线》刊出《西行漫记》(现名《红星照耀中国》) 作者艾德加·斯诺的前夫人海伦·福斯特·斯诺给记者白夜的一封信，她认为《飘》是一部与托尔斯泰《战争与和平》一样的不朽名著。她甚至说:“我不相信今天有哪位能够独自一人写出这样一部不朽的作品。”而在《光明日报》“丰加云”的文章出来后，谁都轻松不起来了。

在那个时代，还有一种东西与社会共生，唯恐天下不乱的舆论会通过“小道”传播和以“人民来信”的方式分别进入口口相传的民间与上层领导的办公桌。其中传得最盛的民间小道消息: 浙江出《飘》，飘出一栋大楼啦! 这种不长脚的小道，传播最广也最快，直到很多年以后我去北京出差，还有人小心翼翼地问，听说你们当年一部《飘》就盖起了一栋大楼?

《光明日报》的文章刊登的第二天，我们在马局长的办公室里开会。说的是各方关于《飘》的信息，若用老马后来的话说，“几乎与此同时，内部通报，大小会议，各种来信，对于《飘》的批评同样接连不断。1980 年 5 月，在北京召开的全国出版工作座谈会上，批评《飘》成了未列入议程的议程; 一位文化名人竟在信中言辞激烈地说:‘社会主义’不知随风《飘》到哪里去了。”

从老马办公室出来，心是定的，人是不怕了的，因为大家齐心协力要把这件事办好，办到底。至于结果，谁也没去想。

从我的工作笔记看，自 1980 年 2 月起，我的一个重要任务是四处找外国文学专家，争取他们为《飘》写评论。当时我找得最多的是浙江大学教授丁子春。他那时兼任校图书馆副馆长，查阅国内外资料有比较大的方便。他认为要历史地分析这部作品。一部书在全世界有这么大的发行量，拍成电影后，“纽约放映电影《飘》时，由于许许多多人家顾不上生火烧饭，以致市里自来水水压普遍上升。片子放完水压立即下降”。这样的细节编是编不出来的。这只能说明，小说有被肯定的内在的必然性，起码艺术性不容怀疑，至于作者立场，那是另一个问题。在满城风雨的政治风波里，他和我们一样不害怕，答应为我们写评论，一个月交稿。并利用他的老师平台，到铁路文化宫等地方为《飘》正名。5月底的一个周六，丁教授还被请到出版大院里讲课。最了不起的一点，他讲到了我们当如何对待文化遗产问题，是文化禁锢政策造成了我们对艺术作品的某些偏见。但很遗憾的是，他最后成文的时候这一部分内容没有写进去。

1980年的4月，书是全部出齐了，但是政治压力却随着日子的消逝仍在发酵。马守良局长用他的政治生命顶着舆论，为了让我们安心，有很多事情并没有告诉我们。

1980年6月15日的早晨，在武林路125号的出版大院廊下，很多人围观一张墨迹未干的“大字报”：香港《文汇报》登载了美联社13日发自北京的一条电讯稿。标题《在“四人帮”极“左”路线影响下，中国损失整代学生，现在正设法加以补救》。副题《邓小平告美友人他认为〈飘〉可以出版》。其中有邓小平原话：“小说写得不错，中国现在对这本书有争论，因为这本书的观点是支持南方庄园主的，我们想用中文出版这本书。出版了也没有关系嘛，大家看一看，评论一下。”

所有的人长长地吁了一口气，终于一锤定音！

一场关于《飘》的争论就这样结束了。以这样的方式结束谁能想得到呢？但它留给我们的记忆却是那样深刻，似乎永远无法飘逝。40年过去了，当年的浙江人民出版社生出了一群“小麻雀”（8家出版社），《飘》也跟随编辑去了浙江文艺出版社，成为“看家书”，年复一年地重印。哪怕今天的《飘》在中国已经有了五个译本，但傅东华译本依然是广大读者中最有影响力的一部。最奇妙的是1986年“天上”掉下个全国首届畅销书奖，我连一个表格也没有填，就走上了领奖台。其实得奖并不重要，得多少奖也不重要，重要的是人生是一种历练，历练了，才真正成长。

今天，我也头发白了，马守良局长已长眠于地下，但是历史并没有忘记他。老马走的时候，《浙江日报》上有一段评价："马守良……主持和主管浙江出版工作近二十年，为我省出版事业的发展繁荣做出了积极贡献。特别是改革开放初期，敢于坚持实践标准，冲破禁锢，出版世界文学名著《飘》，推动了全国出版界的思想解放。"

《飘》的风波早已成为历史，可能这只是中国改革开放40年历程中的沧海一粟。但它对我来说是人生中一段难以忘却的记忆。书籍是人类进步的阶梯，是收藏思想的宝库。邓小平关于《飘》举重若轻的讲话，冲破了重重禁锢，带来了20世纪80年代各种思潮的涌入，才有了中国出版业真正的繁荣昌盛。

原载《国是咨询》2019年第1期

【主编者言】作为文化符号，它镌刻在划分时代的记忆中，也印在年轻人心上。文化的进退总体现为符号的进退，入侵、抵制，一次次轮回，文化不断地分割世界或融合世界。

再来一个汉堡

侯　磊

市区每小时 3.5 元，郊区 3 元，只招学生和退休人员，全职人员按小时计薪。全员三班倒，具体排班据客流量，每天干满五小时，薪水月结。见习 1900，二副 2300，一副或是店长 2800。——这是公元 2000 年前后的北京，你若在麦当劳里兼职打工时会遇到的情景。所谓一副二副，指第一副经理和第二副经理。现在的架构更复杂，大约是：服务员——训练员——计时经理——见习经理——第二副理——第一副理——餐厅经理——营运督导等。那时在麦当劳吃顿早餐，只需要 6 元。

每一处肯德基旁都有一处麦当劳，它们犹如北京公交车方向相反的两个车站牌，彼此是兄弟也是“冤家”。肯德基曾有过一种“21 块鸡”的套餐，足以吃到肚歪。它似乎更符合中国人的口味，毕竟鲁菜里有香酥鸡，北京菜有软炸鸡。而本文仍旧以麦当劳为主角，是因为全球的麦当劳大约有三万家，而肯德基只有一万五千家，论规模是赶不上“冤家”的。肯德基很早与顾客互动，曾推出一只叫“奇奇”的卡通形象，样子是一只眼开着一只眼闭着、穿肯德基制服和美式大头红皮鞋的笨鸡。它会出现在肯德基寒暑假赠送的画册里，让孩子们在做假期作业时把它涂满颜色。可是，作业是在临开学才赶出来的，至于画册则早已变成了纸飞机。

相形之下，麦当劳的营销策略似乎更高一筹，这么一家卖快餐的铺子，创造了汉堡大学。它带来了一个小丑——麦当劳叔叔，给孩子们过生日会，带来儿童乐园和开心乐园餐，顺便送亲情送玩具送钥匙链。它早期的发票在古玩市场上价格不菲。它把营销做成前无古人的样子。社会上出版过不少与之相关的书，讲管理细节的，起底发家史的，破解商业秘法的，蹭热点写儿童小说的。很多歌星都唱过与之有关的歌，孙燕姿唱过麦当劳主题曲，王力宏唱过《I’m lovin’it》(我就喜欢)，这首曲子里还有古筝、二胡和笛子。有个广告这样写：“最高级的享受，最平民的消费，最欢乐的时光，最美好的口味”，它占全了。

一

1992年4月23日，那天是个晴天，北京王府井有家麦当劳开张了，号称北京城头一家，还号称是地球上最大的一家。这距离1955年麦当劳在芝加哥的创立，已过去三十七年了。

记忆中，那家店开在王府井一栋高楼的一层，楼顶上坐着一位充气叔叔——巨大的麦当劳叔叔，在他身边是招牌性的Logo：一根红棍顶着一个巨大的黄M。王府井本是明代某个王府中的一口井，王府消失后，井作为地名使用至今。在有六百年历史的地方，开了一家当时不足四十年历史的快餐店。

刚开业没几天，母亲带我去吃麦当劳。店外排起了长队，我们便排队；队伍走，我们也跟着走。队排得人山人海，拥挤不堪，好像是在抢春运火车票。好容易挤进店，还要接着排。店外排队靠耐力，店内排队靠体力，真是在挤大公共——20世纪90年代北京的大公共：公共汽车线路和车次都不多，车里经常挤得人两脚悬空，从北新桥开到雍和宫还关不上车门。有首歌叫《别挤了》，大概的歌词是：“别挤啦，别挤啦，你的生活就是那么忙吗？……”电视里歌曲的画面同期，是人挤得几乎从车窗上翻进去。

当排队排到空调由热至冷，又由冷变热时，我们被挤到了柜台前。普通汉堡 3 元，吉士汉堡 3.5 元，双层汉堡是中间的肉饼复制了一下，价格翻倍，点双层真不如点两个划算。还有的，是 7 元钱的麦香鸡与麦香鱼，8.5 元的巨无霸。巨无霸本是京剧《收邳彤》和《新莽闹》里身型胖大的武将名，原作巨毋霸，复姓巨毋，单字名霸，最后被姚期、马武和岑鹏火攻而死，这里用来形容有芝士、洋葱和酸黄瓜的双层牛肉汉堡。普通人每月挣几百块的收入，花二十多块才能吃顿巨无霸套餐，足以赶上吃全聚德烤鸭。我们点了一个套餐，再加一个汉堡。售货员小姑娘听不明白，她一遍遍地伸出一根细瘦的手指头问着："是一个套餐，再来一个汉堡吗？"

麦当劳是一种倒推式的经营，以下游控制上游，以快餐店控制了种植场，如同汽车厂家与各种供应商之间的关系。先建供应链、仓储和运输系统，后开店。薯条，新蒲牢的；汉堡，曼可顿的；饮料，可口可乐的。他们定好标准，建立企业文化和愿景，将人力培训体系模块化，再往组织架构里填肉馅。它以细胞分裂的生殖方式，把店铺开进了东欧古堡、西班牙庄园和美国的殖民地遗址，现在来席卷中国。它提前做了周密的市场调查，汉堡、炸鸡和售价都参考当地的经济和民风，入乡随俗。到了国外，肉质和薯条都比国内的好；到了湖南或四川，辣鸡会更辣。它有了粥、油条作为早餐，还有麦辣鸡翅、麦辣鸡腿堡、板烧鸡腿堡，甚至猪肉汉堡、茉莉花奶茶。连带着，北京开起了乐天利、赛百味、汉堡王、罗杰斯、德克士，还有艾德熊，在西单路口南边路东还有个邦尼炸鸡，不过现在艾德熊和邦尼炸鸡已经没有了。

1996 年，在我小学毕业的那一天，同学们哭着散了伙，陆陆续续，走着最后的路队各回各家，只有几个同学在校吃午饭。可路上伤心分别的同时，还都传着学校的最后一个新闻："×××（在校吃饭的），中午吃麦当劳。"

麦当劳开到意大利时曾遭到数万人集结于广场游行反对，而北京没这景儿，北京人对它拥抱的多。它如入侵的外来物种，如水蛭一般吸附到北京这座古城中。这有悖于吃饭的伦理道德。出门吃饭，讲究每个餐馆、每道菜、每位大师傅每次下厨手艺都不一样。菜一端上来，食客尝一口，味儿变了，就会说："今儿换厨子了吧？ ×× 师傅不在啊？" 可麦当劳不仅没有欧式开胃菜、汤、副菜、主菜加餐酒、素菜、甜品的秩序感，还造了中国人舌尖的反，它一边抹杀食物的个性，一边打阵地战——如蛛网般开遍了大小城市。它无视厨师的手艺，而要的是规范的流程。

时代押着你用写京城老字号的劲儿来写麦当劳，它不是一个汉堡在战斗，炸薯条升腾的烟雾中隐藏着整个帝国。不由得让人想用手点指："麦当劳，反了你了，你们掌勺的都不拜师学徒了！"

二

20 世纪 90 年代，麦当劳亚洲公司下属分中国北方市场、南方市场和台湾市场等公司。那时不允许外方独资经营，只能办合资企业，北京的麦当劳便是台湾与北京合资，归二商集团下属，由南口农场的一个头儿来管理。若在麦当劳里打工的话，有兼职和全职两种，都从实习生干起。最初兼职是没社保的，后来也有了。员工都要经过培训，初级培训在北京麦当劳亚运村店的三楼，培训见习和二副；而店长培训则要去位于香港的麦当劳大学。那时能去香港，是多么难得的机会。

在很长一段时间里，如果你走进北京街头任意一家麦当劳，会看到员工们身着统一的制服，戴着紫红色的帽子，上身是红白色条纹衬衫。他们曾号称五十九秒上齐餐，因此总在疯狂地忙碌着，在班次内都需要站着，没时间歇会儿。刚入职的基本都是去做大堂、收餐盘、拖地板，要定时打扫卫生间，戴着手套用手去清理厕所坑中的污渍，也会带着小朋友在门口脖子扭扭屁股扭扭地跳操。顾客来了还要招呼顾客："欢迎您来。"然后是轮岗制，男生一般会在厨房，女生在柜台比较多。如果你说要一个圣代——一透明杯的冰激凌加果酱，柜台会严肃而义正词严地说没有，那口气仿佛是新闻联播。你再指着他们头顶上方广告牌中的圣代问，他们会答："我们没有圣代，有'新地'。" Sundae 在肯德基叫圣代，在麦当劳叫新地。柜台可能被培训过，以强化麦当劳的品牌。"对不起，我们只有新地。" 而这时，如果你身后的老太太等得不耐烦了，她没准会问："你们有月饼吗？"

这不新鲜，员工肯定见多了客人点汉堡不要肉饼或面包，或干脆问薯条多少钱约（约：北京话，称重的意思）一斤的事。

他们有美国传统的 PINS 文化，用铭牌代奖章，来代表你的工作等级，白牌、绿牌、红牌等，员工很为挣得奖章而自豪，仿佛是在授予军衔。整个工作间犹如比赛场前的热身，打工者时不常地在意念中给自己、给所有人鼓劲儿。他们忙得没时间喝水，会有人搬来一个大的方形的铁制容器，里面是加冰的橙汁。那容器不能叫罐子和缸，更像个小型的水槽。搬容器者手攥一把吸管，每个忙碌的人从他身边走过时，叼着吸管弯腰驼背，低头扎猛子地嘬上一口，真的只有一口，那橙汁太凉了。起身时他们继续吼叫着，让后厨做几个哪样汉堡，或赶紧补充薯条、派或炸鸡。他们表面上没有丝毫的抱怨，有的只是员工们大喊着："您好！欢迎您来！" 还有它的口号："更多美味和欢笑，都在麦当劳。"

到底有什么，就欢乐就微笑？你不用问不用想，尽管去欢乐，哪怕是苍白虚假的微笑。

我在麦当劳里写作时，分别见过我的小学、中学和大学的女同学在此打工。每次都是她们主动叫我，没有丝毫的难为情。可难为情的是我。有一次，我和朋友对坐着吃，平素里的女神身着工作服，来把我桌上的垃圾一件件搓捡起来倒进垃圾桶，又从那垃圾桶里拽出一个臃肿矮矬的黑塑料袋，像一只竖起来的黑猪。工作服掩饰不住她的白皙和性感，可塑料袋较着劲不跟她走，哪怕把自己开膛破肚。此时，我既是男同学又是男顾客，帮忙也不是，不帮忙也不是，只能为吐了丑陋的骨头而羞愧，为我坐着、她站着而羞愧。她说话有点哑嗓子，声音发涩，据她说是小时候老乱喊乱叫喊坏的。

在北京，并非人人都是少东家。我接受她的服务，不知是否能心安理得。我从没打过工，也不知去麦当劳打工人家要不要我。我在这里写作，只为了不在这里打工。写作聊天真比擦桌子高尚？小学时我写过一篇作文，写麦当劳里发气球，孩子们都在排队，而父母们忍不住上来哄抢。我可以在麦当劳里续写它。我为我的想法不寒而栗。

与之相反，身边有一对曾在麦当劳打过工的男女朋友，他们濒临于分手与结婚的悬崖之巅不知何去何从，便挽着手说："沿着这条街走下去，如果有麦当劳，我们就在一起。"没等走完一条街，他们可以决定结婚了。

三

再来一个汉堡，那是给我奶奶带去的。

奶奶生于中华民国二年（1913），几乎是清朝人。我之前请奶奶吃过三明治，现在请奶奶吃麦当劳。她用慈禧太后那个年代的北京话说："这算什么啊？酸一口甜一口的。"

老辈儿人在味道上不一定接受麦当劳，若真吃也是使劲往胃里塞，不解饱还噎得慌。更有人恶语相加，一个个用手点指：麦当劳、肯德基、方便面……它们是垃圾食品，每一根薯条和每一渣牛肉饼的肉粒中都汪出油来。饮料都是碳酸的，藏着一珠珠把你的骨头汽化后的毒气。孩子们满眼都是不实的浮光，吃得早早发育，没了肌肉。

这是来自老百姓的批判，而知识分子更有说辞：食物应该由活人来做，而不是机器。快餐是"反人类"的，它们在民主时代企图如统一思想般统一味觉，秦始皇都没这么干过。吃饭真的讲科学，那干脆直接输液得了。

多年以来，北京对洋快餐并非无动于衷。肯德基曾经开进北海公园，星巴克曾经开进故宫，但都先后被请了出来。90年代，北京安定门外大街路西，地坛公园西门外的斜对面，一家肯德基旁紧挨着一家中式快餐荣华鸡。荣华鸡后来没有长久。还有香妃烤鸡，以烤鸡、甜烧饼、小菜等为主，菜品都放在一个平盘里，像是在食堂打饭。烤鸡嫩而不腻，小菜酸中带甜，火烧略带甜味儿，能让人空口吃下。它们也干不过麦当劳，我们请得走洋快餐，却请不走那种生活方式。——QQ 聊天室流行的时代，有人可以一个月见四十多个网友，上下午地吃麦当劳。

我们取笑麦当劳短历史没文化，可过去真有人在麦当劳里结婚。不要看麦当劳里缺什么，要看它有什么。

出身名门来自台湾的学者林文月女士曾在日本请留学生吃饭，学生们很客气，不敢麻烦这位永远的台大校花。林女士便说："那好，我们随便吃一点。"她进了一家有名的老店，说了几句古雅的日语。全店感动为之严肃。店长出来问候行礼，亲自服务，尊她为贵客，说能为您这样的客人服务是老店的荣幸。而在麦当劳，这一切都不可能。

没有三月阴天西子湖畔的木楼上，看一杯雨前龙井玻璃杯里香气升腾的凝思闲愁；也没有寒冬腊月的北平，铜锅涮肉馆里的羊后腿与白酒，在觥筹交错里蹿出的喧哗与腥膻，长筷之间照满了旧时风月……一切古老的风雅都没有。薯条不如酸辣土豆丝，麦香鸡不如白斩鸡，麦香鱼不如干炸小黄鱼，苹果派不如酥皮点心，圣代奶昔都不如果子干雪花酪，汉堡远赶不上驴肉火烧和肉夹馍，可哪怕祭起"四干四鲜四蜜饯，四冷荤三个甜碗四点心"，外加南北大菜满汉全席，都卖不过麦当劳。——约会总不能嘴里叼着切成片的驴鞭和万口大嚼。（驴鞭切成片叫金钱肉，关于金钱肉和万口，我要另写文章。）然而，在美国，每个高速公路的出口都有一家麦当劳，开车过去不必下车，在窗口买了，给一脚油就走。他们只有一样的食物，一样的服务，一样的价格，不管你是女王还是乞丐。

麦当劳有效率。最早使用新鲜土豆做薯条，手工处理生菜，如今早已机械化，高热量，快速管饱，好像食客是食道癌晚期的病人，直接把营养液输入胃中。这是工业化时期的吃食，效率高还能预测，也可以被控制和计算。麦当劳让北京人理解了深圳的标语“时间就是金钱，效率就是生命”，它在提高吃饭的效率，如果人工智能再发展一点，每个人都会被从供应链方牢牢控制住，最快被替代的职业是麦当劳员工。说穿了，麦当劳不希望你长期在店里聊天，而是自己取餐，赶紧吃，吃完滚蛋，顺便帮人家把盘子收了。

除了效率，它还有连锁，还有二十四小时营业（多在城里）、空调、厕所、基本的卫生设备，可约会、可打牌、可爱抚、也可打啵儿，更可互抄作业。午夜两点，时常在麦当劳里看到“借宿”的人：肮脏的乞丐与加班的北漂、工作失意的白领、精神病者、流浪汉、上访无门者和各地的盲流。只要不太出格，保安不会轰他们。有人坐着发呆、睡觉，或脱了鞋躺在椅子上、地上。这是美食家眼里的工业毒瘤，流浪汉眼里的避风天堂。

欧洲的咖啡馆培养了工人阶级与左翼知识分子，成都的茶馆凝聚各种身份阶层，而麦当劳有自己的姿态，涨价稍微落后于社会，又始终坚持比北京小吃贵一点。它在培养自己的受众阶层：城镇工薪或白领——上不达中产，下不比高级技工，并自以为小资。他们在端着笔记本电脑赶工时，嫌在咖啡馆吃简餐贵，又不肯像农民工一样去吃拉面或盖浇饭，只好吃麦当劳，以告诉自己的胃饱了。

你越拿它当文化侵略，它越在这儿安家。你主动筛选首先选它，你万无可选只好选它，否则在现代化的都市，连啃树皮都找不到地方。

四

在20世纪80年代时曾经有一个“最大的谎言”，说80后一代是“小皇帝”“小公主”，独生子女娇生惯养，未来将一事无成。而今走在大街上，下到地铁里，看夜晚蹲在路旁抱头哭泣的80后，地铁里满头油汗灰头土脸被挤得悬空扭曲的80后，公司楼下加班间歇目光呆滞铁面无情的80后，早已酸痛地成为生活的阶下囚。有本书叫《喂养中国小皇帝：食物、儿童和社会变迁》，这一波“亡国之君”，便是用“速食之王”麦当劳喂养出来的。

美国学者乔治·瑞泽尔有本书叫《汉堡统治世界？！社会的麦当劳化》，里面提出麦当劳有很非理性的东西，它那么讲究效率，却会让顾客排大队。——现在看来比较滑稽，写书时还没有微信和支付宝。如此看来，未来没有什么能挡得住麦当劳。

大量品牌如宜家家居和星巴克，都似乎是麦当劳的变种，它把机械化的模式扩展到所有行业：种植业、养殖业、屠宰业，还有医疗、阅读、影视、旅游、互联网甚至性爱，都有标准化的流程，把任何一个环节都用数据制定出标杆，并以此为范本。它告诉你：我不是做饭的，是生产人体能量块的；我不是饭馆，而是能量超市和开心乐园。还告诉你，麦当劳就是“宗教”，而“宗教”就是麦当劳，一次祈祷不过是一次快餐。这是地球的法则，没谁都照样转。

在这个法则中，作家和艺术家不叫播火者，而叫内容提供商；读者也不叫思想者，而叫受众。

2017年，中信集团收购了中国地区麦当劳的业务，并将公司名改为“金拱门”，麦当劳部分成为国企。对于北京，麦当劳不仅发明了老北京鸡肉卷，还参与了北京新时期的阶层划分。知识分子批判它，市民和孩子拥抱它。如果这种模式不可战胜，终归有一天，即便所有的饭馆都不是洋快餐，我们的生活也终将会改变。

原载《青年文学》2019年第5期

跋

徐南铁

2020元旦到来之前，终于有了《2019中国年度随笔》付梓的消息，自然是非常高兴。

前面几年的选本，总是在春节过后的三四月份才印出来与读者见面。尽管那时春还未老，回首尚可以望一望去年的脚后跟，但自己毕竟藏掖着一种摆卖隔年陈货的难言之隐。如今可以踩上年岁的脚步节奏，当然要油然生出得到新年礼物的愉悦了。

随笔选本之所以总是姗姗来迟，是因为它比其他很多文体更容易得到思想文化界的关注，所以必然成为重点监护的"易碎品"。有些篇目端详再三、斟酌再三，甚至发稿之后仍被替换。这样的形势，在显示思想分量的同时，却也成为持重蹒跚的理由。虽然我们所选的文章已经属于第二次发表，但是它们却被赋予另外一重力量。正如我曾在某一年的序里说的："在挑选文章和组合成书的过程中，选编者的思想、文化和审美并未缺席，而是悄然展示了自己的慧眼独具，看似不露痕迹地由此展示自己的文化立场。"我常常跟同行和友人说，自己坚持认定并笃行的选编理念就是：借他人酒杯浇自己块垒。也正因为如此，选本与它的选择一起，经受着历史的检阅和考验。不过，令我难以释怀的是并非总能这样意气飞扬，很多时候我也不得不长太息："随笔未必尽随心。"

为了接地气，为了扩大自己带给读者的视界，也是为了避免被过盛的庙堂之风造成呼吸不畅，我常常在网上巡游而寻找优秀的文章。令人高兴的是，时有芳草扑入眼帘，因而选用的自媒体篇目也日益增多。但是网上有太多的不确定性，有时稍不注意就会让自己陷入尴尬的困境，甚至会造成某种损失。比如前一阵子有人给我推荐了一篇自媒体文章，我觉得不错，拟选入今年的选本。但是后经出版社的责任编辑谢青芸发现，这是前几年在某刊物发表过的旧文，只不过是第一次在网上出现而已。

就在书稿付梓的前些天，小谢还曾发来微信，告诉我说，我发稿的文章中有一篇选自网上的文章没有查到。后来终究还是查到了，弄清楚了该文确实拥有可以入选的确认身份。她这种一丝不苟的态度令我十分感动，并且让我多了一份放心。除了关于文章内容的挑选，我们还必须这样费心费力地注意这些文章内容之外的不得不留意的因素。我相信这种费心费力，也是我们的选本能够成为某种名片而受到读者欢迎的理由之一。

在我的编辑生涯里，每当我主编的新书或新一期杂志带着油墨的清香从印刷厂出来，我的欢欣中总是夹杂着一丝忐忑，甚至不敢打开，生怕一眼又看到什么明显的不足和错漏。这似乎已经成为某种职业病的症状。

年复一年编选的“中国年度随笔”，每年都满怀希望，周而复始地经历了春耕夏耘的辛勤及秋天的喜悦。如今它又一次携带着编者的眼光走向书市，走向读者的手。欢欣和慰藉之中，我更加盼望它能走进读者的心灵……

2019年选系列封面绘图画家介绍

杨锋 1960年出生于浙江嵊州。1984年毕业于西安美术学院版画系。中国美协版画艺术委员会委员，陕西美协版画艺术委员会主任。现任西安美术学院版画系主任、教授、博士研究生导师。

2000年，荣获授予20世纪80—90年代优秀版画家的“鲁迅版画奖”；在国内外多次举办个人画展；作品被中国美术馆、上海美术馆、江苏美术馆、大英图书馆等收藏。

出版有《综合材料版画技法》《杨锋作品集》等。

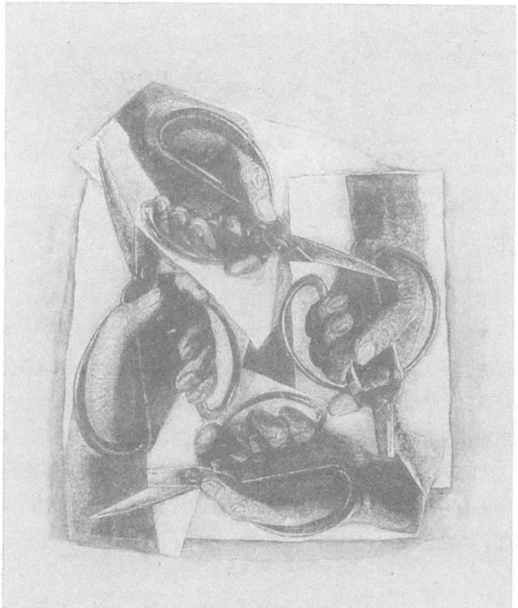

《连环咒》综合版　杨锋　45cm×70cm　2009年12月

杨锋版画短评

对于杨锋来说，胶砂、木板、实物印痕等物质材料，在他的作品中就像是油彩、水墨一样的存在，他不断驯服材料，不断探索版画表现的边界。那些工业化的物料，经过版画的印痕，便优雅地符合了绘画的规范秩序，体现出绘画性的存在。他的版画，非常恰切地使材料的特性发挥到了极致，其语言以一种中国画笔墨风格般的个性特质归属于杨锋，使他的追随者成为他个人版画成就的注脚。他的木刻版画同样也具有这种尽显个性特征的视觉风范，语言也具有浓烈的、从属于个人化的性格特质。杨锋的版画在复数性的版画特质下，总是具有"亲笔书写"的特质。他的版画以物质印痕的不确定性、绘画的思想性、语言的个性化使产生绘画的原境得以在作品中留存，为机械复制时代的版画拓展了新的边界。

——刘坚《原境、模仿、物性、符号、语词——论杨锋的版画》

图书在版编目（CIP）数据

2019 中国年度随笔 / 徐南铁主编 .-- 桂林：漓江出版社，2020.2

ISBN 978-7-5407-8627-4

Ⅰ. ① 2… Ⅱ. ①徐… Ⅲ. ①随笔—作品集—中国—当代 Ⅳ. ① I267.1

中国版本图书馆 CIP 数据核字（2020）第 013474 号

2019 ZHONGUO NIANDU SUIBI

2019 中国年度随笔

徐南铁　主编

出版人：刘迪才
责任编辑：谢青芸
书籍设计：石绍康
责任监印：张璐

出版发行：漓江出版社有限公司
社址：广西桂林市南环路 22 号　邮编：541002
发行电话：010-85893190　0773-2583322
传真：010-85890870-814　0773-2582200
邮购热线：0773-2583322
电子信箱：ljcbs@163.com
微信公众号：lijiangpress
印制：三河市中晟雅豪印务有限公司
［河北省三河市沟阳镇错桥村　邮编：065299］
开本：690 mm × 1000 mm　1/16
印张：21.25　字数：291 千字
版次：2020 年 2 月第 1 版
印次：2020 年 2 月第 1 次印刷
书号：ISBN 978-7-5407-8627-4
定价：48.00 元